Bolen **Auf der Suche nach Avalon**

SPHINX

Jean Shinoda Bolen

Auf der Suche nach Avalon

Eine Frau
entdeckt ihre
Spiritualität

Aus dem Amerikanischen von
Annette Charpentier

Die Originalausgabe erschien 1994 unter dem Titel
Crossing to Avalon
bei HarperSanFrancisco, einer Tochter von HarperCollins, Inc.,
New York.
© Jean Shinoda Bolen 1994

Mit freundlicher Genehmigung der Verlage wurde aus folgenden Titeln zitiert:
»Die Nebel von Avalon« von Marion Zimmer Bradley © 1982 Marion Zimmer Bradley, deutsche Ausgabe: © 1983 S. Fischer Verlag GmbH, Frankfurt/Main; »Gesammelte Gedichte« von T. S. Eliot © 1988 Suhrkamp Verlag, Frankfurt am Main.

Die Deutsche Bibliothek – CIP-Einheitsaufnahme
Bolen, Jean Shinoda:
Auf der Suche nach Avalon : eine Frau entdeckt ihre Spiritualität / Jean Shinoda Bolen. Aus dem Amerikan. von Annette Charpentier. – München: Hugendubel, 1996
(Sphinx)
ISBN 3-89631-170-0

© der deutschen Ausgabe Heinrich Hugendubel Verlag, München, und Wilhelm Heyne Verlag GmbH & Co. KG, München 1996
Alle Rechte vorbehalten

Lektorat: Barbara Imgrund, München
Umschlaggestaltung: Zembsch' Werkstatt, München
Produktion: Tillmann Roeder, München
Satz: SatzTeam Berger, Ellenberg
Druck und Bindung: Spiegel Buch, Ulm-Jungingen
Printed in Germany

ISBN 3-89631-170-0

Inhalt

Vorwort	9
1. Einladung: Die Pilgerfahrt	11
2. Begegnung: Der Dalai Lama	19
3. Erweckung: Die Kathedrale von Chartres	27
4. Die Gralslegende: Eine spirituelle Reise	37
5. Die weiblichen Mysterien und der Gral	51
6. Die Pilgerfahrt nach Glastonbury	79
7. Pilgerschwestern: Geschichten aus Glastonbury	93
8. Avalon: Anderswelt und Mutterwelt	113
9. Der Wald: Die Landschaft der Lebensmitte	131
10. Das Ödland: Depression und Verzweiflung	149
11. Umkreisung: London	169
12. Das Aufblühen des Ödlandes: Findhorn	181
13. Überlegungen: Iona und andere Orte	197
14. Holy Island: Mutter Erde	213
15. Hinunter zur Erde: Die Rückkehr	223
Danksagung	237
Literatur	241
Register	245

Das Erzählen von Geschichten hat eine echte Funktion. Schon der Prozeß des Erzählens ist ein heilsamer Vorgang, zum Teil deshalb, weil es jemanden gibt, der sich die Zeit nimmt, uns eine Geschichte zu erzählen, die für ihn große Bedeutung hat. Dieser Jemand nimmt sich die Zeit, weil wir vielleicht Hilfe brauchen, aber er will nicht einfach einen Rat geben. Er gibt ihn lieber in einer Form, die untrennbar mit unserem ganzen Selbst verschmilzt. Genau das leisten Geschichten: Geschichten unterscheiden sich von einem Ratschlag darin, daß sie beim ersten Hören zum festen Bestandteil der Seele werden. Und daher heilen sie.

ALICE WALKER
in einem Interview über ihre Arbeit in »Common Boundary«, 1990.

Vorwort

Gewöhnlich stellen wir uns den Gral als einen mit Wein gefüllten Kelch vor, den Jesus beim Letzten Abendmahl hochhielt und dabei zu seinen Jüngern sagte:»Das ist mein Blut...« Worte und Geste wurden beim christlichen Abendmahl zum Ritual.

Doch wenn wir uns den Gral als ein rundes, mit Blut gefülltes Behältnis vorstellen, wird es zum weiblichen Symbol, zum Bild oder zur Metapher des weiblichen Schoßes. Damit nimmt der Gral eine völlig andere Bedeutung an – nämlich die eines mysteriösen weiblichen Symbols, transformierend, heilend und mit einer heiligen, göttlichen Dimension von Weiblichkeit. In den berühmtesten Gralslegenden begegnet uns immer ein verwundeter König, dessen Königreich verwüstet ist. Seine Wunden können nur durch den Gral geheilt werden, und bis dahin bleibt sein Reich Ödland. Wenn man nun das Wort»Königreich« durch»Patriarchat« ersetzt, gewinnt dieser Mythos auch für heute große Bedeutung. Waldsterben, Hungersnöte und bewaffnete Konflikte sind sehr schlimm, verblassen aber im Vergleich vor dem Schicksal der Erde bei einer möglichen nuklearen oder ökologischen Katastrophe, durch die der gesamte Planet in eine Wüste verwandelt werden kann.

Die Gralslegende hat darüber hinaus aber auch beträchtliche psychologische Bedeutung. Wenn wir in einem spirituellen Land aus Depression, Verzweiflung, Angst und Schrecken, Sinnlosigkeit, Leere oder Sucht leben, kann uns das tiefere Verständnis der Legende etwas darüber sagen, was uns heute quält und was uns heilen kann.

Am Vorabend des neuen Jahrtausends vollzieht sich etwas Bedeutsames. Wir sehen überall, wie»die Göttin« sich wieder bemerkbar macht – als Sorge um den Planeten, als dessen erneute Heiligsprechung, als neue Wertschätzung des weiblichen Aspekts der Göttlichkeit, als ein Bewußtsein von der Heiligkeit und der Weisheit des Körpers. In Kunst, Dichtung und Träumen tauchen Bilder von Göttinnen auf. Erneut wird die Erde als ein lebendiger Organismus betrachtet, als Gaia, die griechische Göttin der Erde.

Ich betrachte das Wiedererwachen des Göttinnenbewußtseins als eine Rückkehr des Grals in die Welt, als eine Rückkehr, die noch in den Anfängen steckt, auf der Schwelle zwischen den Welten, aus den Nebeln auftauchend, von vielen wahrgenommen, aber noch nicht voll in der Kultur verwurzelt. Die Göttin gibt sich in konkreten, heiligen Augenblicken zu erkennen. Damit sie mit der Kultur verschmelzen und auf diese einwirken kann, müssen genügend Individuen sich dieser tiefen, heiligen Augenblicke bewußt werden, in denen Frau und Göttin ein und dasselbe sind – wenn Erde und Göttin, Mutter und Frau der Göttlichkeit teilhaftig werden.

Das Bedürfnis nach einer Wiederkehr des Grals und der Göttin ist meiner Erfahrung nach eine persönliche und planetenumgreifende Geschichte von Verwundung und Heilung, von Hoffnung und Ganzheit.

1.
Einladung:
Die Pilgerfahrt

Als ich den dicken Umschlag öffnete, der am Morgen mit der Post gekommen war, fand ich eine Einladung, die mein Leben verändern sollte: Eine mir völlig fremde Frau lud mich auf eine Pilgerfahrt ein. Sie schlug vor, daß ich mich auf »meine spirituellen Ursprünge« besinnen und mit ihr eine Pilgerfahrt zu den heiligen Stätten Europas unternehmen sollte. Die Namen einiger der vorgeschlagenen Stationen kamen mir bekannt vor – die Kathedrale von Chartres, Glastonbury in England, und Iona, die kleine Insel vor der Westküste Schottlands. Sie hatte diese Fahrt außerdem so geplant, daß ich den Dalai Lama sehen konnte, der sich bei meiner Ankunft in den Niederlanden aufhalten würde. In diesem Päckchen von Elinore Detiger vom Tiger Trust in Holland befanden sich neben dem Brief mit der Einladung, datiert vom 6. Februar 1986, ein Scheck und ein schöner handgearbeiteter Goldanhänger in

Form einer *vesica piscis*. Ich sollte später herausfinden, daß es das gleiche Zeichen war wie auf dem Brunnenkopf in Glastonbury, jenem Brunnen, in dem der Gral einst versteckt gewesen sein soll.

Glastonbury in England war ein Ort, mit dem ich mich in Gedanken schon seit Jahren beschäftigte, weil ich einmal davon geträumt hatte. Dort befinden sich die Ruinen des einstmals größten christlichen Klosters in Großbritannien, angeblich an der Stelle, an der der Jungfrau Maria zum ersten Mal eine kleine Kirche geweiht worden war. Glastonbury ist zudem der fiktive magische Ort, an dem man durch die Nebel nach Avalon gelangt, ins Reich der Göttin.

Dieses erstaunliche Geschenk einer Pilgerfahrt hatte tatsächlich auch seine Wurzel in Glastonbury, wo Mrs. Detiger aufgrund einer Reihe von Zufällen an mein Buch »Göttinnen in jeder Frau« gelangt war. Eine Frau aus Glastonbury hatte einige Monate zuvor San Francisco besucht und dort von einer Freundin von mir ein Exemplar dieses Buches erhalten. Sie hatte es nach Glastonbury mitgenommen und las es gerade, als Mrs. Detiger sie besuchte. Mrs. Detiger entdeckte das Buch bei ihr und beschloß, die Autorin nach Europa zu holen. Ursprünglich hatte sie geplant, mich herzubitten, damit ich in Europa über die Frauenbewegung sprach, aber dann fühlte sie sich veranlaßt – durch ihre Intuition vielleicht –, mich statt dessen auf diese Pilgerfahrt einzuladen.

Diese Einladung erfolgte in einer sehr unsicheren, schmerzlichen und anstrengenden Phase meines Lebens. Ich war neunundvierzig und versuchte, mich neu zu orientieren. Im Vorjahr hatte ich mich nach neunzehnjähriger Ehe von meinem Mann getrennt, und nun befand ich mich in einer sehr instabilen, schwierigen Periode der Übergänge und Enttäuschungen. Unerwarteterweise wurde sie jedoch sehr fruchtbar für mich: Ich fand Zuflucht in der Einsamkeit, und trotz fehlender Unterstützung von außen für das, was ich tat, war ich innerlich überzeugt, auf dem für meine Seele richtigen Weg zu sein, auch wenn ich noch nicht erkennen konnte, wohin er mich führte. Quälende und unangenehme Angstgefühle, derer ich mir beim Scheitern meiner Ehe nicht bewußt gewesen war, überfluteten meinen Körper – wie wenn das Gefühl in einen »eingeschlafenen« Fuß zurückkehrt. Bisher hatte mir stets mein Intellekt als Hemmschwelle gedient: Ich hatte lediglich mit dem Kopf agiert und meine Gefühle verdrängt. So sah es in mir aus, als Mrs. Detigers Einladung zur Pilgerfahrt bei mir eintraf. Nicht nur der Inhalt, sondern auch das Datum des Briefes selbst überzeugten mich, daß es sich um eine sehr ungewöhnliche Einladung handelte: Genau an diesem Tag ein Jahr zuvor hatte sich die Situation zu einer Konfrontation zugespitzt, die zur Trennung von meinem Mann und schließlich zur Scheidung führte. Ich fragte mich, ob dieser Brief einen Anfang oder ein Ende darstellte.

Mein Antwortschreiben begann folgendermaßen:
»Ihr Brief an mich enthält so viel Synchronizität (von der Sie nichts wissen konnten) hinsichtlich des Zeitpunkts, der vorgeschlagenen Pläne, Orte und Menschen, die Sie kennenlernen wollen, daß ich tief beeindruckt bin. Mir läuft ein Schauer den Rücken herab. Irgendwie stelle ich mir diese Reise als die Fortsetzung eines vor mir liegenden Pfades durch die Lebensmitte vor, als einen Initiationsritus vielleicht, ganz sicher aber als Einführung in etwas, von dem ich bislang nur eine vage Ahnung besitze.«

Im weiteren schrieb ich:
»Ihr Brief erreichte mich in einer Phase, die ich als ein Tor wahrnehme, als einen mythischen Augenblick von Zeit und Raum (wie der Zugang zum Berg Analogus, falls Sie dieses seltsame Buch kennen). Ich überschreite momentan eine Schwelle, befinde mich im Übergang von einem Teil meines Lebens zu einem anderen, indem ich psychologisch aus ›meiner bekannten Welt‹ hinaustrete, einem Ruf folgend, mein Leben authentischer zu leben, auch wenn dies Konflikte und Unsicherheit nach sich zieht.«

Das erwähnte Buch ist »Mount Analogue« von René Daumal, ein kleines Bändchen, das ich während meines Medizinstudiums las. Wie alle Geschichten, die einen tiefen Kern an Wahrheit besitzen, hatte ich es in Erinnerung behalten – etwa wie einen bedeutsamen Traum, den man sich aufschreibt, über den man nachdenkt, den man immer wieder nachliest und erst viel später voll begreift. In dieser Geschichte macht sich eine Gruppe von Freunden auf die Suche nach dem absoluten, symbolhaften Berg, Analogus, der einst Erde und Himmel miteinander verband. Der Berg liegt auf einer Insel, die durch eine Krümmung im Raum verborgen ist, welche das Licht der Sterne bricht und die Energielinien des Magnetfeldes der Erde ablenkt. Dadurch wirkt die Insel wie eine »unsichtbare, unberührbare Festungsmauer; alles, was um den Analogus herum stattfindet, verhält sich, als würde dieser nicht existieren«.

Daumal drückt es so aus: »Um auf diese Insel zu gelangen, muß man von der Möglichkeit, ja, der *Notwendigkeit* ausgehen, sie zu erreichen... Zu einem *bestimmten Zeitpunkt* und an einem *bestimmten Ort* können *bestimmte Personen* (jene, die dies verstehen und wünschen) sie betreten.«

Die Freunde finden die Insel und beginnen, den Berg hinaufzusteigen. Im fünften Kapitel, mitten im Satz und mitten in der Suche, endet das Buch. Mitten in der Suche endet auch die erste bekannte Version der Legende um Parzival und den Gral von Chrétien de Troyes. Daumal starb, ehe er das Buch vollenden konnte. Aus einigen hinterlassenen Notizen wissen wir, daß der Titel des letzten Kapitels lauten sollte: »Und du, wonach suchst du?« Die gleiche Frage stelle ich immer meinem Publikum nach einem Vortrag: »Sind Sie auf einer Gralssuche?«

Auch ohne genauer zu erläutern, was ich meine, stelle ich oft fest, daß diese Frage in vielen Menschen eine bestätigende Antwort auslöst. Sie reagieren ganz unterschiedlich darauf, je nachdem, welche persönliche Bedeutung der Gral für sie hat – auch wenn unklar und geheimnisumwittert bleibt, was er eigentlich ist.

Vielleicht ist jeder, der auf diese Frage mit ja antwortet, auf der Suche nach etwas, das nicht nur dem eigenen Leben fehlt, sondern der gesamten Kultur? Mit einer Ahnung, einer Intuition, einem Schlüssel dafür, was man sucht, rückt man dem

Gral vielleicht näher. Wenn wir einander die Geschichten unserer persönlichen Lebenswege, Begegnungen und Erfahrungen mit dem Gral mitteilen, können wir alle dazu beitragen, daß der entschwundene Gral in die Welt zurückkehrt. Darauf baue ich.

Anfänge

Bedeutsame mystische Reisen nehmen stets in einem kritischen Augenblick ihren Anfang, wenn ungewöhnliche Umstände eine heldenhafte Tat erfordern. Für Bilbo Baggins in Tolkiens »Hobbit« begann, als Gandalf der Zauberer an seine Tür klopfte, ein Abenteuer, das ihn zur Höhle der Drachen führte. Für Psyche im Mythos von Eros und Psyche begann die Reise, nachdem sie versucht hatte, sich zu ertränken, aber zurück ans Flußufer geworfen wurde. Pan, der Gott der bukolischen Landschaft, stand zufällig in der Nähe, um Psyche den Rat zu geben, die Trauer und Suche nach Eros zu beenden. Dies führte sie zu Aphrodite und der Herausforderung, vier vermeintlich unlösbare Aufgaben zu bewältigen. Parzivals Suche begann, als er fünf Ritter in glänzender Rüstung sah und so geblendet von ihnen war, daß er sie für Engel hielt (seine Mutter hatte ihm erzählt, Engel seien nach Gott die schönsten Wesen). Als er merkte, daß es Ritter waren, beschloß er, auch Ritter zu werden. Und Ayla in »Ayla und der Clan des Bären« und »Das Tal der Pferde« macht sich zweimal allein auf den Weg, zuerst als fünfjähriges Kind, nachdem sie durch ein Erdbeben die Eltern verloren hat, und später als Frau, die andere Frauen wie sie selbst sucht.

Joseph Campbell schreibt in »Der Heros in tausend Gestalten«, daß die Reise des Helden mit dem Ruf nach Abenteuer beginnt. »Dieser Ruf zieht stets den Vorhang zu einem Mysterium der Verwandlung beiseite – durch einen Ritus, einen Moment spiritueller Entwicklung, der insgesamt aus einem Tod und einer Geburt besteht. Der vertraute Lebenshorizont wird überwunden, die alten Vorstellungen, Ideale und Gefühlsmuster passen nicht mehr, der Zeitpunkt ist gekommen, eine Schwelle zu überschreiten.«

Ob aufgrund freier Entscheidung – gewöhnlich beim Helden der Fall – oder von Notwendigkeit – gewöhnlich bei der Heldin – man reagiert auf diesen Ruf. Auf dieser Reise bildet sich mit der Bewältigung von Herausforderung und Verlust die Seele heraus – die eigentliche Substanz des Menschen.

Am Tor

In Märchen, Legenden und auch Science-fiction-Geschichten kommt der Held oft an einem »Tor« an – zugleich ein bestimmter Ort und ein bestimmter Zeitpunkt. Hier muß er sich entscheiden, ob er hindurchtreten und die bekannte Welt verlassen soll: Nur ein einziges Mal in hundert Jahren läßt die Dornenhecke, die Dornröschen umgibt, einen Prinzen hindurch; der Protagonist in einem Science-fiction-Roman kann das Sternentor oder Portal in eine andere Dimension nur betreten, wenn er zum genau richtigen Zeitpunkt dort ankommt. Der Berg Analogus kann nur von Osten her, bei Sonnenuntergang zur Sonnenwende erreicht werden, und nur in Glastonbury zu König Artus' Zeiten konnte man den Kahn herbeirufen, der einen durch den Nebel hindurch zur Insel Avalon brachte.

Die Vorstellung, durch ein Portal oder Tor zu schreiten, spiegelt sich in dem psychologischen Begriff »liminal«, vom lateinischen *limen* abstammend, die Schwelle. Der Jungsche Analytiker und Schriftsteller Murray Stein beschreibt die Übergänge in der Lebensmitte als Phasen der Liminalität. Das bezeichnet meiner Ansicht nach treffend jene Lebensphasen, in denen man sich »zwischen allen Stühlen« befindet, in einem Zustand, in dem man nicht mehr derjenige ist, der man war und noch nicht der, der man sein wird. Man steht in einem Türrahmen, einem Gang oder auch in einem langen dunklen Tunnel zwischen zwei Lebensphasen.

In solchen Phasen sind wir oft sehr dünnhäutig und verletzlich, gleichzeitig aber auch seelisch offen und empfänglich für neues Wachstum. Fast jeder kann sich an eine solche Phase in der Adoleszenz erinnern, in der ebenfalls größere Übergänge stattfinden. Wir ähneln dann einer Schlange, die die alte Haut abstreifen muß, um zu wachsen, und in dieser Phase der Häutung und des Wachstums verletzlich, reizbar und vorübergehend sogar blind ist.

In derartigen Übergangsphasen befinden wir uns oft in jenem liminalen psychologischen Zustand, den T. S. Eliot meint, wenn er vom »Schnittpunkt des Zeitlosen mit der Zeit« spricht – jenem Ort poetischer Sensibilität, wo sich der Blick in die Ewigkeit mit der gewöhnlichen Wahrnehmung kreuzt. Hier treffen sich die unsichtbare spirituelle Welt und die sichtbare Realität, hier befindet sich das intuitiv Mögliche auf der Schwelle zur berührbaren Manifestation.

In solchen Grenzphasen erleben wir oft eine bestimmte Synchronizität: Dies ist ein Begriff von C. G. Jung, der das Zusammentreffen unserer inneren, subjektiven Welt mit den äußeren Ereignissen beschreibt. Das Phänomen Synchronizität, wie etwa das unheimliche Auftauchen einer bedeutsamen Person oder Gelegenheit zum genau richtigen Zeitpunkt, führt oft eine Entscheidung herbei. Werden wir darauf reagieren? Und wenn wir es tun, werden wir damit eine neue Phase im Leben einleiten?

Denken wir daran, wie sich zum genau richtigen Zeitpunkt ein wichtiger Lehrer, eine Gelegenheit oder Liebesgeschichte in unserem Leben anbot. Zu anderen Zeiten hätte man vielleicht nicht auf diese Person oder Gelegenheit reagiert: In stabilen Perioden sind wir zu konzentriert oder zu beschäftigt mit dem, was vor uns liegt, um dem Ruf des Abenteuers zu folgen. Wir stehen einfach nicht zur Verfügung. Es gibt auch Phasen der Erschöpfung, in denen wir auf nichts Neues reagieren können, egal, wie attraktiv die Einladung auch sein mag. Das ist das psychologische Gegenstück zur Physiologie der Reizleitung: Ein Reiz ruft in einem Nerv nur eine Reaktion hervor, wenn er bereits erregt und aktiv ist, nicht in einer Phase unmittelbar danach, wenn der daran beteiligte chemische Botenstoff erschöpft ist.

Nur in Phasen der Verfügbarkeit reagiert man auf den Ruf des Abenteuers oder der Liebe und damit auf die Lektion, die dies unweigerlich bedeutet. Die östliche Weisheit »Wenn der Schüler bereit ist, wird der Lehrer erscheinen« beschreibt die synchronistische Verbindung zwischen der inneren Bereitschaft und dem äußeren Anlaß. Die Einladung zu meiner Pilgerfahrt erfolgte in einer solchen Phase. Ich war empfänglich und offen dafür, was passieren könnte. Meine fast schon erwachsenen Kinder verbrachten nun die Hälfte ihrer Zeit bei ihrem Vater und würden während meiner Abwesenheit bei ihm bleiben. Ohne zu zögern traf ich die Entscheidung, durch das Tor zu treten und zur Pilgerin zu werden.

2.
Begegnung: Der Dalai Lama

Auf dem Weg nach Europa, voll Aufregung vor meinem ersten Termin, einer Privataudienz beim Dalai Lama, fragte ich mich, ob ich wohl den »Guruschock« erleben würde. So bezeichne ich die Wirkung, die die erste Begegnung mit ihrem Guru auf manche Menschen hat. Ich war unterwegs zu einer Begegnung mit einer lebenden Legende und einem großen spirituellen Führer. Was konnte ich mir davon erhoffen? Wie würde er auf mich wirken? Mir war wie Parzival zumute, als er sich auf die Gralssuche machte, und ich konnte mir gut vorstellen, daß ich mich auf dieser Reise ebenfalls als unschuldiger Narr erweisen würde, der angesichts dieses Gegenstücks zum wundersamen Gral nicht wußte, welche Frage er stellen sollte.

Kurz vor meiner Abreise legte meine Buchhandlung zufällig eine neue Biographie ins Fenster: »Weiter Ozean – Der Dalai Lama«. Solche Erfahrungen nenne ich »Buchsynchronizität« – es passiert mir oft, daß ich auf genau das richtige Buch stoße, wenn ich es brauche. Beim Durchblättern stellte ich fest, daß der volle Name des Dalai Lama Tensin Gyatso, seine Heiligkeit der 14. Dalai Lama lautet. Man betrachtet ihn als Bodhisattva, als große Seele, die in einem früheren Leben Erleuchtung erlangte und sich freiwillig in anderer Gestalt auf der Erde reinkarnierte, um anderen zu helfen. Vor der Invasion Tibets 1959 durch das kommunistische China war er das absolute spirituelle und weltliche Oberhaupt seines Landes gewesen und führte nun eine Exilregierung in Dharmsala in Indien. Ebenso interessant fand ich, daß er nur ein Jahr älter war als ich und als Inkarnation oder Manifestation (er zieht letzteren Begriff vor) von Chenrezi gilt, der Gottheit des Mitgefühls, des Bewußtseins des Herzens.

Eine Privataudienz

Dann kam der Tag, an dem ich ihn treffen sollte. Die »Privataudienz« stellte sich als zwanglose Versammlung in einem niederländischen Schloß heraus. Etwa ein Dutzend Personen erwarteten den Dalai Lama. Er trug eine dunkelrote Robe über einem gelben Gewand. Mönche in ähnlicher Kleidung folgten ihm. Er begrüßte jeden mit einem Händedruck und ein paar Worten. Als ich an die Reihe kam, sah er mich direkt an, lächelte, schüttelte meine Hand, sagte Hallo und gab kichernde, gurgelnde Laute von sich wie ein glückliches Baby. Noch nie hatte ich so etwas von einem Mann gehört.

Dann ließ er sich unter uns nieder. Er sprach fließend Englisch und war bereit, alle Fragen zu beantworten. Hier war tatsächlich die Gelegenheit, alles Mögliche von ihm zu erfahren. Aber was fragt man den Dalai Lama – besonders wenn man an Parzival denkt, dem beim Anblick des Grals kein Wort einfiel, was zur Folge hatte, daß der Gral wieder verschwand, der König nicht genas und es Jahre dauern sollte, bis er ihn wiedersehen konnte?

Doch ich wußte eine Frage. Sie war zwar ziemlich abwegig, aber die einzige echte Frage, die ich an ihn hatte. Bei den Recherchen zu meinem Buch »Götter in jedem Mann« hatte ich mich gefragt, ob es eine Verbindung zwischen Tibet und dem griechischen Gott Apollo gab, in dessen Tempel das Orakel von Delphi seinen Sitz hatte. Ich hatte überlegt, ob die Tibeter »Hyperboreer« waren, wie die Griechen es nannten, was entweder »jenseits des Nordwindes« bedeutet oder »hinter oder über den Bergen«. Es heißt, daß Apollo jedes Jahr drei Monate bei den Hyperboreern verbrachte – die damaligen Historiker jedenfalls hatten es für einen realen Ort gehalten.

Ich erinnerte mich daran, daß der Dalai-Lama-Biographie von Roger Hicks und Ngakpa Chögyam zufolge auch eine Verbindung zwischen Tibet und Hopi-Indianern zu bestehen scheint. Als der Dalai Lama 1979 die Vereinigten Staaten besucht hatte, war er mit einer Gruppe von Hopi-Ältesten zusammengetroffen, die darauf hinwiesen, daß seine Ankunft eine uralte Prophezeiung des Hopi-Stammes erfüllte. »Den Hopi-Traditionen zufolge verläuft die Achse der Welt sowohl durch das Land der Hopi als auch durch Tibet. Am Ende von tausend Jahren religiöser Praxis der Hopi würde ein großer spiritueller Führer aus dem Osten kommen. Er würde der Sonnenclan-Bruder sein und sein Name mit Salzwasser zu tun haben. *Dalai* bedeutet großer Ozean und *Gyatso* bedeutet Meer. Zufällig gibt es eine entsprechende tibetische Prophezeiung: »Wenn der Eisenvogel fliegt und das Pferd auf Schienen läuft, wird das Dharma (die Lehre) nach Westen ins Land des Roten Mannes reisen...«

Es gibt zahlreiche weitere Ähnlichkeiten zwischen der Hopi-Kultur und der tibetischen, darunter auch ein paar sehr seltsame: Das Hopi-Wort für Mond ist das gleiche wie das tibetische für Sonne und umgekehrt.

Da Tibet, Delphi und die Hopi-Länder spirituelle Zentren waren oder sind, die Prophezeiungen und Rituale schätzen, ergab es für mich einen Sinn, daß sie einst möglicherweise Verbindung zueinander gehabt hatten. Ich stelle mir vor meinem inneren Auge diese Orte als Zentren des Lichts vor, die durch Strahlen miteinander verbunden sind, welche den Globus umspannen und heilige Stätten miteinander verknüpfen.

Für Menschen, die telepathisch veranlagt waren oder mittels körperloser Erfahrungen miteinander kommunizieren konnten, bildeten räumliche Entfernungen vermutlich kein unüberwindliches Hindernis.

Daher fragte ich mit der Hoffnung auf einen erhellenden Kommentar, ob die Tibeter Hyperboreer waren und ob es eine Verbindung zwischen Tibet, Delphi und den Hopi gebe.

Der Dalai Lama lauschte meiner Frage mit gespannter Konzentration, sagte »Hmmmmm« und schwieg dann lächelnd. Anschließend überließ er mich meiner eigenen Inspiration.

Gedanken zu dieser Begegnung

Die Auswirkungen meiner Begegnung mit dem Dalai Lama sollten sich erst später zeigen. Worte waren hier nicht wichtig, nur seine Präsenz. Ich war zu seiner Audienz mit der Vorstellung gekommen, daß ich nicht stumm bleiben durfte wie Parzival, daher stellte ich die einzige Frage, die mir einfiel. Im weiteren Verlauf dieser Pilgerfahrt wurde mir jedoch klar, daß nur die Gralsfragen – die Parzival nicht stellte – wichtig waren: »Was quält dich?« und: »Wem dient der Gral?« Außerdem waren dies Fragen, die ich nicht dem Dalai Lama zu stellen brauchte, sondern eher mir selbst, Fragen, die jeder von uns sich stellen sollte, der gesund werden und heilen will, was uns quält. Wenn wir die richtigen Fragen stellen, können Antworten erfolgen. Wenn wir den Gral suchen, können wir ihn finden, denn ich erfahre immer wieder, daß sich der geheimnisvolle, heilsame Gral in Menschen, an Orten und in Erfahrungen verbirgt.

Als ich im weiteren über die Bedeutung dieser Begegnung mit dem Dalai Lama nachdachte, fiel mir wieder das Sprichwort ein: »Wenn der Schüler bereit ist, wird der Lehrer erscheinen.« In diesem Fall kam die Erkenntnis, denn ich war empfänglich für das, was der Dalai Lama symbolisierte. In seiner Freude und seinem unfreiwilligen Gekicher strömte er die Spontaneität eines glücklichen, vertrauensvollen Kindes aus: Er war der mitfühlende, weise Lehrer. Ich hatte im vergangenen Jahrzehnt alle Spontaneität, alles Staunen und alle Empfänglichkeit verloren, die ich einst hatte, weil ich für immer mehr Menschen Verantwortung übernommen hatte. Ich mußte die Verbindung zu dem Kind in mir selbst aufnehmen, das meine eigenen Gefühle echt empfand und ausagierte. Ich erkannte, daß das, was mich »quälte«, in direktem Zusammenhang mit dem stand, was mich heilen konnte. Wenn ich so selbstsicher, intuitiv und spontan wie ein vertrauensvolles Kind reagieren konnte, würde ich erkennen, daß ich auch in Verbindung zu der weisen Frau stand, die wußte, was in mir echt war, wie es der Dalai Lama auf so schöne Weise veranschaulicht hatte.

Jedesmal, wenn ich eine persönliche Wahrheit wie diese entdecke, erkenne ich, daß sie die ganze Zeit in mir geschlummert hat. Es ist, anders ausgedrückt, eine Weisheit, die zur Verfügung steht und von jedem erkannt werden kann, wenn man sie nur sieht. Die Verbindung zwischen dem ehrlichen vertrauensvollen Kind und der Weisheit zum Beispiel ist archetypisch. Wenn wir lesen, daß Jesus sagte, wir müßten werden wie die Kinder, um das Reich Gottes zu betreten, das uns offensteht, ergeben seine Worte für uns unmittelbar einen Sinn; um etwas Göttliches oder Mystisches zu erkennen, braucht man eine Haltung der Ehrfurcht und des Staunens – die natürlichen Fähigkeiten des unschuldigen Kindes, das die Welt immer noch als einen magischen Ort betrachtet.

Der Archetyp des magischen Kindes taucht in den Träumen von Menschen auf, die den Sinn oder die Kreativität in ihrem Leben suchen und spüren, daß sie ein persönliches Schicksal haben, das es zu erfüllen gilt. Sie gebären im Traum etwa ein ungewöhnliches Kind oder begegnen einem Kind, das irgendwie außergewöhnlich ist. Das Traumkind ist vielleicht ein perfektes Neugeborenes, aber mit der Gestalt eines Zweijährigen, oder ein Säugling, der den Träumenden anblickt und spricht. Vielleicht kündet eine Stimme im Traum von dem Baby und nennt seinen Namen. Beim Erwachen erinnert man sich an den Traum mit Freude, aber oft auch mit Verwirrung: Wer ist dieses Kind?

Für einen solchen Traum ist charakteristisch, daß er in Verbindung zu einem neuen Archetypus des Selbst auftaucht, von dem wir ein Gefühl von Sinn und Zugehörigkeit zu etwas ableiten, das höher ist als unser kleines Selbst. Der Traum erscheint mit der Möglichkeit eines neuen oder erneuerten Lebens: Die Seele erwacht.

Die symbolische Gestalt, die von einem Neuanfang kündet oder eine Transformation verspricht, kann im Traum erscheinen, aber nicht nur als Kind. In einem solchen Traum, schreibt Joseph Campbell in »Der Heros in tausend Gestalten«, »geht eine Aura unwiderstehlicher Faszination von der Gestalt aus, die unvermittelt als Führer auftaucht und eine neue Periode, eine neue Ära im Leben markiert. Neue Herausforderungen – zwar unbekannt, überraschend und sogar erschreckend für das Unbewußte – geben sich zu erkennen.«

Manchmal taucht auch jemand im wirklichen Leben auf, auf den wir einen Teil des Traums, wie wir werden könnten, projizieren. Eine solche Person kann ebenso symbolisch wie eine Traumgestalt sein und verkörpert für uns die gleiche Botschaft: Das Versprechen eines neuen Lebens und Sinns. Diese Personen ziehen uns mit einem Versprechen an – dem Potential, uns zu heilen –, das wir entweder genau erkennen oder fälschlicherweise auf sie projizieren. Wenn ich auf den Dalai Lama die Möglichkeit projiziert hätte, er könne mich heilen, mich wieder gesund machen und in mir Göttlichkeit erwecken, wäre ich so angerührt worden wie die Menschen, die ihrem Guru begegnen. Ich hätte mich in ihn »verliebt«. Aber das geschah nicht.

Solche Erwartungen werden nicht nur auf Gurus projiziert, sondern auch auf Therapeuten oder andere, die überlebensgroß und in gleicher Weise unwiderstehlich attraktiv für uns sind. Wenn die Seele einen Ruf verspürt, verlieben wir uns in einen Menschen – ob gleichen oder anderen Geschlechts – und projizieren unsere Sehnsucht auf ihn, um als göttliche und schöne Wesen betrachtet und geliebt zu werden.

Manche Personen, auf die solche Projektionen gerichtet werden und die uns damit fesseln, mögen Eigenschaften haben, die so etwas herausfordern. Doch andere, die nicht unter einem ähnlichen Zauber stehen, sehen nicht, was wir sehen: Sie sind nicht verliebt wie wir. Wenn wir unsere Seele auf einen anderen Menschen projizieren, werden wir durch die Magie einer solchen Anziehung aus dem normalen Alltag gerissen: Es ist ein spiritueller, erotischer und mysteriöser Ruf, der unser Innerstes anrührt und womöglich unser Leben umkrempelt. Eine solche Anziehungskraft kann destruktiv wirken – wie etwa für Motten, die vom Licht angezogen werden –, denn darauf folgt oftmals eine Phase der Dekonstruktion und der Neuordnung von Prioritäten, ein metaphorischer Tod von Aspekten unseres Lebens. Es kann auch zu einer Desillusionierung kommen: Projektionen können nicht unbegrenzt aufrechterhalten werden. Was geschieht, wenn der oder die andere sich nicht als so zauberhaft, wunderbar oder spirituell herausstellt, wie wir uns das vorgestellt hatten? Möglicherweise stürzen wir dann in eine Phase der Verwirrung, der seelischen Dunkelheit.

Oftmals projizieren wir aus dem unerkannten Bedürfnis, ein spirituell sinnvolles und emotional authentisches Leben zu führen, unsere Seele auf jemanden, etwas oder einen Glauben, die uns anziehen. Wenn aber die neue Perspektive oder Attraktion unser geregeltes Leben stört und dann das, was uns aus der vorhergehenden Stabilität herausholte, seinen Zauber verliert, erleben wir dunkelste Nacht in der Seele. Wie die Ritter der Tafelrunde, die den Gral in Camelot sahen und sich aufmachten, ihn in der Wildnis zu finden, können Anziehung und Verlust Initiationserlebnisse sein, die uns in bislang unerforschte und unentwickelte psychologische und spirituelle Bereiche führen. Viele Erwachsene, die sich in der Phase befinden, die andere als Midlife-Krise bezeichnen, sind auf einer spirituellen Suche. Für mich traf das ganz gewiß zu.

Als ich die Einladung zu der Pilgerfahrt erhielt, befand sich meine Ehe im Auflösungszustand, und ich war allein. Ich wandelte nicht mehr auf einem gut erkennbaren, ausgetretenen Pfad. Die Teilnahme an einem Kurs über weibliche Spiritualität hatte in mir den starken Wunsch geweckt, ein echteres, authentischeres Leben zu führen. Ich hatte nicht bedacht, daß mich dies aus meiner Ehe herausführen würde, aber genau das geschah. Das Buch, das ich als psychologischen Text über Archetypen von Göttinnen geschrieben hatte, war ein Bestseller geworden. Indem ich Bilder von griechischen Göttinnen heraufbeschwor, hatte ich in vielen Frauen ein eigenes Bewußtsein von Göttlichkeit geweckt. Es war, als hätte ich ein Tor in eine Parallelwelt geöffnet, in der Göttlichkeit ein weibliches Gesicht hatte, in der der Körper und die Erde heilig waren und wo gewöhnliche Ereignisse durch spontane Rituale aus dem Alltagsleben herausgehoben wurden. Und ich war eine der ersten, die dieses Tor durchschritten hatten. Bei dem Gedanken an die Pilgerfahrt und den Zeitpunkt dafür erschauerte ich, denn es war für mich wie die Fortsetzung und Bestätigung einer Suche, die ich unfreiwillig begonnen hatte. Ich empfand dies als einen direkten Ruf an meine Seele und als eine Gralssuche.

Diese mysteriöse Suche nach dem Gral in der Lebensmitte verbirgt sich hinter vielen Gefühlen der Zuneigung, sei es zu einem Seelengefährten oder zur Seelenarbeit. Sehr oft schwebt eine Aura des Versprechens um diese neue Person oder Aufgabe.

Wenn wir das begreifen, können wir – auch ohne zu wissen, was genau dieser Gral ist, den wir suchen – die Elemente in der Gralslegende verstehen, die uns helfen, die zwingende Kraft dieses Rufes zu erkennen – und damit die Möglichkeiten, die in diesem Aufbruch, diesen Irrungen und Wirrungen liegen.

3.
Erweckung:
Die Kathedrale von Chartres

Wenden wir unsere Gedanken nun denjenigen zu, ob Heiden oder Christen, die Jahrhundert für Jahrhundert den Pilgerstab ergriffen und sich auf kaum erkennbare Wege begaben, kaum durchquerbare Flüsse durchwateten, durch Wälder schritten, in denen Rudel von Wölfen jagten, sich durch Sümpfe mit tückischem Morast wagten, in denen giftige Wasserschlangen lauerten, Regen, Wind, eisigem Hagel, Hitzschlag oder Eiseskälte ausgesetzt, als Obdach in manchen Nächten bloß der hochgeschlagene Mantelkragen. Und für all dies hatten sie Haus und Hof verlassen, nicht einmal wissend, ob sie sie je wieder sahen, um wenigstens einmal im Leben einen Ort zu erreichen, an dem Göttlichkeit herrschte.

LOUIS CHARPENTIER
»Die Geheimnisse der Kathedrale von Chartres«

Auf die Kathedrale von Chartres freute ich mich am allermeisten von den von Mrs. Detiger vorgeschlagenen Stätten, die ich besuchen sollte. Seit meinem Studium der Kunstgeschichte fühlte ich mich dorthin gezogen. Ich erinnerte mich an die im verdunkelten Hörsaal gezeigten Dias der prachtvollen Buntglasfenster, der Strebebögen und der hochgeschwungenen Gewölbe. Mitten in einem Forschungskurs über die Kunst im frühen Griechenland schien Chartres für mich ein Ort, der mir Besonderes versprach, Ausdruck einer nie zuvor erlebten Blüte der Architektur und des Geistes im zwölften Jahrhundert. Ich erinnerte mich, daß die Historiker darüber rätselten, wie in vergleichsweise kurzer Zeit so viele gotische Kathedralen hatten gebaut werden können, denn zu ihrer Konstruktion bedurfte es einer ungeheuren, vereinten Aufwendung von Talent, Energie und finanziellen Mitteln, die das damals Mögliche zu übersteigen schien. Doch bei mir hatte die Kathedrale von Chartres unter all den anderen gotischen Kirchen einen besonderen Platz. Und nun sollte ich, eine moderne Pilgerin, sie endlich besichtigen dürfen.

In krassem Gegensatz zu den Entbehrungen, die die Pilger damals auf sich nehmen mußten, brauchte ich nur die kurze Strecke von Amsterdam nach Paris zu fliegen und fuhr anschließend mit dem Auto nach Chartres. Als ich in Frankreich ankam, war es Frühling, und Paris war zauberhaft. Ich sollte von einem Führer nach Chartres begleitet werden, den ich an der amerikanischen Universität treffen sollte. Doch daraus wurde nichts, denn dieser Führer hatte einen Unfall gehabt; statt dessen bot mir eine Amerikanerin, die die Kathedrale ebenfalls bewunderte, an, mich dorthin zu fahren. Dort sollte ich mir allerdings selbst überlassen bleiben.

Sie holte mich am nächsten Morgen vor meinem eleganten Hotel ab. Wir ließen Paris hinter uns und fuhren über die Autobahn durch eine sanfte, hügelige Landschaft mit Feldern und kleinen Dörfern. Der Horizont war eben, doch nach einer leichten Anhöhe erhob sich unvermittelt nah und mit theatralischer Silhouette plötzlich die Kathedrale von Chartres aus der friedlichen Landschaft. Ich hielt instinktiv den Atem an, wie immer im Angesicht von großer Schönheit oder etwas Geheimnisvollem.

Und dann waren wir da. Ich betrat das beeindruckend harmonische Gebäude und stieß auf eine Gruppe Besucher, die sich um einen englischsprachigen Führer scharte. Ich hörte eine Weile zu, stellte aber fest, daß es nicht dem entsprach, was ich hier suchte. Ich wußte, daß es irgendwo ein Labyrinth gab, und machte mich auf die Suche danach. Ich fand es im Mittelschiff, in einer runden Fläche auf dem Boden, die fast die gesamte Breite der Kirche einnahm. Darüber standen reihenweise Holzstühle, daher bemerkte man es kaum. Ich beschloß, das Labyrinth abzugehen, doch dazu mußte ich die Stühle einen nach dem anderen hochheben.

Es war keines von jenen Labyrinthen, in denen man sich vollständig verirrt. Es gab keine Sackgassen, sondern eher einen Pfad, der an jedem Punkt des Musters vorbei zum Zentrum führte, das mit seinem Zirkel und sechs Halbkreisen wie eine stilisierte Blüte aussah. Der Pfad in den Mittelpunkt bildete den Stengel. Barbara G. Walker bemerkte zu dem Muster, es weise auf Aphrodite hin, die griechische Göttin der Liebe und der Schönheit.

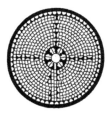

Ich erfuhr später, daß man Labyrinthe ursprünglich in Höhlen integrierte und sie sich gewöhnlich am Eingang befanden. In der kühlen, dämmrigen Kathedrale mit ihren dicken Mauern und der hohen Gewölbedecke konnte man sich gut vorstellen, in einer riesigen Höhle zu sein, in der Rituale vollzogen wurden. Zu diesem Eindruck trugen noch die Säulen bei, die an Stalagmiten und Stalaktiten erinnerten, sowie das geheimnisvolle Labyrinth auf dem Boden. Dieses Symbol der Erde und der Göttin findet man nicht nur hier in Chartres, sondern in mindestens zwanzig weiteren Kathedralen Europas, unter anderem in Poitiers, Toulouse, Reims, Amiens, Caen, Köln und Ravenna. Ich stellte fest, man daß die Kathedrale von Chartres wie viele andere der Jungfrau Maria geweihte christliche Kathedralen an einer alten Pilgerstätte errichtet hatte, die vor dem Christentum als eine heilige Stätte der Göttin verehrt worden war.

Maria wurde in Chartres besonders verehrt. Das englische Wort für verehren, *to venerate*, weist auf die Wurzel Venus hin, die römische Göttin und Aphrodites lateinischer Name. Émile Male, eine Autorität, was Chartres angeht, weist darauf hin, daß es »ein bekanntes Zentrum der Marienverehrung war. Die Kathedrale wurde als Marias Heim auf Erden betrachtet. Wenn in Chartres die Hymne ›O Gloriosa‹ zu ihren Ehren gesungen wurde, setzte man alle Verben ins Präsenz, um ihre Anwesenheit zu demonstrieren.«

Henry Adams, dessen Buch »Mont Saint Michel and Chartres« als Klassiker gilt, schließt, daß »Chartres nicht die Dreieinigkeit repräsentiert, sondern die Einheit von Mutter und Sohn«. Marias Kathedrale war an einer Stätte errichtet worden, an der man einst, lange vor der Verbreitung des Christentums und noch vor den Griechen und ihren Gottheiten, die Göttin anbetete. Diese Große Göttin war unter vielen Namen bekannt. Hier in Chartres wird sie immer noch in ihrem Aspekt als Jungfrau und Mutter angebetet, nur daß sie statt Isis, Tara, Demeter oder Artemis Maria heißt.

Ebenso wie die Stätten, an denen die Göttin verehrt wurde, zu Standorten für christliche Kirchen wurden, übernahm man auch die Symbole. Die erblühte rote Rose zum Beispiel brachte man, ehe sie zum Symbol Marias wurde, mit Aphrodite in Verbindung; sie stand für reife Sexualität. In Chartres, der der Jungfrau geweihten Kathedrale, sieht man überall Rosen. Das Licht strömt durch drei riesige, zauberhafte Rosettenfenster aus Bleiglas; im Mittelpunkt des Labyrinths sieht man das Symbol einer Rose. Der Labyrinth-Weg ist genau 666 Meter lang: 666 ist Barbara Walker zufolge die heilige Zahl der Aphrodite. In der christlichen Theologie wurde sie zu einer bösen, dämonischen Zahl.

Im Westchor des südlichen Querschiffs hat man ein weiteres Geheimnis eingebaut. Hier befindet sich nach Charpentier, dem Experten für die esoterischen Aspekte der Kathedrale von Chartres, eine »rechteckige Steinplatte, die im Verhältnis zu den anderen schief liegt und deren helle Farbe im Vergleich zu den übrigen grauen Steinplatten auffällt. Diese Platte sticht zudem durch ihren glänzenden, schwach vergoldeten Metallzapfen hervor. Jedes Jahr zur Sommersonnenwende fällt ein Lichtstrahl durch eine farblose Scheibe in dem Bleiglasfenster, das dem heiligen Apollinarius gewidmet ist, und trifft genau zur Mittagsstunde auf diese Steinplatte.« Wie das Labyrinth weist diese Anlage deutlich auf die erdverbundene Göttinnentradition hin, die hier, in einer christlichen Kirche, ihren Ausdruck findet.

Nachdem ich mit einigen Mühen und ohne jegliche meditative Konzentration das Labyrinth durchschritten hatte, spazierte ich durch die große Kirche und betrachtete alles, was es zu sehen gab. Ich verhielt mich eher wie eine Touristin, nicht wie eine Pilgerin. Kurz vor meiner Abreise hatte ich erfahren, daß sich in Chartres auch ein druidischer Brunnen und eine schwarze Madonna befänden – immer wieder stellt sich heraus, daß es an Stätten der Göttin einen heiligen Brunnen oder eine heilige Quelle gibt. Ich beschloß zu erkunden, ob ich die Krypta unter dem Kirchenschiff besichtigen konnte, und erfuhr, daß die Besitzerin des kleinen Souvenirgeschäfts neben der Kirche gelegentlich kleine Gruppen durch die Krypta führte.

Zum verabredeten Zeitpunkt versammelte sich eine kleine Gruppe. Die Ladenbesitzerin sperrte ihr Geschäft ab und führte uns durch eine Nebentür in die Kirche. Sie schloß auf, und wir stiegen hinab unter das Kirchenschiff. Sie sprach Französisch, was ich nicht verstand, aber ich las die englischen Beschreibungen dessen durch, was sie uns zeigte, und hörte teilweise Übersetzungen ihrer Erklärungen von anderen. Der freundlich-gelangweilte Gesichtsausdruck der Frau war verschwunden; hier in der Krypta zeigte sich ihre wahre Leidenschaft: Es war klar, daß sie die Kirche liebte. Ihre ganze Haltung hatte sich verändert. Sie hatte nun etwas von einem kleinen, stämmigen Mönch aus dem Mittelalter an sich, dessen Kutte um die Leibesmitte mit einem Strick gehalten wird. Wer weiß, dachte ich, vielleicht ist sie das auch.

Es gab in der Tat einen Brunnen in der Krypta, der aber mit einem verschließbaren Deckel abgedeckt war. Dieser Brunnen ist tiefer, als der größere Turm der Kathedrale hoch ist. Es ist ein uralter keltischer Brunnen, etwa 33 Meter tief, der einst in einer Höhle lag. In dieser niedrigen, höhlenartigen, dämmrig beleuchteten Kammer unter dem Kirchenschiff fühlte man sich wie in einer Höhle. Schon lange vor Ausbreitung des Christentums waren Pilger an diese Stätte geströmt. Neben dem Brunnen soll sich die Statue einer dunklen Göttin mit einem Kind auf dem Schoß befunden haben, die aus dem hohlen Stamm eines Birnbaums geschnitzt war. Vielleicht handelte es sich um eine Darstellung der dunkelhäutigen ägyptischen Göttin Isis mit ihrem Sohn Horus – Isis war vermutlich die ursprüngliche schwarze Madonna, die fast in der gesamten griechisch-römischen Welt angebetet wurde. In der Kathedrale über uns stand ebenfalls eine schwarze Madonna, eine traditionell römisch-katholische Mariengestalt mit einer Krone, ihre Haut aber war dunkel.

Nach dieser Führung durch die Krypta war es Zeit für mich, wieder die Kirche zu betreten. Doch diesmal fühlte ich mich anders: Ich war keine Touristin mehr, ich war zur Pilgerin geworden. Der Abstieg in die Höhle hatte mich stark beeindruckt, und fast wie eine Reaktion darauf begann die Orgel zu spielen, als ich das Kirchenschiff wieder betrat. Die unirdisch schönen Töne schienen die Steine und mich zum Schwingen zu bringen.

Ich stellte fest, daß ich nun nichts mehr vornehmlich mit meinen Augen und meinem Verstand wahrnahm. Statt dessen fühlte ich mich eher vorwärts gezogen und nahm die Energien in dem Kirchenraum mit meinem gesamten Körper wahr: Ich reagierte kinästhetisch. Zum ersten Mal in meinem Leben empfand ich mich als eine Stimmgabel oder als Wünschelrute. Mir war etwas bewußt, das weder Druck noch Schwingung noch Wärme war, und doch schien es Eigenschaften von allen dreien zu besitzen. Das Gefühl saß mitten in meiner Brust und strahlte nach allen Seiten aus. Bei meinem Gang durch die Kathedrale stellte ich fest, daß diese »Stimmgabelwirkung« an manchen Stellen stärker schien als an anderen. An dem Schnittpunkt von Haupt- und Querschiff, vor dem mit Seilen abgetrennten Altarraum, schien die Intensität am größten und eindringlichsten.

An dieser Stelle bekam ich das Gefühl, die Arme ausstrecken zu müssen, und gewann damit eine plötzliche Einsicht: Wenn ich genauso groß gewesen wäre wie die Kirche und mich niedergelegt hätte, wären meine Arme die Querschiffe gewesen und das Labyrinth mein Uterus. Es hielt den »Schoß« der Kirche.

Erweckung

Wenn sich zum ersten Mal neues Leben im Schoß regt und die Mutter die Bewegungen des Babys spürt, nennt man dies im Englischen *quickening* (»erste Regung, Erweckung«). Das gleiche Wort wird im Zusammenhang mit Pilgern verwendet, die an heilige Stätten ziehen, um die »Regung« der Göttlichkeit in sich zu spüren und eine spirituelle Erweckung zu erleben, einen Segen zu empfangen oder um geheilt zu werden. Der Suchende begibt sich mit geöffneter Seele auf die Reise und mit der Hoffnung, Göttlichkeit zu finden. Bei meiner »Stimmgabelerfahrung« in Chartres stellte ich fest, daß eine Pilgerfahrt an heilige Stätten eine körperlich-spirituelle Erfahrung ist – genau wie eine Schwangerschaft.

Man glaubt allgemein, daß sich göttlicher Geist an heiligen Stätten inkarniert, sowohl in dem Sinn, daß die Gottheit tatsächlich anwesend ist, als auch, daß an solchen Stellen Göttlichkeit alle Materie durchdringt, sie prägt oder das Göttliche im Pilger anregt. In Europa sind die Ziele christlicher Wallfahrten fast unweigerlich Stätten, die vor der Christianisierung der Großen Göttin geweiht waren.

Charpentier schreibt, daß die Kathedrale von Chartres an einer Stelle errichtet wurde, wo einst das oberste Heiligtum der Druiden stand. Es war ein Hügel, eine Erhebung mit einem heiligen Wald und einem Brunnen, der »Brunnen der Starken« genannt wurde. Hier gab es einst, in den ausgehöhlten Stamm eines Birnbaums geschnitzt, die Statue einer dunkelhäutigen Frau oder Göttin mit einem Säugling auf den Knien. Man nimmt an, sie sei von Druiden vor Christi Geburt erschaffen worden.

Die Macht dieses Ortes liegt in seiner Lage. Hierher strömte man in alten Zeiten, um das »Geschenk der Erde« zu empfangen, »etwas, das die Erde gibt wie eine Mutter«. Hier wurden durch die *wouivres*, wie die Gallier sie nannten – jene magnetischen oder kosmischen Strahlen, die sich durch den Erdboden schlängeln und symbolisch durch Schlangen dargestellt werden – die spirituellen Fähigkeiten der Menschen erweckt. Man errichtete Dolmen oder Megalithe an den Stellen, an denen diese Strömungen besonders stark waren.

Charpentier bezieht sich auf esoterische und historische Quellen mit seiner Behauptung, daß unter dem Hügel, auf dem die Kathedrale von Chartres errichtet wurde, eine besonders starke Strömung aufsteigt. Das sei auch der Grund für die ungewöhnliche nordöstliche Ausrichtung des Kirchenschiffs, denn Kathedralen sind normalerweise geostet. Er vermutet, daß ein Megalith oder Dolmen in dem Hügel vergraben ist. Aufgrund der Heiligkeit des Bodens, auf dem die Kathedrale von Chartres steht, ist sie die einzige in ganz Frankreich, in der keine Toten begraben liegen.

Als ich von den *wouivres* erfuhr, drängten sich mir noch andere Bilder auf. Ich dachte an das berühmte Relief einer unidentifizierten griechischen Göttin – vielleicht Demeter, die Göttin des Korns und Mutter der Jungfrau Persephone –, die mit einer Schlange, Weizen und Blumen in den Händen aus dem Boden aufsteigt. Ich dachte an die minoische Statue einer Göttin oder Priesterin, die die Arme ausgestreckt hält und in jeder Hand eine Schlange hält. Ich dachte an Statuen der Athene mit Schlangen auf dem Schild oder am Saum ihres Gewandes, symbolische Überreste ihrer vorolympischen Ursprünge. War die große Göttin, die in verschiedenen Erscheinungsformen die Erdgöttin und Mutter Erde darstellte, vielleicht auch Spenderin der heiligen Energie (der Schlangen), und nicht nur von Blumen und Weizen? Das würde jedenfalls die Bilder erklären. In den Religionen des Ostens wird heilige Energie, *kundalini,* ebenfalls durch eine Schlange symbolisiert, die am untersten Ende einer Wirbelsäule schläft (als ob man die Bedeutung dieser Position wiederentdeckt hätte, nennt man in der heutigen Anatomie den schützenden, schildförmigen Knochen am Ende der Wirbelsäule *sacrum*), bis sie erwacht (sich »regt«) und mit Hilfe spiritueller Praktiken durch die Chakras aufsteigt. In der Physiologie des Ostens hat der menschliche Körper wie die Erde Meridiane, die ihn durchziehen; an den Schnittstellen befinden sich die Akupunkturpunkte. Diese Punkte können stimuliert werden, um Schmerzen zu lindern, den Körper zu heilen und Harmonie wiederherzustellen.

Ich hatte auf dieser Pilgerfahrt zum ersten Mal von den Erdströmungen gehört und am eigenen Leib erfahren, welche Energie an Stätten herrscht, an denen die Menschen seit Jahrtausenden beten, und ich begriff, daß diese heiligen Stätten die »Akupunkturpunkte« der Erde sind. Das Stimmgabelphänomen erlebe ich immer wieder, und ich stimme mich auf meine Umwelt ein, gleich, wo ich mich befinde. Ich beruhige einfach meine Gedanken und versuche, meine Körperreaktionen zu erfühlen. Ich stimme mich ein in das instinktive Bewußtsein der Energie, die einen Ort durchdringt – eine sensorische Intuition, die Menschen, Tiere, Bäume und sogar Felsen berühren kann. In Irland zum Beispiel habe ich Stehende Steine »kennengelernt«, und jeder einzelne symbolisierte für mich eine uralte, geduldige, weise Präsenz. Auf einer griechischen Insel stieß ich auf einen alten Hain in einer Schlucht, der eine so böse Energie abstrahlte, daß ich dort nicht bleiben konnte.

Mrs. Detiger hatte die Vorstellung, daß, wenn wir heilige Stätten besuchen, wir nicht nur von ihnen beeinflußt werden, sondern dort auch schlafende Energien wecken. Vielleicht stimmt das. Vielleicht sind die australischen Aborigines, deren heilige Aufgabe darin besteht, ihre bestimmte Zeile des Liedes zu singen, das die Seele der Erde lebendig hält, nicht abergläubisch und ignorant, sondern sie bewirken genau das. Vielleicht können wir uns auf die Natur einstimmen, vielleicht ist die Verbindung zur Natur ein heiliger Dialog, von dem unsere spirituelle Entwicklung als Spezies abhängt. Erst durch meine Pilgerfahrt wurden mir diese Möglichkeiten klar, und ich entwickelte eine bewußte Beziehung zur Erde als Mutter – als lebendiges Wesen aus Materie und Energie, wie wir es sind, mit unseren sichtbaren Körpern und unsichtbaren Seelen.

4.
Die Gralslegende: Eine spirituelle Reise

Eine Pilgerfahrt ist, genau wie eine Gralssuche, äußerlich gesehen eine Reise und gleichzeitig eine innere Erfahrung. Der Pilger wie der suchende Ritter lassen ihr normales Leben hinter sich und begeben sich auf die Suche nach etwas, das ihnen fehlt, ohne unbedingt zu wissen, was dies ist. Das ist besonders bei der Gralssuche der Fall. Als ich mich mit der Gralsgeschichte im Sinn auf die Reise machte, war mir klar, daß der Inhalt selbst schon schwer greifbar ist, daß es verschiedene Versionen, viele Widersprüche und Interpretationen gibt und ich meine eigenen hinzufügen würde.

Wenn wir spirituelle Wesen auf einem menschlichen Weg sind, statt menschliche Wesen auf einem spirituellen Weg – wovon ich intuitiv überzeugt bin –, dann ist das Leben selbst nicht nur eine Reise, sondern gleichzeitig eine Pilgerfahrt und eine Gralssuche. Wenn wir einen heiligen Augenblick erleben, geschieht das nicht so sehr im räumlichen Sinne, sondern wir finden vielmehr einen seelenerfüllten Ort in uns selbst. Das Labyrinth als Sinnbild und die Gralslegende als Geschichte sind dann Metaphern, die uns helfen können, uns die spirituellen Dimensionen unseres persönlichen Lebens bewußtzumachen. Ich gelangte allmählich zu der Überzeugung, daß das Labyrinth im Schiff der Kathedrale von Chartres als symbolische Landkarte oder Metapher für die Pilgerfahrt dienen kann. Gleich zu Anfang – des Labyrinths wie der Pilgerreise – werden »normale« Zeit und Entfernungen unwesentlich. Wir stehen mitten in einem Ritual und befinden uns auf einer Reise, auf der Transformationen möglich sind. Wir wissen nicht, wie nah oder fern wir dem Zentrum sind, wo Sinn zu finden ist, bis wir dort anlangen. Der Rückweg ist durchaus nicht klar, und wir haben keine Ahnung, wo wir wieder auftauchen oder wie wir die Erfahrung zurück in die Welt tragen, bis dies geschieht. In einem Labyrinth gibt es keine Sackgassen, der Weg führt oft wieder zum Ausgangspunkt zurück, unsere Richtung ändert sich ständig, und wenn wir nicht umkehren oder aufgeben, werden wir das Zentrum mit der Rose finden, die Göttin, den Gral, ein Symbol, das die heilige Weiblichkeit repräsentiert. Um in den normalen Alltag zurückzukehren, müssen wir wieder das Labyrinth durchschreiten: Das ist ebenfalls eine komplexe Reise, denn nun müssen wir die Erfahrung in unser Bewußtsein integrieren, und genau das verändert uns.

Die Gralslegende mit ihren vielen verschiedenen Geschichten und Varianten drückt ein grundsätzliches menschliches Mysterium aus und enthält implizit ein Versprechen: das Potential zu Vollständigkeit, Heilung und Sinn. Sie ist einer der Zentralmythen des zweiten christlichen Millenniums, der Protagonist ist ein Held auf einer spirituellen Suche. Die Geschichte drückt höchst anschaulich den psychologischen Weg zur Ganzheit aus, den C. G. Jung »Individuation« nannte und den er als die Aufgabe für die zweite Lebenshälfte betrachtete.

Gralslegenden, Träume, Geschichten

Die vertrauten, zahlreichen Varianten der Gralslegende, die im zwölften und dreizehnten Jahrhundert entstanden, beruhten auf viel älteren mündlichen Überlieferungen. Diese Legenden drücken den Geist jener Zeit deutlich aus, einer Phase blühender Kultur, in der die großartigen gotischen Kathedralen errichtet wurden, zum ersten Mal eine Vorstellung von »romantischer« Liebe entstand, sich der Marienkult entwickelte und die Kreuzfahrer das mittelalterliche europäische Bewußtsein durch den Kontakt mit höher entwickelten Kulturen ausweiteten. Die Gralsgeschichten spiegeln zwar ihre bestimmte Epoche, aber sie sind zugleich zeitlos und archetypisch und haben heute ebenso viel zu sagen wie damals.

Als Jungsche Analytikerin höre ich mir seit fast dreißig Jahren die Träume anderer Menschen an und habe dabei festgestellt, daß dies genauso auf mich wirkt, wie wenn ich etwas über den Gral lese. Wenn man sich an einen eigenen Traum erinnert, der etwas Rätselhaftes enthielt, wird einem dieser Punkt vielleicht klarer. In den Träumen anderer und in den eigenen geht es stets um Symbole – von denen viele unvertraut sind und die der Träumer nicht bewußt versteht. Aber Symbole sind ein Teil der menschlichen Geschichte und Mythologie, sie besitzen über Zeit und Raum hinweg kollektive Bedeutung. In jedem persönlichen Traumleben gibt es Beweise für eine kollektive Quelle, die wir beim Träumen anzapfen.

Maler und Schriftsteller, deren Werke uns zutiefst berühren, bedienen sich dieser kollektiven Symbole. Sie »träumen« sozusagen für uns. Sie führen uns Bilder und Geschichten aus den eigenen Seelentiefen vor, die unsere eigenen sein könnten. Manchmal erkennen wir uns bewußt darin. In anderen Fällen spüren wir nur, wie wir dadurch angerührt werden. Aus dieser Sicht sind Maler und Schriftsteller unsere modernen Schamanen, die für ihren Stamm Visionen erleben. Sie dringen in die tieferen Schichten ein und drücken sie aus. Und diese Schichten – das kollektive Unbewußte – beruhen auf mehr als nur der jeweiligen Kultur der Zeit oder der Erfahrung dieses bestimmten Individuums, wenngleich beide das prägen, was aus dieser zeitlosen, transpersonalen Quelle stammt. Dieses Verständnis hilft, die Entstehung und den Inhalt der Gralsgeschichten zu erklären.

Die bekanntesten Gralslegenden wurden von Männern aufgezeichnet. Die wohl berühmtesten Versionen stammen von Chrétien de Troyes (um 1180), Robert de Barron (um 1190) und Wolfram von Eschenbach (1207). Chrétien hat seine Geschichte von Parzivals Suche nicht beendet, aber es gibt drei bemerkenswerte Fortsetzungen. Die Legenden entstammten der maskulin-patriarchalisch orientierten, christlichen Zeit und Kultur, sind aber auch voll heidnischer Einflüsse; darum hat die Kirche sie wohl nie übernommen. In den verschiedenen Varianten der Gralslegende gibt es Symbole und Bezüge, die sich auch in der keltischen und griechischen Mythologie finden, in arabischer Dichtung und der islamischen Bildersprache, in tibetischem und ägyptischem Gedankengut und in zahlreichen anderen Quellen.

Wer eine Geschichte erzählt, prägt sie auch. Denken wir an den klassischen japanischen Film »Rashomon« und das dort vorgeführte Prinzip: Ein Mann wird ermordet und eine Frau vergewaltigt, und vier Personen berichten uns von diesem Ereignis. Jede Version ist auf ihre Weise wahr, aber jeder erzählt eine völlig eigene Geschichte. Es spielt eine große Rolle, wer erzählt. Wie in den »Nebeln von Avalon« klar wurde, ist jede Geschichte eine andere, wenn sie aus der weiblichen Perspektive erzählt wird, auch wenn sich der Roman um die bekannten Ereignisse und Legenden um König Artus und die Ritter der Tafelrunde dreht.

In einer Version der Gralslegende erscheint der Gral am Pfingsttag in Camelot und verschwindet dann wieder, was die Ritter der Tafelrunde dazu veranlaßt, ihn zu suchen. Den meisten widerfährt dabei großes Leid, viele kehren nicht zurück, und nur der unschuldige Galahad findet ihn. In den »Nebeln von Avalon« ist der Gral, der in Camelot auftaucht, der Kelch der Göttin, der Kessel der Cerridwen, und die Göttin handelt durch Artus' Halbschwester Morgaine.

»Morgaine wußte nur, daß sie den Kelch mit beiden Händen hob und daß er wie ein großer, funkelnder Juwel, wie ein Rubin, wie ein lebendes, schlagendes Herz in ihren Händen aufglühte und pulsierte... während sie weiterging, oder der Kelch sich bewegte und sie mit sich zog... Sie hörte das Rauschen vieler Flügel, das ihr voraneilte, sie roch einen süßen Duft... Später sagten manche, der Kelch sei unsichtbar gewesen. Andere behaupteten, er habe geglänzt wie ein großer Stern und jeden geblendet, der ihn ansah... Jeder in der Halle fand auf seinem Teller das, was er am liebsten aß...«

Währenddessen spürt Morgaine, wie die Macht der Göttin ihren Körper und ihre Seele durchflutet und sie erfüllt. Sie hält den Kelch und spricht im Namen der Göttin: »Ich bin alles – Jungfrau und Mutter und die Göttin, die Leben und Tod schenkt. Verleugnet mich, wenn ihr es wagt, ihr, die ihr andere Namen anruft... aber wisset, ich bin der Anfang und das Ende.« Und darauf verschwinden der Kelch und die Schale und der Speer, die heiligen Insignien der Göttin. Sie werden auf zauberische Weise nach Avalon gebracht, damit sie nie mehr durch Priester und Männer, die sie schmähen, entehrt werden. Die Ritter verstreuen sich auf der Suche nach dem Gral in alle Winde.

Genau diese zeitgenössische Version vom Auftauchen des Grals in Camelot brachte mich dazu, die bekannten Gralsgeschichten neu zu überdenken. Ich hatte instinktiv und aufgrund meiner eigenen spirituellen Erfahrung die Gralsgeschichten immer so betrachtet, wie sie von Männern wiedergegeben wurden – durch die Beziehung des männlichen Charakters zum mysteriösen, heilenden Gral. Doch als ich an die Jungfrau dachte, die den Gral trägt, wie auch an den Gral selbst als weibliches Symbol, erinnerte ich mich an Gralserfahrungen, die ich selbst erlebt hatte – Erfahrungen im Körper und mit dem Körper, heilige Augenblicke, die ich aufgrund meiner Weiblichkeit und aufgrund der körperlichen Gegenwart von Frauen erlebte.

In der Gralslegende sind der Geist, das Herz und der Verstand die drei Wege, die durch die drei Ritter vertreten werden, die den Gral finden. Es fehlt die Möglichkeit, den Gral körperlich zu erleben. Daß Heiligkeit aber durch den Körper erlebt werden kann, wird in allen patriarchalischen Religionen abgestritten. Damit der Körper wieder als etwas Heiliges betrachtet wird, muß die Göttin – der weibliche Aspekt von Göttlichkeit – zurückkehren, denn nur durch die Bewußtheit der Göttin kann Materie eine heilige Dimension erlangen.

Grundthemen der Gralslegenden

Es gibt zwar viele verschiedene Versionen der Gralslegende, die grundlegenden Züge aber können wie folgt zusammengefaßt werden:

Der Gral ist ein geheimnisvolles, elementares Objekt – das kann ein Gefäß sein, eine flache Schale, ein Stein oder ein Edelstein –, und wert, daß man sein Leben daransetzt, ihn zu finden. Er befindet sich in einem verborgenen Schloß, in dem der Fischerkönig lebt. Dieser König hat eine Wunde, die nicht heilen will, und sein Reich ist verwüstet. Nur wenn ein Ritter das Schloß findet und beim Anblick des Grals und des verwundeten Königs eine bestimmte Frage stellt – gewöhnlich: »Wem dient der Gral?« oder: »Was quält dich?« –, wird der König geheilt, und sein Königreich erblüht wieder. Wenn der Ritter diese Frage nicht stellt, verschwindet das Schloß, und der Ritter muß sich erneut auf die Suche begeben. Findet er das Gralsschloß wieder und stellt die richtige Frage, wird der König gesund, und die Ödnis ergrünt.

Man stellt sich den Gral häufig als heiliges Gefäß vor, als Kelch, den Jesus beim Letzten Abendmahl benutzte und der sein Blut auffing, das aus der Wunde in der Seite floß, als er am Kreuz hing. Berichten zufolge wurde er von Joseph von Arimathia – er soll die erste Kirche Großbritanniens in Glastonbury gegründet haben – aus dem Heiligen Land nach Europa gebracht und ging dann verloren. Das Bild eines heiligen Gefäßes gab es schon in vorchristlichen keltischen und druidischen Mythen in Form des Kessels der Göttin, der Wiedergeburt, Inspiration und Wohlstand brachte.

In den verschiedenen Versionen der Gralsgeschichte sehen nur drei von den zahlreichen Rittern, die sich von Camelot aus auf die Gralssuche begeben, tatsächlich den Gral: Galahad, Parzival und Bors. Galahad, der unschuldige Ritter, findet den Gral und verläßt die Erde in einem Rausch der Ekstase. Parzival, der unschuldige Narr, kehrt zum Gralsschloß zurück und wird der neue König und Wächter des Grals, und Bors, der gewöhnliche Sterbliche, kehrt nach Camelot zurück, um die Geschichte zu berichten.

John Matthews bemerkt in seinem Buch »Der Gral«, daß die drei Ritter drei Wege darstellen, sich einem Mysterium zu nähern: Galahad steht für den Weg des Geistes, die direkte Kommunikation mit der Gottheit; für Parzival bedeutet es den Weg der Hingabe, des Herzens, dem ein langer, schwerer Weg zur Selbsterkenntnis vorausgeht, und für Bors, der die Ereignisse beobachtet, aber ein wenig Abstand hält, ist es der Weg der Kontemplation, des Verstandes.

Ich habe in meinem Buch »Tao der Psychologie« über den Gral geschrieben. Damals teilte ich den mystisch-christlichen Standpunkt, der der Gralslegende selbst zugrunde liegt, und fügte eine psychologische Interpretation hinzu, die Männern und Frauen helfen sollte, welche zwar erfolgreich sind, die Verbindung zu den Quellen des inneren Sinns aber verloren haben.

Viele Menschen mit Symptomen wie Depressionen, Angstanfälle und schwerwiegendere seelische Krankheiten nehmen psychiatrische Hilfe in Anspruch. Die Symptome sind häufig deutlich erkennbar, und die Menschen funktionieren durch die Psychotherapie wieder, aber mir ist immer wieder aufgefallen, daß meine Patienten auch das Gefühl brauchen, daß ihr Leben einen Sinn hat. Hierzu möchte ich einen längeren Absatz aus »Tao der Psychologie« zitieren, der meiner Meinung nach beleuchtet, was diese Sinnsuche bedeutet:

»Auch in der Gralssage geht es um ein verwüstetes Land, ein Ödland, in dem sich das Vieh nicht fortpflanzt, das Getreide nicht reift, Ritter getötet werden, Kinder Waisen sind, junge Frauen weinen und überall getrauert wird. Gemäß der

Sage sind die Probleme des Landes auf den verwundeten Fischerkönig zurückzuführen, der ständig leidet, weil seine Wunde nicht heilen will.

Der Gral befindet sich in seinem Schloß, doch der König kann ihn nicht berühren oder durch ihn geheilt werden, bis, gemäß einer Prophezeiung, ein unschuldiger junger Mann an den Hof kommen und die Frage stellen wird: Wem dient der Gral? Der Gral ist die legendäre, von Jesus beim Letzten Abendmahl verwendete Schale und ein Symbol für Christus oder für das Selbst (Christus und das Selbst repräsentieren beide etwas, das größer als der Mensch oder das Ich ist, etwas Göttliches, Spirituelles, Versöhnendes und Sinnvermittelndes).

Könnte der Herrscher des Landes, das Ich, vom Gral berührt werden und die Spiritualität des Selbst oder den inneren Christus erfahren, so hätte der Gral die Macht, das Ich zu heilen. Würde die Wunde des Königs geheilt, so würde sich – synchronistisch dazu – auch das Land erholen. Freude und Wachstum würden wiederkehren. Die Wunde können wir als Symbol für den Zustand des Ich betrachten, das vom Selbst abgeschnitten ist; wie eine Wunde, die nicht heilen will und die ständig schmerzt, verursacht eine solche Spaltung chronische Angstzustände und Depressionen.

Die Wunde des Fischerkönigs ist das psychologische Problem unserer heutigen Zeit. In einer wettbewerbsorientierten, materialistischen Gesellschaft, die von Zynismus gegenüber spirituellen Werten geprägt ist, die Gott als tot erklärt hat und in der weder das wissenschaftliche noch das psychologische Denken dem Reich des Geistes eine Bedeutung beimißt, fühlt sich der einzelne isoliert und unbedeutend. Mit dem Versuch, die Einsamkeit durch sexuelle Intimität und das Gefühl des Unbedeutendseins durch ein selbstsicheres Auftreten zu überwinden, kann die Wunde nicht geheilt werden. Wenn das Ich abgespalten ist und es das Selbst nicht mehr erfahren kann – oder mit anderen Worten, wenn einem Menschen das innere Gefühl, mit Gott verbunden oder Teil des Tao zu sein, abgeht, dann leidet es an einer Wunde, die es als nagende, durchdringende, hartnäckige Unsicherheit erfährt. Sämtliche Arten von Abwehrmechanismen, vom Rauchen bis zum Anhäufen von Macht, sind unbefriedigende Bemühungen, um sich besser zu fühlen. Der Narzißmus der Moderne scheint durch das Gefühl der emotionalen und spirituellen Entbehrung, des emotionalen und spirituellen Hungers, die ebenfalls zu dieser Wunde gehören, genährt zu werden. Ein solchermaßen verwundeter Mensch sucht das Ungewöhnliche, die Aufregung, die Macht oder das Prestige, um die mangelnde Freude oder den fehlenden inneren Frieden zu kompensieren. Chronische Wut und Depressionen scheinen sich unter der Oberfläche der *persona*, das heißt dem der Welt gezeigten Gesicht, zu verbergen. Auch dies ist eine Folge der Wunde, eine Folge davon, daß das Ich vom Selbst abgspalten ist. Diese Wunde beeinträchtigt die Fähigkeit zu lieben und Liebe anzunehmen. Auf der emotionalen Ebene herrscht Mangel statt Fülle, weshalb wenig Raum für Großmut, Mitgefühl, für Ermutigen und Helfen bleibt und Freude und Wachstum erstickt werden.

T. S. Eliot beschreibt das emotionale Elend und die Öde, die im Reich des Fischerkönigs herrschen, in seinem Gedicht »Das wüste Land«, in dem die Gralssage eines der zentralen Themen darstellt. Dieses Gedicht schildert ein spirituell ödes Land, in dem die Menschen sich in einem Zustand ständiger Dürre befinden, das Leben als trocken – sinnlos und lieblos – erfahren, auf den Regen warten, der nie kommt, und unfähig sind, aus der alles durchdringenden emotionalen Vereinsamung und aus der sinnlosen Geschäftigkeit auszubrechen.

Um das Ödland wieder zum Leben zu erwecken, muß die Wunde des Fischerkönigs geheilt werden. Der König repräsentiert das die Psyche beherrschende psychologische Prinzip, das heißt das, womit das Ich wertet und Entscheidungen fällt. Viele Menschen und sicherlich unsere Kultur insgesamt werden vom Prinzip des Rationalismus oder des wissenschaftlichen Denkens beherrscht. In der Gralssage ist das die Psyche beherrschende Prinzip von der spirituellen Abendmahlsschale, die Heilung und Erneuerung der Lebenskraft bringen würde, abgespalten. Die Wunde, die nicht heilen will, ist die

Folge dieser Spaltung, die das Ich der für sein Wohlergehen lebenswichtigen Verbundenheit mit der Spiritualität beraubt. Der König, der nicht mehr in Fühlung mit dem Gral ist, symbolisiert das rationalistische, von der Spiritualität abgeschnittene Denken, den hochgradig herzinfarktgefährdeten Menschen, die lineare Persönlichkeit, die von allem abgeschnitten ist, was nicht rational und sinnvermittelnd ist.

Der König kann den Gral so lange nicht berühren oder von ihm geheilt werden, bis ein unschuldiger junger Mann – manchmal als unschuldiger, tumber Jüngling beschrieben – erscheint. Die Wunde des herrschenden Prinzips, in diesem Fall das rationale Denken, bleibt so lange offen und heilt so lange nicht, bis ein neuer Aspekt in der psychologischen Situation auftaucht. Es kann sein, daß nur der junge, naive, unschuldige Aspekt der Psyche – der vom Blickwinkel des weltlichen Denkens aus als Narr betrachtet wird – das Staunen und die Ehrfurcht vor dem Gral, einem Symbol für Christus, erfahren und Fragen zum Sinn stellen kann, was dann zu einer Wiederherstellung der Verbindung zwischen dem Ich und dem Selbst führen kann. Dann kann die innere Landschaft, die sich in ein Ödland oder in eine Wüste verwandelt hatte, wieder zu blühen und zu grünen beginnen, da die Gefühle und das spirituelle Empfinden, die irrationalen Aspekte, die mit der symbolischen Schicht des Unbewußten in Berührung sind, in die Persönlichkeit eingebracht werden.«

Mein Verständnis von der Gralslegende hatte bis zu diesem Punkt auf zwei Quellen beruht: auf meiner Arbeit als Psychiaterin und einem mystischen Erlebnis mit knapp achtzehn Jahren.

»Dein Wille geschehe, nicht meiner«

Die freie Zeit zwischen der High School und dem College verbrachte ich in einem christlich orientierten Sommerlager im Süden Kaliforniens. Es lag hoch in den Bergen, wo ich mich schon immer Gott näher gefühlt hatte. Die Weite und Schönheit des nächtlichen Sternenhimmels erfüllte mich mit einer tiefen Ehrfurcht und dem Bewußtsein, mit dem Universum eins zu sein. Ich hatte zwar verschiedene protestantisch ausgerichtete Kirchen kennengelernt und war mit zwölf Jahren presbyterianisch getauft worden, aber meine religiöse Einstellung war mehr eine Sache des Akzeptierens dessen, was man mir beigebracht hatte, und der Vertrautheit mit den äußeren Formen.

In dieser Phase meines Lebens fühlte ich mich sehr im reinen mit mir. Ich hatte gute Noten und war beliebt, hatte in Rhetorikkursen und Diskussionsrunden gut abgeschnitten, meine Schule bei vielen Veranstaltungen vertreten und besaß viele Freunde. Das alles fand ich auch verdient. Ich hatte vor, Jura zu studieren, was ich mir leicht vorstellte. Außerdem würde ich damit einen ehemaligen Traum meines Vaters erfüllen, der Geschäftsmann war.

Dies alles fand vor der Erweckungsbewegung der Evangelisten statt, und das Sommerlager wurde von der größten presbyterianischen Kirche in unserem Gebiet finanziert; doch man neigte zum Fundamentalismus und hatte eine Reihe von charismatischen Rednern für den Sommer eingeladen.

Nach einer dieser Reden schämte ich mich plötzlich für meinen Stolz und wurde bescheiden. Ich erkannte, daß alles, was ich bisher erreicht hatte, auf unverdienten Gaben beruhte, wie Gesundheit, Intelligenz, Talenten, günstigen Gelegenheiten und guten Eltern. Ich selbst hatte nichts getan, um das zu verdienen, was man mir gegeben hatte.

In diesem Zustand der Demut ging ich spazieren. Es war zwar schon dunkel, doch auf dem Lagergelände war ich sicher. Schließlich gelangte ich zu einer leeren Kapelle, die nur durch ein paar Kerzen erleuchtet war, und betete. Dort erlebte diese undankbare, überhebliche, gedemütigte Achtzehnjährige eine zutiefst mystische Begegnung mit Gott, dem liebevollen, versöhnlichen Vater, einen Moment der Gnade, der mich auf immer veränderte. Ich erkannte beim Gebet in dieser Kapelle, daß ich Gott niemals zurückzahlen könnte, was er mir gegeben hatte, sondern daß ich meine Dankbarkeit nur ausdrücken konnte, indem ich anderen Menschen half, die weniger privilegiert waren als ich. In diesem Zustand der Erleuchtung betete ich: »Dein Wille geschehe, nicht meiner«, und in der darauffolgenden tiefen Stille kam ich immer mehr zu der Überzeugung, daß ich dazu bestimmt war, Ärztin zu werden.

Diese Überzeuung wurde in den folgenden Jahren auf eine harte Probe gestellt. Ich tat mich zwar in den geisteswissenschaftlichen Fächern hervor, die ich liebte, erwies mich jedoch in den für die Medizin unabdinglichen Fächern Mathematik und den Naturwissenschaften als wenig begabt. Man warnte mich, ich würde das Klassenziel in Zoologie nicht erreichen, falls ich mich nicht ins Zeug legte. Klassenarbeiten in Mathe und den Naturwissenschaften waren für mich große Prüfungen, die ich mit mehr Glück als Verstand bewältigte. Vor einer Chemiearbeit weinte ich einmal die ganze Nacht lang, weil mir vieles so schwerfiel.

Gleichzeitig bekam ich aber gute Noten in den geisteswissenschaftlichen Fächern. Mein rationales Selbst begann an meinem Entschluß zu zweifeln. Hatte ich die Botschaft vielleicht falsch verstanden? Im ersten Jahr an der Universität traf ich mit mir eine Abmachung: Ich würde den medizinischen Grundkurs fortsetzen, aber die Fächer, die ich gern hatte, ebenfalls weiterstudieren. Ich würde mich bei einer medizinischen Fakultät bewerben, und wenn man mich nicht annahm, würde ich akzeptieren, mich darin geirrt zu haben, was Gott mit mir vorhatte.

Mein Antrag bei der medizinischen Hochschule in San Francisco war erfolgreich. Fünf Jahre später begann ich mit einigen Zweifeln und eher nebenbei einen Kurs in Psychiatrie mit der Vorstellung, dies könnte mir bei jeder Fachrichtung helfen, die ich einschlagen würde. Bald schon stellte ich fest, daß dies die Arbeit war, für die ich vorgesehen war. Ich fühlte mich wohl dabei und schien ein Talent für die Psychiatrie zu haben, eine Fähigkeit, meine Patienten richtig einzuschätzen, sie intuitiv zu verstehen, und ich war fasziniert von der Komplexität der Seele. Seit meinem Versprechen an Gott, Ärztin zu werden, war ein Jahrzehnt vergangen, und nur die Kraft meiner Überzeugung hatte mich bis hierher gebracht. Meine fehlende Begabung für Mathematik und die Naturwissenschaften und die Schwierigkeiten des Medizinstudiums lagen nun hinter mir. Ich hatte hartnäckig ein Ziel verfolgt, das mir vermeintlich auferlegt war, und unerwarteterweise war es für mich nun sehr befriedigend. Etwa um diese Zeit stieß ich auf ein Gemälde von Schwester Corita, das untertitelt war: »An Gott zu glauben heißt zu glauben, daß die Regeln gerecht sind und es wunderbare Überraschungen geben wird.«

Dem mystischen Gotteserlebnis mit achtzehn folgte das dauerhafte Gefühl, durch Gebete Zugang zu Gott zu haben. Nur ein einziges weiteres Mal erlebte ich die eindringliche, unauslöschliche Präsenz Gottes und das damit verbundene Gefühl, im christlichen Sinne im Zustand von Gnade zu sein. Dies geschah bei meiner Hochzeitszeremonie in einer episkopischen Kathedrale.

Auf diese Erfahrung beziehe ich mich, wenn ich in »Göttinnen in jeder Frau« über den Archetyp der Ehe spreche:

»...Ich bin als gemäßigte Protestantin aufgewachsen. Unsere religiösen Rituale waren weder von Mystik noch von Wunderglauben begleitet. Das Sakrament des Abendmahls war als Gedächtnisfeier gedacht, bei der Traubensaft verwendet wurde. So stellte ich mit völligem Erstaunen und tiefer Bewegung fest, welch ehrfurchtgebietende innere Erfahrung meine Trauung in der San-Francisco-Grace-Kathedrale in mir auslöste. Ich hatte das Gefühl, an einem machtvollen Ritual teilzunehmen, bei welchem das Heilige angerufen wurde. Ich hatte den Eindruck von einer Erfahrung, die über die gewöhnliche Wirklichkeit hinausging, von etwas Numinosem – ein Merkmal einer archetypischen Erfahrung. Als ich das Ehegelöbnis ablegte, hatte ich das Gefühl, an heiligen Riten teilzunehmen.«

Bestimmte Erfahrungen bleiben einem auf immer im Gedächtnis haften. Ich erfuhr Gott als einen Geist, als ein Ergießen von Gnade, das sakramental war – es heiligte den Augenblick. Zu Beginn des Weges, der mich zur Medizin führen sollte, hatte ich Gottes Gegenwart in einer Kapelle gespürt, dann wieder in einer Kathedrale bei der Zeremonie zur Schließung meiner Ehe.

Wenn dies meine einzigen numinosen Erfahrungen von Göttlichkeit geblieben wären, würde ich jetzt nicht die Gralslegende untersuchen oder den Körper zusätzlich zu Geist, Herz und Verstand als Mittel verstehen, durch das der Gral erfahren werden kann. Aber ich habe Göttlichkeit durch meinen Körper erfahren, was meiner Meinung nach damit zusammenhängt, daß ich eine Frau bin. Der Körper einer Frau ist das Gefäß, in dem die Göttin erscheint.

In traditionellen Wiedergaben der Gralslegende herrscht Schweigen über die Frau, die den Gral trägt. Weder sucht sie ihn, noch war sie jemals von ihm getrennt. Ihr Zugang, ihre Erfahrung des Grals, geschieht durch ihren Körper. Wenn wir die Gralsgeschichte aus ihrer Perspektive entdecken, betreten wir das Reich der Göttin und der weiblichen Mysterien – in dem Gral, Göttin und Frau sich vereinen.

5.
Die weiblichen Mysterien und der Gral

Ehe ich mich diesem Thema zuwende, müssen wir die ursprüngliche Bedeutung des Wortes Mysterium untersuchen. In den meisten Bibliotheken finden wir unter diesem Stichwort alle möglichen Bücher, selbst Krimis. Im spirituellen Kontext ist ein Mysterium eine religiöse Weisheit, die man nur durch eine Offenbarung erlebt. Das Wort stammt vom griechischen Wort *mystes* ab, das schon zweitausend Jahre vor Christi Geburt mit Eleusis in Verbindung stand, dem heiligen Ritual um die Muttergottheit Demeter und ihre Tochter Persephone. Der Initiierte, der *mystes* (sowohl Männer als auch Frauen), erlebte eine grundsätzlich transformierende Erfahrung, die man geheimhalten mußte. Dieses Geheimnis wurde bis weit in die christliche Ära gewahrt. Man praktizierte die Riten bis ins Jahr 396 nach Christi Geburt.

Man kann sich bekanntlich kaum jemals darauf verlassen, daß jemand ein Geheimnis bewahrt, doch dieses wurde niemals verraten. Daher könnte es sein, daß es sich um ein Geheimnis handelte, das nicht durch Worte weitergegeben werden konnte. Das Mysterium muß die Erfahrung selbst gewesen sein, eine unbeschreibliche Offenbarung, die den Teilnehmer in einen Initiierten verwandelte, welcher Berichten zufolge keine Angst vor dem Tod mehr hatte.

Wir wissen, daß der Mythos um Demeter und Persephone die Wiedervereinigung der Muttergottheit mit ihrer Tochter feiert, die durch Hades in die Unterwelt entführt worden war. Wir können davon ausgehen, daß die Mutter-Tochter-Beziehung in den Eleusinischen Mysterien wie in der Vater-Sohn-Religion des Christentums mit Tod und Wiederkehr zu tun hatte – als Wiederauferstehung, Wiedergeburt oder Wiedervereinigung –, und daß der Initiierte irgendwie das Schicksal der Gottheit teilte, die das Reich des Todes überwand.

Die beiden Mysterien gleichen sich auch in der Verehrung einer Gottheit mit drei Aspekten: Vater, Sohn und Heiliger Geist stellen die christliche männliche Gottesgestalt dar, während die Göttin in ihren drei Aspekten als Jungfrau, Mutter und alte Frau verehrt wurde. In Eleusis ähnelte die Alte sogar dem Heiligen Geist, weil sie als Geistergestalt galt. Den Homerischen Hymnen an Demeter zufolge, in denen die Entführung von Persephone geschildert wird, ging nämlich Hekate, das Urbild einer alten Vettel und weisen Frau und Göttin aller Wegkreuzungen, Persephone voraus und folgte ihr auch, als sie aus der Unterwelt wieder auftauchte – das wäre unmöglich, wenn sie nicht ein Geist gewesen wäre.

Initiation

Um psychologisch in ein Mysterium eingeweiht zu werden, müssen wir durch eine entsprechende Erfahrung verändert werden. Wir sind nicht mehr die gleiche Person wie zuvor, denn wir haben etwas erlebt, das uns von denen unterscheidet, die dies nicht erlebt haben. Oft gehört zur Initiation ein

Element der Isolierung, etwa, daß man sich einer Angst stellt oder sich einer Mutprobe unterzieht. Doch wohl ebenso häufig erlebt man die initiatorische Erfahrung als einen Akt der Gnade, wenn Mysterium und Schönheit in einem schauervollen Augenblick verschmelzen und wir daran teilhaben. Der neu Initiierte fühlt sich auf archetypische Weise doppelt neugeboren: Durch die Geburt zum Leben wie auch durch ein Mysterium zu einer neuen Seinsweise, einem neuen Bewußtsein.

Man mag es seltsam finden, daß ich über etwas schreibe, das man nur durch persönliches Erleben kennenlernen kann. Oder können Frauen unbewußt auf heiliges Gebiet vordringen, ohne Worte für diese Erfahrung zu haben? Das, was zutiefst empfunden, aber niemals artikuliert, mitgeteilt oder im Zusammenhang gesehen wurde, schwindet leicht wieder aus dem Bewußtsein. Ohne einen Namen oder ein Wort für eine Erfahrung ist kaum Erinnerung möglich: Es ist ein wenig so, wie wenn es nicht gelingt, Zugang zu Informationen in einem Computer zu erlangen – nur viel komplexer, denn was unbewußt in uns schlummert, beeinflußt dennoch unseren Körper, unsere Beziehungen und unsere Träume. Nur mit Worten, die zu dem passen, was wir zutiefst wissen, ist es möglich, über die Bedeutung einer Erfahrung nachzudenken. Wir brauchen Worte, um uns zu erinnern. Wann immer ich zum Beispiel über die »Stimmgabelerfahrung« sprach, die ich in der Kathedrale von Chartres tief in der Brust empfand, stellte ich fest, daß ich damit die Tore der Erinnerung und Bedeutungsfindung für andere öffnete.

Ich weiß auch aufgrund meiner früheren Arbeiten über Archetypen, daß es für meine Leser wie ein erster Blick in einen Spiegel ist, wenn sie Worte und Bilder für etwas zur Verfügung gestellt bekommen, was sie bislang nur subjektiv gekannt haben. Es besteht die Möglichkeit, sich selbst und damit die Erinnerung an Ereignisse und Gefühle wiederzufinden. Und wenn diese wiedererinnerte Erfahrung eine heilige Dimension besitzt (was auf die weiblichen Mysterien zutrifft), dann erinnert sich die betroffene Frau vielleicht auch daran, daß sie keine Worte für diese Göttlichkeit in sich hatte, noch für die Göttin, die sich derart ausdrückte, und die Macht oder die Ehrfurcht, mit der sie sich in jenem Moment auf unerklärliche Weise in Kontakt fühlte. Wenn sich solche Ereignisse klären, hat man ein ungeheures Aha-Erlebnis.

Auch wenn das für die Leserin nicht so stattgefunden hat, wenn man keine derartige initiatorische Erfahrung erlebt hat oder ein Mann ist, kann sich beim Lesen über weibliche Mysterien immer noch das intuitive Gefühl einstellen, daß das wahr ist, weil wir uns im Bereich archetypischer Erfahrung befinden und ein kollektives Unbewußtes teilen. Da die Mysterien der Frauen jedoch körperlichen Charakter haben, herrscht immer noch ein Unterschied zwischen dem, was eine Frau aufgrund ihrer Phantasie oder von Gehörtem rational erkennt, und der körperlichen Erfahrung selbst.

Das Nachdenken darüber führte mich zum Vergleich mit der abstrakten Vorstellung von der Geburt eines Kindes, die ich in der Gynäkologie anhand von Lehrbüchern und Vorlesungen entwickelte, im Gegensatz zur direkten Erfahrung einer gebärenden Frau. Ich habe als Medizinstudentin und Praktikantin Frauen in den Wehen betreut und überwacht, habe untersucht, wie weit sich der Muttermund in Vorbereitung für die Geburt ausdehnte, und schließlich auch hundert Babys entbunden – doch all dies bereitete mich nicht auf die tatsächliche Erfahrung »am eigenen Leibe« vor, ein Kind zur Welt zu bringen.

Schwangerschaft als Initiation

Für mich war die Schwangerschaft eine initiatorische Erfahrung, die meinen Körper veränderte, mein Bewußtsein verlagerte, mich Unterwerfung lehrte und mir eine Vorahnung davon gab, welche körperlichen, psychologischen und spirituellen Ansprüche und Wohltaten ich als Mutter erleben würde. Viel später gelangte ich zu der Erkenntnis, daß Schwangerschaft und Geburt Erfahrungen sind, die einem lebendigen Mythos und einer archetypischen Erfahrung entsprechen.

Wie die Pubertät war die Schwangerschaft etwas, das ebensosehr mit mir wie in mir geschah. Mein Körper veränderte sich tatsächlich und brauchte zusätzliche Energie. Besonders in den ersten drei Monaten war ich sehr müde und schlief mehr als gewöhnlich. Dann veränderte sich mein Körper, und mein Schwerpunkt verlagerte sich. Als Folge dessen geriet ich leichter aus dem Gleichgewicht, stürzte einmal und verletzte mich am Knöchel. Emotional wie körperlich spürte ich eine völlig neue Verletzlichkeit.

Dann geschah etwas mit meiner Psyche, etwas, das ich damals »biologische Introversion« nannte. Mit meiner Jungschen Orientierung wußte ich ja, was eine gewöhnliche Introversion war. Doch das hier war anders. Ich war eindeutig introvertiert, aber nicht im Kopf: Ich war weder nach innen gekehrt noch überaus nachdenklich. Gedanken und Vorstellungen waren nicht wichtig. Ich fühlte mich vielmehr so, als sei das Zentrum meines Bewußtseins aus dem Kopf herabgesunken und existiere nun irgendwo kurz oberhalb meiner wachsenden Gebärmutter. Das Gefühl des »Ich« ruhte nun in meinem Bauch. Und dieses Ich war damit zufrieden, so still zu sein wie ein Stein in der Sonne an einem Flußufer. Ich arbeitete fast die ganze Schwangerschaft hindurch, obwohl es mich Mühe kostete, mich aus diesem Zustand des einfachen Seins herauszuheben und im Büro zu sitzen, wo ich Herz und Verstand einsetzen mußte, um zu denken, anzuregen und mit anderen zu kommunizieren.

Dieser Sog nach innen während der Schwangerschaft schien Ähnlichkeit mit dem zu haben, was in Sterbenden geschieht, besonders kurz vor dem Ende, wenn es nur noch eine Frage der Zeit ist, bis der Verfall des Körpers sie in die unbekannte, oft gefürchtete nächste Phase hineinträgt. Wenn sich dieser Zeitpunkt nähert, wird der Interessenkreis immer kleiner, und die Probleme und Geschehnisse in der Außenwelt verlieren an Bedeutung.

Der Tod der alten Gestalt und das neue Leben, die Geburt, sind für Initiationen fundamental. In der Schwangerschaft geschieht dies auf vielen verschiedenen Ebenen, wenn die Frau immer stärker zunimmt. Sie hatte vielleicht vorher einen geschmeidigen, energischen, kräftigen Körper und bekommt nun einen weichen, sinnlichen. Vorher hatte sie die Figur und Züge eines Mädchens, und ihr Aussehen war für sie wichtig. In der Schwangerschaft verändert sie sich für sich und andere in ihrem Archetypus, indem sich ihre Psyche verlagert und ihr mädchenhafter Körper verschwindet. Das Mädchen stirbt symbolisch, damit die schwangere Mutter vortreten kann.

Im fortgeschrittenen Stadium der Schwangerschaft ähnelt sie Statuen der Göttin. Sie ist die Verkörperung der berühmten schwangeren Venusstatuen, von denen wohl die Venus von Willendorf die bekannteste ist. Diese Göttinnenstatuen, die vor etwa 20 000 bis 25 000 Jahren entstanden, haben schwere, schwangere Körper, kaum individuelle Gesichtszüge und nach unten spitz zulaufende Beine, damit man sie leicht in die Erde stecken konnte. Der Archäologin Marija Gimbutas zufolge zeigen »präindustrielle Ackerbaurituale eine deutliche, mystische Verbindung zwischen der Fruchtbarkeit der Erde und der schöpferischen Kraft der Frau«. Diese Verbindung schält sich langsam wieder heraus. Ein mystisches Bewußtsein, das mit dem Körper der Frau und deren Verbundenheit mit Gaia, der lebendigen Erde, zu tun hat, wird den Frauen immer klarer. (Das intellektuelle Verständnis, daß wir ebensosehr Teil von Gaia sind wie die Flüsse und Bäume, das James Lovelock als »Gaia-Hypothese« bezeichnete, ist eine rationale Wahrnehmung. Ich spreche hier von weiblichen Mysterien, die durch den Körper erfahren werden.)

Als ich die ersten Regungen im Uterus spürte und genau wußte, daß dies mein Baby war, lächelte ich spontan und voller Staunen. Es war eine urspüngliche, körperliche Erkenntnis, die bestätigte, daß tatsächlich ein Kind in mir wuchs. Für mich war das alles ein Wunder, aber schwanger zu sein gilt als sehr normal, und die ersten Regungen gehören einfach dazu. Das Patriarchat kennt keine Rituale, mit denen solche Wunder gefeiert werden – wenn Männer aber schwanger würden, wäre die Fähigkeit, Kinder zu gebären, mit Sicherheit für sie ein Beweis der angeborenen Überlegenheit ihres Geschlechts. Die

Schwangerschaft würde den Beginn eines größeren Übergangsrituals für den individuellen Mann bedeuten und gefeiert. Und wenn wundersamerweise nun ein einziger Mann schwanger würde, betrachtete man dies und die Geburt als so bahnbrechend wie die ersten Schritte auf dem Mond.

Diese Vorstellung entspringt meiner Überzeugung, daß das Patriarchat alles entwertet, was Frauen natürlich und instinktiv tun. Dahinter steht der männliche Gott und der Gedanke, daß der Mensch nach seinem Abbild geschaffen ist. Doch Tausende von Jahren vor der Bibel, Zeus und den Olympiern verehrten die Menschen die Göttin. Wenn ich daher spekuliere, wie eine Schwangerschaft erlebt würde, falls Leistungen von Frauen allgemein anerkannt würden, denke ich an meine erste Schwangerschaft und die ersten Kindsbewegungen zurück. Dann erinnere ich mich auch, wie es sich anfühlte, als mein Körper zum ersten Mal auf die Energie an einer heiligen Stätte reagierte. Ich erinnere mich daran, daß Pilgerfahrten stets unternommen wurden, um »göttliche Regungen« zu spüren. Ich weiß aufgrund dieser Erinnerung intuitiv, daß diese Erweckung als fundamentales religiöses Erlebnis gewertet würde, wenn die Göttin nicht aus unserem Bewußtsein verbannt worden wäre. Eine schwangere Frau würde wissen, daß sie essentieller Bestandteil der Göttin als Schöpferin ist, die alles Leben in ihrem Körper erzeugte. Das Gefühl der eigenen Göttlichkeit würde mit dem Gefühl für das Leben zusammenfallen, das sich in ihrem Schoß regt. In diesem Moment würde sie es wissen und sagen: »Die Muttergöttin und ich sind eins.«

Meine beiden Kinder wurden Anfang der siebziger Jahre geboren, als die protestantische Dreieinigkeit von Vater, Sohn und Heiligem Geist alles war, was ich kannte, noch ehe ich eine Ahnung von der spirituellen Dimension des Weiblichen hatte. Und trotzdem war ich mir damals, als ich die ersten Kindsbewegungen in mir spürte, verschwommen bewußt, daß es damit zu tun hatte, ein heiliges Gefäß zu sein. Ich wußte nur keine Worte dafür. Da meiner ersten erfolgreichen Schwangerschaft drei Fehlgeburten vorausgegangen waren, nahm ich nichts mehr als selbstverständlich hin.

Wenn Demeter, Archetyp der Mutter, Seele, Körper und Geist der Frau beherrscht und sie nicht durch körperlichen oder emotionalen Mißbrauch entehrt wurde, passen die Worte des Rosenkranzes, die an die Jungfrau Maria gerichtet sind: »Ich bin gesegnet unter den Frauen, und gesegnet ist die Frucht meines Leibes«, zu dieser Erfahrung – obwohl die Umstände für eine Frau einen großen Unterschied ausmachen können, wie sie sich in der Schwangerschaft fühlt.

Dise Worte drücken sehr gut das mystische Bewußtsein aus, das in einer Frau in dem Offenbarungsaugenblick entsteht, wenn sie weiß, daß sie und die Göttin eins sind. Die Schwangerschaft ist der Kahn, der die Frau durch die Nebel von Avalon ins Reich der Göttin trägt.

Wehen und Geburt

Mein Mann und ich hatten zur Geburtsvorbereitung Kurse über natürliche Geburt besucht, einen Film gesehen und Bücher gelesen. Als sich der Entbindungstermin näherte, wartete ich auf das Einsetzen der Wehen wie auf den Beginn einer Expedition oder wie auf meinen ersten Tag an der medizinischen Fakultät: Mir war zwar völlig neu, was mir bevorstand, aber es weckte meinen Ehrgeiz, und ich beabsichtigte, es gut zu machen.

Ich hatte immerhin akademische Ehren erlangt, Babys entbunden und mein Studium und die Praktikantenzeit erfolgreich hinter mich gebracht. Mit dreiunddreißig Jahren war ich auch kein junger Hüpfer mehr. Unbewußt hatte ich wohl auch Angst, ließ sie aber nicht zu. Meine größte Sorge galt der Gesundheit des Babys. Ich dachte an die Möglichkeit von Komplikationen: Solche Dinge konnten immer passieren. Viele Frauen empfinden auch eine tiefsitzende Angst vor dem, was eigentlich jeder weiß: daß im Kindbett auch schreckliche Schmerzen und Tod möglich sind. Diese Gedanken gingen mir durch den Kopf; bei den Griechen beteten die Frauen in dieser Situation zu Artemis und baten sie um Gnade – entweder für eine schnelle Geburt oder einen raschen Tod.

Die Wehen begannen am frühen Abend und wurden im Verlauf der nächsten Stunden immer stärker und regelmäßiger. Die ersten Stunden waren nicht sehr schlimm, und es fiel mir leicht, die Atemübungen zu machen, die wir im Geburtsvorbereitungskurs gelernt hatten. Eigentlich war es ganz leicht, und das wirkte sehr beruhigend auf mich. Als es Zeit war, ins Krankenhaus zu fahren, fühlte ich mich wie beim Aufbruch zu einem Abenteuer, zu dem ich die Tasche gepackt hatte.

Mein Gynäkologe arbeitete in einer Gemeinschaftspraxis, die zu den ersten in San Francisco gehörte, die Väter bei der Geburt zuließen. Ich war also nicht allein. Es waren meinem Mann und mir bekannte Ärzte da, mir zu helfen, und selbst das Krankenhaus war mir vertraut.

Doch dann wurde es alles andere als vertraut. Mir erging es wie der sumerischen Göttin Inanna, die sich freiwillig entschließt, ihre Schwestergöttin in der Unterwelt zu besuchen, und feststellt, daß sie mehrere Tore durchschreiten und sich bei jedem von etwas trennen muß, das zu ihrer Identität gehört. Das erste Tor war die Aufnahme im Krankenhaus, wo die Patienten ihre Wertsachen und Papiere abgeben. Beim nächsten Tor gibt sie ihre Kleider ab, und man reicht ihr ein Gewand, unter dem sie nackt ist. Hier nahm man mir auch meine privilegierte Stellung als Ärztin. Beim dritten Tor begab ich mich auf die Wehenstation, wo ich mich für die interne Untersuchung auf den Rücken legte: So wurde in regelmäßigen Abständen geprüft, wie weit mein Muttermund sich geöffnet hatte, um abzuschätzen, wie lange es noch dauern würde. Mit zunehmender Wehenstärke verlor ich immer mehr die Kontrolle über mich. Ich fühlte mich, als sei ich in einem veränderten Bewußtseinszustand in die Unterwelt geraten. Die Schmerzwellen erreichten ihren Höhepunkt und wichen zurück, aber jede Welle war länger und intensiver als die vorherige, und die Pausen zum Ausruhen wurden immer kürzer. Es war schwere, schmerzhafte, körperliche Arbeit, immer näher auf ein Crescendo hin, das immer unerträglicher erschien. Die Schmerzen waren zu einem Zeitpunkt so schlimm, daß ich in den Intervallen dazwischen große Angst vor der nächsten Wehe empfand. Dann gab man mir eine Serie von Spritzen mit einem novocainähnlichen Betäubungsmittel, das den Zervixbereich unempfindlich und den Schmerz erträglicher macht. Irgendwann danach – ich habe keine Ahnung mehr, wann – wurde ich durch ein weiteres Tor in den Kreißsaal geschoben.

Man nennt die Phase kurz vor der eigentlichen Entbindung, wenn die Wehen am längsten und schmerzhaftesten sind, das »Übergangsstadium«. Jetzt bewegt sich das Baby durch den Muttermund in den verkürzten Geburtskanal, unter dem mütterlichen Schambein hervor in die Welt hinein. In dieser Phase ist der Mutter am stärksten nach völliger Kapitulation zumute, weil ihr alles einfach zuviel wird. Es ist die »Mauer«, gegen die der Marathonläufer kurz vor dem Ziel anrennt, eine Situation, in der dem Köper mehr abverlangt wird, als der Verstand rational für möglich hält. Während den Langstreckenläufer reiner Wille vorantreibt, finden diese letzten Wehen jenseits von Willen und Entscheidung statt. Man kann sich nur noch dem Geschehen ergeben. Von der Übergangsphase an setzen sich die Wehen ununterbrochen fort, bis alles vorbei ist und entweder das Baby geboren ist oder die Mutter stirbt.

Es ist eine überaus kritische Phase für Mutter und Kind, wenn das Baby sprichwörtlich durch ein Tor in eine nächste Phase tritt. Jetzt ist die Gefahr am größten, daß Mutter und Kind Schaden nehmen. Das ist der Prototyp aller Lebensübergänge: Wenn wir dieses Tor durchschreiten, ist nichts mehr so wie vorher.

Und genauso war es auch. Mit einer allerletzten Preßwehe trat mein Baby durch mich in diese Welt. Ich war selbst zum Tor geworden. Kurz darauf hörte ich einen Schrei; man sagte mir, ich hätte ein Mädchen, und es sei gesund. Man wickelte meine Tochter in ein Tuch und legte sie mir in den Arm, was unmittelbar größte mütterliche Zärtlichkeit und Staunen auslöste, daß diese kleine Person tatsächlich in mir gewachsen war.

Während der Wehen und der eigentlichen Entbindung spielte sich eine Menge ab, und sehr viel teilte sich mir auf unvertraute Weise ohne Worte oder sogar Gedanken mit. Nur ein einziges weiteres Mal, bei der Geburt meines Sohnes sechzehn Monate später, erlebte ich diese Initiation noch einmal. Wieder wurde ich zum Teil des weiblichen Mysteriums, und mir wurde etwas enthüllt, das ich eher als Verwirrung empfinde denn als eine Erleuchtung. Es war wie ein Abtauchen in die Dunkelheit, ein sich darin Auflösen, auf das Offenbarung folgte. Es steht in völligem Gegensatz zu jenen Momenten der Erleuchtung, dem Sekundenbruchteil einer blitzartigen Erkenntnis, wenn man mit dem Verstand etwas begreift. Das »Ich«, das in der Welt etwas erreicht hatte, war im Kreißsaal nicht anwesend. Es war eine Initiation, durch die ich eine fundamentale Verwandtschaft mit allen Frauen der Geschichte empfand, die jemals diese Schmerzen und diese Transformation durchgemacht hatten. Nichts unterschied mich von sämtlichen anderen Frauen in der Welt, die jemals ein Kind geboren hatten.

Die Erfahrung von Wehen und Entbindung bedeutete die Aufnahme in die Frauenbewegung: Die Verwandtschaft mit Frauen, die tiefreichende Schwesternschaft, nahm hier ihren Ausgang. Ich empfand ein mystisches Gefühl des Einsseins mit allen Frauen. Keine meiner bisherigen Leistungen spielte eine Rolle oder hob mich hervor. Meine Individualität bedeutete nichts mehr. In diesem Erlebnis war ich die Frau schlechthin. Es war eine sehr tiefgehende Erfahrung.

Ich könnte mein Medizinstudium und das Übergangsritual der Praktikantenzeit – damals eine der größeren Initiationsprüfungen für Männer – mit der Geburt vergleichen. In vieler Hinsicht war die Geburt eines Kindes schwerer; die Notwendigkeit, sich einfach der Erfahrung zu unterwerfen, war gewiß absoluter. Trotz der wohl günstigsten Umstände, mit meinen Kenntnissen über den Vorgang und die Unterstützung durch meinen Mann, den Arzt und das Pflegepersonal, herrschten dennoch Angst und Schmerzen vor. Dazu kam die Isolierung, weil ich all das allein durchstehen mußte. Mir wurde klar, wie bei Schwangerschaft und Geburt Frauen in aller Welt ein wichtiges Übergangsritual erleben, das als solches weder in der

Gesellschaft noch in irgendeiner Religion anerkannt wird. Bei männlichen Übergangsritualen werden die Elemente der Prüfung, des Todesrisikos und der Transformation gespielt (wie etwa bei Ritualen der Verbrüderung und Aufnahmeprüfungen in bestimmte Gruppen. Das gleiche gilt auch für von Anthropologen beschriebene Ureinwohnerrituale; durch solche Riten definiert sich Männlichkeit). Doch was bei einer männlichen Zeremonie nur gespielt wird, ist in der Schwangerschaft Wirklichkeit: Die Wehen sind eine Tortur, es besteht ein echtes Risiko zu sterben, und die Frau wird tatsächlich transformiert. Im Prozeß dieser Initiation wird aus dem Körper des Mädchens der einer Frau, und sie gebiert neues Leben. Doch all das ist nur der Beginn einer Verpflichtung, denn damit das Kind überlebt und gedeiht, muß die Initiierte die Veranwortung für dieses neue Leben übernehmen. Sie ist zwar nicht allein für die Fortpflanzung der menschlichen Art verantwortlich, aber die menschliche Art überlebt nur, weil einzelne Frauen diese Initiation durchstehen und neues Leben gebären. Die Schwangerschaft war für mich eine tiefe Erfahrung mit heiligen und furchterregenden Augenblicken. Es war ein Übergangsritual und ein Erlebnis, die mich auf immer veränderten.

Rückblickend erkannte ich mit Entsetzen, daß ich während meiner ärztlichen Ausbildung in drei Lehrkrankenhäusern nie die unsensiblen und verunglimpfenden Einstellungen und Praktiken erkannt und angeprangert hatte, die sich gegen Frauen richteten, die sich bei der Entbindung »schlecht benahmen«. Diese Haltung hatte ich sogar geteilt, obzwar weniger stark ausgeprägt. Ich kann mich an mehrere Vorfälle erinnern: an die junge Frau, die mit den stärker werdenden Wehen vor Schmerzen und Angst schrie, und zu der ein Gynäkologe sagte: »Daran hätten Sie denken sollen, als Sie die Beine breit machten!« Ich erinnere mich an die Verachtung und den Spott des Personals, wenn Frauen die Jungfrau Maria um Hilfe anflehten. Die normal verlaufenden Geburten wurden im Kreißsaal von Medizinstudenten und Praktikanten versorgt, und es war oft ganz deutlich, daß sie hier ein bißchen übten. Doch ich muß hinzufügen, daß das noch besser war als alles, was mir andere Ärzte aus ihrer Ausbildungszeit erzählten. Meine eigene Schwangerschaft überzeugte mich zudem, daß man keine Frau dazu zwingen sollte, dies gegen ihren Willen durchzustehen, besonders, wenn das Kind durch eine Vergewaltigung oder Inzest empfangen wurde – Umstände, die ihren Körper und ihre Seele entwürdigten.

Eine schwangere Frau unterwirft sich dem Prozeß von Schwangerschaft, Wehen und Geburt. Durch diese Erfahrung wird sie in Körper und Seele völlig verwandelt. Doch das Zentrum ist dabei nicht die Frau, sondern das Kind, das sie trägt. Wir freuen uns auf seine Geburt und fragen uns, wie es sein wird. Doch ebenso wichtig wie ein neues Leben ist die Frage, wie die Frau sich daraufhin verändert.

Schwangerschaft ist wie Kreativität. Diese entsteht, wenn man in seine eigenen Tiefen vordringt. Durch den Schaffensprozeß wird die Person verändert – durch kreative Arbeit, die der Seele entspringt und deren Kind ist. Die Erfahrung der Schwangerschaft und der kreative Prozeß mögen durch die schoßähnlichen Labyrinthe symbolisiert sein, die man in Eingangsnähe ritueller Höhlen und auf dem Boden von Kathedralen findet.

Die Vertiefung der Erfahrung als Mutter:
Stillen als heilige Kommunion

Wenn ich mich daran erinnere, wie ich meine Kinder gestillt habe, rufe ich mir nicht nur die bloße Tätigkeit vor Augen. Meine Brüste erinnern sich ebenfalls, und ich spüre ein Ziehen in ihnen. Mein Körper ist ebensosehr ein Organ der Erinnerung wie eines der Wahrnehmung.

Das Stillen war für mich eine Erfahrung mit gemischten Gefühlen, denn »Ich« (mein Körper) produzierte keinen ausgesprochenen Milchstrom. Ich war kein unerschöpflicher Brunnen, und so waren meine Brüste manchmal voll und dann wieder nicht. Tagsüber erschien es mir oft wie eine Pflicht, der ich nicht recht gewachsen war. Doch das Stillen am frühen Morgen war stets eine Zeit der Fülle.

Diese Morgenfütterung um vier Uhr bildete außerdem ein ungewöhnliches Erlebnis des Einsseins, der Stille, der symbiotischen Vereinigung. Wir lebten damals in einer Wohnung, von der aus man die Bucht von San Francisco überblicken konnte. Ich saß im Dunkeln auf einem Schaukelstuhl und säugte mein Baby aus vollen Brüsten. Mit dem satten Säugling im Arm war ich für eine Weile eins mit meinem Baby, mit der Nacht und der Bucht da draußen.

Stephanie Demetrakopoulus drückt es in »Listening to Our Bodies: The Rebirth of Feminine Wisdom« ausgezeichnet für alle Frauen aus, für die das Stillen eine sogar noch zentralere Erfahrung ist als für mich. Sie erinnert sich an die Gefühle, die sie beim Stillen ihrer beiden Kinder erlebte:

»Das seelische Verlangen nach beiden war manchmal unerträglich. Die angestaute Brustmilch und die gleichermaßen aufgestaute Sehnsucht nach ihnen schienen sich völlig zu entsprechen. Das Verlangen und die Erleichterung, bei meinen Kindern zu sein, bildeten eine der tiefsten Leidenschaften, die ich je erlebt habe. Je älter das Kind wird, um so schwächer wird die Sehnsucht, aber diese weibliche Sehnsucht und Liebe, die für die Mutter-Kind-Beziehung höchst spezifisch sind, beruhen auf einer vollständigen Verschmelzung von Körper und Seele.«

Demetrakopoulos (deren Name an Demeter, die Muttergöttin, denken läßt) berichtet auch von einer tiefgreifenden mütterlichen Erfahrung, als sie ein fremdes Kind stillte:

»Eines der Waisenkinder, um die ich mich zu kümmern lernte, war mongoloid. Während der Stillzeit mit meinem letzten Kind wurde ich von seiner Pflegemutter, mit der ich befreundet war, gebeten, dieses Kind zu stillen, das nach der Geburt von der Mutter verlassen worden war. Das Baby hatte eine Allergie gegen Flaschennahrung und brauchte Brustmilch, damit das dadurch entstandene Windelekzem ausheilen konnte. Das Stillen dieses kleinen Jungen war auf ganz andere Weise befriedigend und gut. Die nicht personengebundene Zuneigung und Fürsorge, die ich diesem kleinen Bündel angedeihen ließ, vermittelten mir einen neuen Aspekt der

Göttin ... dieses Erlebnis vor sechs Jahren hatte eine bemerkenswerte Wirkung auf meine Phantasie. Immer wenn ich mich besonders fröhlich und der Welt zugewandt fühle, erinnere ich mich an diesen Säugling, aber nicht als visuelle, sondern als taktile Vorstellung. Ich fühle ihn in meinen Armen und rieche seinen Duft. Manchmal spüre ich sogar meine Milch fließen.«

Sie erinnerte sich an eine katholische Darstellung der Jungfrau aus dem siebzehnten Jahrhundert, bei der diese im Himmel steht und die Milch der Gnade auf die Welt herabströmen läßt. Ihre Erfahrung erinnerte mich an den Kelch und die Worte der Kommunion. Eine stillende Frau, die ein Kind an die Brust legt, sagt wortlos: »Nimm und iß, dies ist mein Leib, trink, dies ist mein Blut.« Denn die Milch einer Frau entsteht tatsächlich aus ihrem Körper und ihrem Blut. Wir und alles Leben auf der Erde sind wie säugende Kinder: Mutter Erde erhält und nährt uns; alles, was wir brauchen, entstammt dem Körper und der Atmosphäre von Gaia. Von ihr essen und trinken wir.

Demetrakopoulos behauptet, daß die Erkenntnisse durch das Stillen nichts Vorübergehendes sind, sondern daß sie zum Zentralpunkt im Bewußtsein der Frau für das ganze Leben werden. Ich stimme dem zu, aber nur, wenn es Worte gibt, die es beschreiben, Worte, die eine zuvor nicht ausgedrückte Erfahrung benennen, die an diese erinnern und sie zum Bestandteil dessen machen, was wir wissen.

Mich beeindruckt auch, wie oft Frauen mit dem Körper, besonders in der Herz- und Brustgegend, spüren, wenn sie geben, lieben und auf die Bedürfnisse anderer reagieren. Demetrakopoulos zitiert hier eine medial begabte Freundin, die die folgende Analogie fand: »Wenn ich das Gefühl habe, daß jemand Heilung braucht, fließt Energie in meinen Herz- und Brustbereich. Ich kann das nur so beschreiben, als wäre man in einem Haus drei Kilometer von seinem Baby enfernt und die Brüste füllten sich, weil man weiß, daß das Kind Hunger hat. Der Drang, nach Hause zu kommen und es zu stillen, ist der gleiche, wie jemanden heilen zu wollen, der es braucht.« Sie bezeichnet das auch als Stillen auf der spirituellen Ebene, auf der der Heiler und der zu Heilende sich erleichtert und entspannt fühlen, der eine aufgrund der Freisetzung angestauter Liebe und der andere, weil er sie empfängt.

Die weibliche Erfahrung der Blutmysterien

Als ich begriffen hatte, auf welche Weise meine Schwangerschaft eine Initiation gewesen war, dachte ich über die Menstruation und die Menopause als »Blutmysterien« nach. Im Patriarchat sind die monatliche Blutung und deren Aufhören entweder ein totales Tabu oder ein mit Scham verbundenes Thema. Man bezeichnete früher die Menstruation als »den Fluch«: Im Alten Testament werden menstruierende Frauen als unrein bezeichnet, und eine Frau gilt nach den Wechseljahren als wertlos. Wie anders wäre es, wenn die Fruchtbarkeit der Erde und der Frau als Ausdruck von Göttlichkeit gefeiert würden und man ältere Frauen als Weise akzeptierte?

Wenn ein Mädchen in der Pubertät den körperlichen Übergang zur Frau erlebt, verändert sein Körper die Gestalt; es würde dann wissen, daß es nun eher der Göttin ähnelt. Der Beginn ihrer Monatsblutung würde gefeiert und ihr Blut mit Ehrfurcht betrachtet. Dieses Blut würde bedeuten, daß sie nun fruchtbar wie die Göttin oder die Erde ist und Leben aus ihr entspringen kann.

Ihr Monatszyklus würde, wie oft bei Frauen, die in großen Gemeinschaften zusammenleben, mit dem anderer zusammenfallen. Sie würden synchron zu den Mondphasen leben, ein lebendiges Zeugnis für die Verbindung zwischen Frau und Natur. Sie würde jeden Monat bluten, außer in der Schwangerschaft. Doch in diesen neun Monaten würde es heißen, daß sie das Blut in sich behält, um daraus ein Kind zu bilden. Das wäre so durch die Jahre der Fruchtbarkeit hindurch bis zur Menopause, in der der Blutstrom aufhört. Diese Phase würde man vielleicht mit noch mehr Ehrfurcht betrachten, denn nun könnte man sagen, daß sie das Blut zurückbehält, um daraus Weisheit zu bilden.

Jede Frau wäre so eine Verkörperung der Göttin, die in ihren drei Aspekten gefeiert würde: als Mädchen, als Mutter und als alte Frau, und jede Phase wäre ein Ausdruck der Blutmysterien, die zum Wesen aller Frauen gehören. Frauen tragen in ihrem Körper einen geheimen, verborgenen Schoß, der wie die Brüste ein Organ der Schöpfung, des Nährens und der Fruchtbarkeit ist – ein Symbol des kreativen, fruchtbaren und nährenden weiblichen Prinzips. Darstellungen dieser einst heiligen Symbole wurden als Götzenbilder vernichtet oder vergraben. Man findet sie oft an archäologischen Ausgrabungsstätten, aber sie tauchen auch durch aktive Visualisierung oder Traumbilder aus dem Unterbewußten in der weiblichen Seele auf.

Weibliche Mysterien, die Blutmysterien des Körpers, sind nicht mit der körperlichen Realität von Menstruation, Laktation, Schwangerschaft und Menopause gleichzusetzen. Damit aus der Körperlichkeit ein Mysterium wird, muß eine mystische Verschwisterung zwischen einer Frau und der archetypischen Weiblichkeit geschehen. Eine Frau muß sich als Frau, als Göttin, als Verkörperung des weiblichen Prinzips spüren, kennen oder imaginieren. Die Beispiele, die ich in diesem Kapitel angeführt habe, beleuchten diese Verbindung, die das Patriarchat unterdrückte, zwischen dem Körper einer Frau und ihrem Bewußtsein oder der Entdeckung dieses Mysteriums. Doch es gibt weder Worte noch Rituale, die die Verknüpfung der physiologischen Initiation einer Frau mit ihrer spirituellen Bedeutung feiern.

Ich kann mir nicht nur vorstellen, wie anders alles war, als Gott im alten Europa vor zwanzigtausend Jahren eine Frau war; es ist auch anders, wenn amerikanische Ureinwohner die Traditionen wiederbeleben, die die Regierung der Vereinigten Staaten und die Kirche zu zerstören versuchten, indem sie die indianischen Kinder in von der Kirche geleitete Internate steckten, in denen man es darauf anlegte, Heiden zu unterjochen und zu bekehren. Ich erinnere mich an eine Navajofrau, eine Psychiaterin, die mir von der Feier der ersten Menstruation ihrer Tochter erzählte. Da konnte ich mir zum ersten Mal vorstellen, wie anders sich Mädchen bei ihrer ersten Blutung fühlen können, welche Bedeutung dies für sie hat und welcher Stolz und welche Selbstachtung aus solchen Traditionen erwachsen können. Dann dachte ich daran, was Familien, die von Scham oder wissenschaftlichem Denken beherrscht sind, vom Beginn der Menstruation halten. Ihre Töchter sind völlig unvorbereitet und schockiert durch das Blut »da unten«, werden hinter vorgehaltener Hand informiert, man gibt ihnen eine Binde und zeigt ihnen ein Buch oder einen Film über die körperlichen Vorgänge.

Weibliche Mysterien haben mit dem Körper und mit der Seele zu tun. Eine Frau erlebt zwar die körperlichen Vorgänge, die zu den Blutmysterien gehören, dabei mag ihr aber völlig die seelische Dimension entgehen, was es heißt, eine Frau zu sein. Möglicherweise erlebt sie auch die heilige Dimension der Göttin als einen Aspekt ihrer selbst, als durch sie geschehend, oder sie erfaßt deren Kreativität und Weisheit in Gestalt eines Frauenkörpers, obwohl sie allein lebt, niemals schwanger war oder aufgrund eines Eingriffs keine Kinder mehr bekommen kann.

Eine Frau braucht nicht im biologischen Sinne Mutter zu sein, um in den Mutteraspekt der Göttin initiiert zu werden. Dies vollzieht sich durch ihr ureigenes mütterliches und weibliches Wesen, durch das sie ihre Verwandtschaft mit anderen Frauen, Tieren und der Natur empfindet. Ihre Psyche lebt in ihrem Körper, und ihre Weisheit erwächst aus dem instinktiven Wissen, was sie mit Händen und Körper anfangen muß, um zu beruhigen, zu trösten oder in einer Situation die erforderliche Kontrolle zu übernehmen; sie reagiert auf eine andere Frau in den Wehen, auf ein Tier, das mit einer Pfote in eine Falle geraten ist, eine Frau in hysterischer Verzweiflung, ein verschrecktes Kind, das zu klein ist, um zu begreifen, was mit ihm geschieht, mit einer mütterlichen Autorität, die andere instinktiv erkennen. Wenn sie tut, was zu tun ist, greift sie als Mutter ein.

Eine Frau kann auch instinktiv psychologischen Schutzraum für andere schaffen. Dies tut sie in den helfenden und lehrenden Berufen, als Partnerin, Mutter oder Freundin; egal unter welchen Umständen und wie unentwickelt, zerbrechlich und verletzlich das ist, was andere ihr anvertrauen, es wird durch diese Haltung und ihren Glauben an die Wachstumsfähigkeit angenommen und gehegt.

Eine Frau kann ihre eigene kreative Arbeit wie ein Kind gebären, das aus dem Schoß der Erfahrung stammt, indem sie sich in den eigenen Tiefen versenkt und es unter Wehen hervorbringt. Eine solche Frau liefert sich dem kreativen Prozeß aus wie einer Schwangerschaft: Etwas in ihr will durch sie seine Gestalt erhalten; das Werk entsteht in ihr und nährt sich von ihrer Begabung und Erfahrung, hat aber dennoch ein Eigenleben.

Eine Frau, die auf solche Weise Mutter, Beschützerin und Schöpferin ist, lebt nicht bloß im Kopf. Alles, was sie tut und wie sie es tut, was sie weiß und wie sie es weiß, hat deutlich weibliche Züge.

Genau wie eine Frau ihren Körper hingibt, damit er in der Schwangerschaft zur Hülle wird, können auf ähnlich unsichtbare Weise medial veranlagte Frauen zum Kelch werden, durch den sich Bewußtsein manifestiert. Die Sibyllen, delphische Orakelpriesterinnen und amerikanische Ureinwohnerinnen, die für den Stamm träumten, arbeiteten so. Diese medialen Frauen mußten dabei das Bewußtsein verlieren, damit der Traum oder die Information durch sie hindurchtreten konnte. Das ist mit der Narkose bei Wehen und Geburt vergleichbar: Beide Erfahrungen verändern das Medium, wenn das Bewußtsein nicht aufgegeben wird, und die Frauen sind sich der Erhabenheit und Privilegiertheit dieser Tätigkeit bewußt. Sie werden zum erwählten Werkzeug und treffen selbst die Entscheidung, was sie mit ihrem Körper oder ihrer Seele anfangen. Sie bedienen sich archetypischer oder biologischer Tiefen, die bei einer Seelenerfahrung auf geheimnisvolle Weise miteinander verschmelzen, und sind sich bewußt, ein Gefäß zu sein, durch das entweder Leben oder eine Vision hindurchwandert. Zu einem solchen Zeitpunkt schenken viele Frauen dem Göttinnenbewußtsein das Leben.

In den Armen der Göttin

Als ich mit achtzehn die Präsenz Gottes spürte, war dies unbeschreiblich und real und stand in einem klaren Zusammenhang mit meinem Leben. Ich befand mich in dem christlichen Sommerlager, man sprach viel über Gott und betete, und daher wußte ich, was für eine Erfahrung ich erlebte. Ich konnte es mir selbst und anderen gegenüber definieren. In dem Jahr, als ich vierzig wurde, hatte ich eine weitere Offenbarung. Heute weiß ich, daß es sich bei diesem Erlebnis um eine Begegnung mit der Göttin handelte. Doch anders als zuvor gab es keinen Zusammenhang, der mir helfen konnte, dies zu deuten.

Es geschah in meinem Büro gegen Ende einer Therapiestunde mit einer Frau, die unter anderen Umständen leicht eine Freundin hätte werden können. Sie hatte während der Analyse eine wichtige kreative Periode begonnen. Ich war an diesem Tag müder, als mir bewußt war, erschöpft und voll unausgesprochener Trauer.

Eine Woche zuvor war eine meiner Patientinnen unter verdächtigen Umständen tot aufgefunden worden. Die Phase vor ihrem Tod war für sie sehr gut gewesen, und ich hatte sie am Tag, als sie starb, noch gesehen. An diesem Abend rief mich das Gericht an und teilte es mir mit, und ich hatte die Nachricht an andere weiterzugeben. In der Woche darauf sprach ich mit der Tagesklinik, die sie besucht hatte, hielt eine Sitzung mit ihrem kleinen Sohn und besprach mich mehrfach mit ihrer engsten Freundin, die ebenfalls bei mir Patientin war. Da sich keine andere Möglichkeit bot, vereinbarte ich mit einem mir bekannten Priester, in der Grace Cathedral einen Trauergottesdienst abzuhalten. Doch die ganze Zeit über hatte ich meine Patienten zu versorgen, meinem Lehrauftrag nachzukommen sowie meine Pflichten als Hausfrau und Mutter zu erfüllen.

Niemand hatte angenommen, daß ich Trost brauchte, auch ich nicht, bis diese Frau, die bei mir eine Analyse machte, etwas merkte und mich mitfühlend fragte, ob alles in Ordnung sei. Als mir unvermittelt die Tränen in die Augen stiegen, brach sie aus ihrer Rolle aus, erhob sich und trat auf meine

Seite des Schreibtisches, um mich in den Arm zu nehmen. In dem Augenblick spürte ich eine viel höhere Präsenz als nur uns beide. Als diese Frau mich in den Arm nahm, fühlte ich mich, als würden wir beide in den Armen einer unsichtbaren göttlichen Gegenwart gewiegt. Ich fühlte mich ungeheuer getröstet und spürte ein tiefes Ziehen in der Brust. Das war noch ehe ich jemals etwas von Herz-Chakra gehört hatte. Heute weiß ich, daß es sich damals weit öffnete.

Ich weiß heute auch, daß sich die Göttin (von der ich damals nicht die leiseste Ahnung hatte) auf diese Weise manifestiert. Es war anders als das mystische Erlebnis mit Gott: Damals war die Gegenwart eines zweiten Menschen nicht nötig, und das Gebet gab mir ein Gefühl von Kontinuität und Bindung.

Im Gegensatz dazu waren es nun das Mitgefühl und die Arme einer Frau, die mir eine mütterliche Präsenz offenbarten. Ich fühlte mich zutiefst getröstet, als würden Körper und Seele von einer weiblichen Gottheit gehalten, die mächtiger war als wir beide. Es war eine transpersonale Erfahrung wie die damals mit Gott. Aber sie hatte eine körperliche Komponente. »Gott« war transzendent – von oben her und im Geiste, während die »Göttin« sich durch eine menschliche Frau in einem Augenblick liebevollen Mitgefühls näherte und in mir einen Schmerz an einer tiefen Stelle in der Herzgegend als körperliches Mal hinterließ.

Wie die Erfahrung mit Gott war dieser heilige Augenblick mit der Göttin ungeheuerlich und geschah an einem heiligen Ort, als ich verletzlich war. Denn der »therapeutische Raum« ist in jeder Hinsicht ebenso einzigartig wie eine Kapelle, ein Zufluchtsort. Dieser Raum unterscheidet sich insofern von anderen, normalen, als in ihm die Grenzen der Therapie und die therapeutischen Ziele herrschen. Was in diesem Raum zwischen den Beteiligten geschieht, muß analysiert und verstanden werden, und damals standen mir bloß die intellektuellen Werkzeuge der Übertragung und Gegenübertragung zur Verfügung. Ich verhielt mich damals so, wie ich es am besten konnte, aber meine Bemühungen, diese Erfahrung zu reduzieren, waren nicht angemessen.

Das Erlebnis hatte eine dauerhafte Wirkung. Von diesem Zeitpunkt an spüre ich jedesmal, wenn mich Mitgefühl für andere bewegt, ein Aufwallen von Liebe, begleitet von einem nun vertrauten Schmerz des Herz-Chakras mitten in der Brust. Dort empfand ich später in der Kathedrale von Chartres und an anderen heiligen Stätten auch das Stimmgabelgefühl. Es ist eine Art Rapport, den ich durch den Körper empfinde.

Heute halte ich diesen tiefgehenden Augenblick für eine Gralserfahrung, in der die Göttin der Gral war, der uns hielt. Dies und die Berichte anderer über ähnliche Erlebnisse mit der Göttin in ihrem Leben haben mich davon überzeugt, daß die Göttin als Nährerin und Trösterin für uns da ist und durch eine menschliche Berührung herbeigerufen werden kann.

Als mir bewußt geworden war, daß Frauen die Gegenwart der Göttin als mütterliche, weibliche, zutiefst tröstliche Energie empfinden können, konnte ich auch das, was zwei Frauen von einer Höhle in Montana berichteten, als Göttinerlebnis erkennen. Sie nahmen an einem Workshop für weibliche Riten teil, den ich leitete. Wir hatten eine Ritualhöhle betreten, in der man menschliche Artefakte aus der Eiszeit gefunden hatte. Eine Höhle ist ein symbolischer Schoß und ein Grab; das Betreten bedeutet eine symbolische Reise in die Erde, die Unterwelt und Anderswelt, den Ort, dem alles Leben entstammt und an den alles Leben nach dem Tod zurückkehrt. Es ist das Reich der mythischen griechischen Göttin Persephone und der sumerischen Göttin Ereshkigal. Unsere Gruppe bestand aus etwa vierzig Frauen; mit Taschenlampen ausgerüstet betraten wir die Höhle. Wir hielten uns jeweils an der Frau vor uns fest und mußten uns häufig unter der niedrigen Decke bücken. Wir halfen einander, wenn es schwierig wurde, und stiegen so einen längeren, labyrinthisch verschlungenen Weg hinab, der sich zu einer großen Höhle öffnete. Dort ließen wir uns um den altarähnlichen Stein nieder; eine Kerze spendete das einzige Licht. Es war wie im Schoß der Erde selbst, ein tröstender, dunkler Ort.

Jede Frau, die entweder aufgrund ihres Alters oder eines Eingriffs in der Menopause war, konnte an dieser Initiation zur weisen Frau teilnehmen, indem sie vortrat, die Kerze nahm und das Wort ergriff. Sie erzählten, was sie gelernt und welche Weisheiten sie in ihrem Leben erlangt hatten.

Clare sprach über ihre Hysterektomie, die ihrem großen Wunsch nach einem Kind ein Ende gesetzt hatte. Sie sprach von der Entfremdung von der eigenen Mutter, die verschwand, als diese sie nach der Operation umsorgte. Das konnte nur geschehen, weil Clare einer Eingebung gefolgt war und ihre Mutter darum gebeten hatte. Sie war das mittlere Kind in einer größeren Familie und nie zuvor einziger Mittelpunkt für ihre Mutter gewesen. Sie hatte ihr die als Kind empfundene Vernachlässigung verziehen, und nun konnte zwischen ihnen eine neue Bindung entstehen – doch es blieben der Kummer und der Schmerz, daß sie nun niemals selbst Mutter werden würde. Clare sprach darüber, setzte die Kerze auf den Boden und kehrte weinend zu ihrem Platz zurück. Die Frau neben ihr nahm sie in die Arme und hielt sie einen Moment, und in diesem Moment fühlte auch sie sich umarmt wie ich damals, nicht nur von einer Frau, sondern von der Göttin, die sich den Frauen als tröstende, heilende Präsenz zeigt.

Das nächste Mal geschah es in einem großen Steinzirkel in Irland, daß ich den Trost der Göttin auf diese Art erlebte. Ich hatte eine Meditation geführt, während derer eine Frau namens Patricia noch einmal durchlebte, wie sie zum ersten Mal von zu Hause fortfuhr und bei der Rückkehr aus dem Sommerlager erfuhr, daß ihre Mutter ihren geliebten Hund verschenkt hatte. Kummer und Ungläubigkeit standen ihr so ins Gesicht geschrieben, als sei es gerade erst geschehen, und sie war wieder sieben Jahre alt. Jo, die neben ihr saß, reagierte sehr mitfühlend und streckte spontan die Arme aus, um sie zu trösten. Patricia erinnerte sich, daß sie die Arme ausbreitete, aber Jo erinnerte sich nur daran, daß sie ihr Herz öffnete und mit Worten Trost spendete. Patricia fühlte sich jedenfalls umarmt und durch eine Muttergestalt getröstet, die heilend auf sie wirkte. Jo empfand auch, daß sie an etwas Ungewöhnlichem teilnahm und daß die beiden sich in einem »stark aufgeladenen, elliptischen Raum« befanden, in einem Energiefeld.

Jo beschrieb, wie sie diese Erfahrung wahrgenommen hatte: »Die Meditation endete; die anderen richteten sich auf, erhoben sich und gingen. Patricia schien reglos. Sie blieb sitzen, und Kopf und Schultern fielen nach vorn. Ich ließ mich in ihr Energiefeld fallen und sagte: ›Patricia, ich halte dich mit dem Herzen, und du tust, was du tun mußt.‹ Sie ließ sich tiefer in den Brunnen ihrer Trauer fallen und legte sich weinend auf den Boden. Ich saß neben ihr und hielt mit dem Herzen den heiligen Raum für sie offen. Ich fühlte, daß alles, was ich in meinem Leben getan hatte, meine eigene Erfahrung mit Leid und die Therapie mit anderen, mich genau zu diesem Moment geführt hatten.

Als die Energiewelle bei Patricia zurückebbte und aufs neue heranzufluten schien, stand sie auf und begann langsam, T'ai-Chi-Bewegungen auszuführen. Auch ich erhob mich, und wir füllten den elliptischen Raum mit einem Tanz der Ekstase und Erfüllung. Und gewiß war die Göttin dort anwesend.«

In diesen Momenten, wenn wir uns in den Armen der Muttergöttin gehalten fühlten, leitete eine mitfühlende Frau die Erfahrung und führte mich zu der Erkenntnis, daß die weibliche Gottheit sich durch Körper und Herz menschlicher Frauen zeigt, die in ihrem Bild geschaffen sind.

Alle Blutmysterien, die ich bislang beschrieben habe, sind archetypisch denen von Persephone-Demeter-Hekate zuzuordnen, der Jungfrau-Mutter-Alten, jede ein Aspekt der dreifachen Göttin, die drei Gesichter der Weiblichkeit. Es gibt aber noch eine weitere Blutmysteriums-Initiation: die Entjungferung des Mädchens, das blutet, wenn das Jungfernhäutchen einreißt. Wenn es sich um eine Persephone-Erfahrung handelt, herrscht Widerstand auf der körperlichen Ebene, ganz gleich, ob die Frau sich aus vollem Herzen hingibt. Das Mädchen erlebt eine Verletzung ihrer körperlichen und psychologischen Jungfernschaft: Sie ist nicht mehr intakt und fühlt sich genommen und besessen. Sie ist eine deflorierte, verführte Persephone, die zu einer schwangeren Demeter werden kann.

Eine junge Frau, die jedoch archetypisch eher Aphrodite ist, kann bei der ersten Penetration auf einen leidenschaftlichen, sensiblen Geliebten mit dem ganzen Körper reagieren. Die paar Blutstropfen, die das Laken beflecken, sind dann ein Zeichen der körperlichen Initiation, die die schlummernde Jungfrau zu einer sexuell empfindenden Frau macht. Dieser Vorgang ist ein heiliges Mysterium. Wenn beide Liebenden innerlich von Aphrodite angeregt sind, kann der Verkehr zu einem Kommunionsakt werden, der auf der Körper-Seele-Ebene gefeiert wird. Daß eine sexuelle Vereinigung ein Sakrament sein kann, durch das die Gottheit sich zeigt, ist für die patriarchalischen Religionen absolut unvertretbar.

Wie bei allen Blutmysterien muß die körperliche Erfahrung eine heilige Komponente haben, um eine Frau initiieren zu können. Eine Frau wird nicht automatisch von der nicht-initiierten Jungfrau zu einer wissenden Frau, indem sie ihre Jungfernschaft verliert. Das transformative Mysterium der Aphrodite, der Göttin von Liebe und Schönheit, die ich in »Göttinnen in jeder Frau« die »alchemistische Göttin« nenne, ist im Patriarchat das wohl am seltensten erlebte Frauen-Mysterium. Es ist ein Mysterium, in das Frauen, wenn überhaupt, erst später im Leben eingeweiht werden.

Im traditionellen Patriarchat gehört der Körper einer Frau dem Ehemann, und sie soll auf seine Bedürfnisse reagieren, nicht auf die eigenen. Lust in Verbindung mit dem Körper gilt als »fleischlich« und »sündhaft« und darf von der Frau nicht genossen werden. Seit zweitausend Jahren kennen wir die Unterteilung in Madonna und Hure. Frauen, die Spaß an ihrer Sexualität hatten, galten als Huren. Die Unterdrückung ihrer Sexualität bedeutete für die Frauen Sicherheit: Eine gute Frau war gesellschaftlich geachtet, verheiratet und Mutter.

Wenn der Mann der Herrschende sein soll, wird dadurch sein menschliches und göttliches Potential als leidenschaftlicher Liebhaber beschnitten. Er kann zwar Fertigkeiten als Liebhaber erlangen und darauf stolz sein, doch um die Göttin durch den Körper einer Frau erleben zu können, darf sein Ego nicht sie oder sich selbst kontrollieren. Damit die Göttin in diesem körperlichen Mysterium präsent ist, muß Liebe vorherrschen, nicht Macht.

Ebenso wie schwangere und stillende Frauen sich in einem veränderten Bewußtseinszustand befinden und sich dessen deutlich bewußt sein können, daß sie an einem heiligen Augenblick teilhaben, in dem sie und die Muttergöttin eins sind, ist es auch möglich, beim Liebesakt diesen sakramentalen Aspekt zu erfassen, in dem die Frau und die Göttin Aphrodite eins sind.

Weibliche Mysterien und der Gral

Wir müssen uns stets daran erinnern, wie und wann wir die Göttin erlebt haben und uns von ihr getröstet und geheilt fühlten. Denn dies sind heilige, sakramentale, zeitlose Augenblicke und, so offenbarend und wortlos, wie sie waren, schwierig zu rekapitulieren. Aber wenn jemand anders eine ähnliche Erfahrung beschreibt, kann dies die Erinnerung daran heraufbeschwören. Die Gefühle kehren zurück, und die Erfahrung ist wiederhergestellt. Das geschieht aber nur, wenn wir aus persönlicher Erfahrung sprechen. Daher brauchen wir für die weiblichen Mysterien Worte, die wie alles andere Weibliche erfordern, daß mindestens eine Frau mitteilt, was sie weiß: Wir dienen dem Bewußtsein der anderen als Hebammen. Wenn man zum ersten Mal die eigene Wahrheit ausspricht, erscheint das gefährlich, doch bei jedem folgenden Mal wird es leichter. In den Knochen unserer kollektiven Erfahrung erkennen wir, daß es gewisse Risiken gibt.

Irgendwo in unserer Seele erinnern wir uns an die lodernden Zeiten, als die Frauen als Hexen verfolgt und verbrannt wurden. Diese Inquisition dauerte über dreihundert Jahre, und heutzutage bezeichnet man diese Phase als den Holocaust der Frauen, denn es wurden mehr Frauen auf dem Scheiterhaufen verbrannt als Juden unter den Nazis. Als erste wurden die Hebammen verbrannt, weil sie die Schmerzen bei der Geburt linderten – das verstieß gegen das biblische Gebot, nach dem die Frau zu leiden hat. Dann traf es die Heilerinnen, die sich mit den heilkräftigen Eigenschaften der Pflanzen auskannten, Frauen, die die Jahreszeiten feierten, exzentrische

Frauen, Frauen mit Besitz, den andere ihr neideten, kluge Frauen, Frauen ohne Schutz. Diese kollektive Erinnerung hat ebensosehr eine Wirkung wie jedes persönliche Trauma, das unterdrückt wird: Die Frau hat Angst, daß die eigenen heiligen Erfahrungen entdeckt werden und man Worte für sie findet. Wir brauchen Mut, um zu sagen, was wir wissen.

Irgendwo in der Seele erinnern sich Frauen an eine Zeit, in der die Gottheit Göttin und Mutter genannt wurde. Wenn wir in die weiblichen Mysterien eingeweiht werden, erlangen wir das Wissen, daß wir die Trägerinnen eines heiligen Kelches sind und der Gral durch uns erscheint.

6.
Die Pilgerfahrt nach Glastonbury

Pilgerfahrten laden zum Nachdenken ein. Wir sind dabei für unsere eigenen Gedanken, Gefühle und Erinnerungen ebenso empfänglich wie für die an den heiligen Stätten gewonnenen Eindrücke. Als Folge denken wir nach, erinnern uns an bedeutsame Erlebnisse und stellen Verbindungen her, wie ich es in den letzten beiden Kapiteln getan habe. Bei der nächsten Station auf unserem Weg richten wir dann die Aufmerksamkeit erneut nach außen. Bei dieser bestimmten Pilgerfahrt war mein Weg ebenso verschlungen wie das Labyrinth in der Kathedrale von Chartres.

Ich war von den Niederlanden aus aufgebrochen, wo ich dem Dalai Lama begegnete, und fuhr von da aus nach Chartres. Dann wandte ich mich zurück nach Holland, um anschließend zur nächsten Station meiner Pilgerreise aufzubrechen – Glastonbury in Südengland. Mrs. Detiger hatte für diesen Teil der Reise für eine Gefährtin gesorgt, die ich in den Niederlanden treffen sollte. Zusammen würden wir uns von dort aus auf den Weg nach Glastonbury machen.

Ich war zwar an beiden Orten nie zuvor gewesen, aber die Kathedrale von Chartres hatte in meiner Vorstellung deutliche Umrisse gehabt, während Glastonbury etwas ganz anderes darstellte. Es war für mich eher ein mythologischer denn ein rein geographischer Ort.

Glastonbury

Mrs. Detigers Einladung hatte ausdrücklich gelautet: »Sie müssen unbedingt nach Glastonbury fahren!« Ihre Entschiedenheit, ganz zu schweigen vom Zeitpunkt ihres Briefes, hatten zu meinem Gefühl beigetragen, daß es sich hier nicht um eine gewöhnliche Einladung handelte. Denn sie hatte nicht wissen können, daß dies das Ziel war, zu dem ich mich seit einem Traum vor vielen Jahren ohnehin angezogen fühlte, ein Ort, der meine Phantasie seit dem Buch »Die Nebel von Avalon« fesselte. Glastonbury ist in diesem Roman der Ort, von dem aus man nach Avalon hinübergelangt, zur letzten Zuflucht der Göttin mit ihren Frauen, Priesterinnen, Heilerinnen und Seherinnen.

Glastonbury ist in Wirklichkeit eine kleine Stadt in Somerset im südwestlichen Teil Englands. Um die Stadt herum erstreckt sich ein großes freies Areal: Hier stehen die eindrucksvollen Ruinen des Klosters von Glastonbury, einst die größte Kirche in ganz England. Das Bemerkenswerteste in dieser Umgebung ist nahe beim Städtchen ein ungewöhnlich geformter Hügel mit einem Turm auf der Kuppe. Es ist das »Tor«, das 180 Meter über Meereshöhe aufragt. Glastonbury liegt inmitten einer weiten Ebene mit Feldern, und rings um das Tor erstreckt sich eine sanfte, grüne Landschaft mit weichen Konturen. Schon von weitem sieht man das Tor aus diesen Feldern aufragen, wie eine Insel in einem grünen Meer. Die Ebene, die sich westwärts bis zum Bristol-Kanal und zum Meer erstreckt, war einst überflutet. An den verbliebenen Hügeln haben damals wohl Boote festgemacht; in der Nähe von Wearyall Hill hat man Spuren eines Hafenbeckens gefunden.

Der Name »Wearyall« bedeutet dem christlichen Beitrag zur Legende von Glastonbury zufolge, daß hier Joseph von Arimathia und seine Begleiter erschöpft (*weary*) aus dem Heiligen Land eintrafen. Joseph, der laut dem Neuen Testament Jesus seine Grabstätte zur Verfügung gestellt hatte, soll nach der Landung hier seinen Stab in die Erde gesteckt haben, der dann wundersamerweise zu einem Baum ausschlug. Dieser Baum, der heilige Dornbusch, blüht hier jedes Jahr zur Weihnachtszeit. Der ursprüngliche Baum soll zerstört worden sein, doch seine Schößlinge erblühen in Glastonbury immer noch jedes Jahr Ende Dezember/Anfang Januar. Alljährlich schickt man einen knospenden Zweig dieses heiligen Dornbusches an den englischen Hof. Der heilige Dorn ist einzigartig unter den englischen Bäumen, ähnelt aber stark einer Pflanze, die ansonsten nur im Heiligen Land vorkommt.

Glastonbury ist ein Zentrum der keltischen, arthurischen, christlichen und esoterischen Legenden und Geschichten. Die Bücher von Geoffrey Ashe (besonders »König Artus«) vermitteln uns die interessanteste Diskussion der vielen Behauptungen, die man über Glastonbury aufstellte: daß dies der heiligste, ehrwürdigste Ort in ganz Großbritannien vor der Christianisierung gewesen sei, die Stätte der ersten christlichen Gemeinde; daß Joseph von Arimathia den Heiligen Gral vom Abendmahl hierhergebracht habe und dieser anschließend verlorengegangen sei, daß das Tor und die Hügel, die Glastonbury umgeben, einst die Insel Avalon darstellten, auf die man Artus nach der Verwundung in seiner letzten Schlacht gebracht habe, und daß es eines der mächtigsten Energiezentren der westlichen Welt sei.

Und jetzt befand ich mich unterwegs nach Glastonbury, diesem Ort, der seit dem folgenden Traum vor mehr als zwanzig Jahren meine Phantasie beherrscht hatte:

Ich ging eine schlecht beleuchtete, schmale, geheime Wendeltreppe hinab, die in eine verborgene Kammer unter einer Kathedrale führte. Der Raum war luftig und groß und voll

Licht. Darin befand sich der Leichnam eines Ritters oder Königs in voller Rüstung. Er war schon jahrhundertelang tot, sah aber aus, als sei er noch am Leben (wie Schneewittchen nach dem Biß in den vergifteten Apfel). Er trug einen Ring mit einem großen, ovalen grün-bläulichen Stein, der nun mir übergeben wurde. Dann befand ich mich im Untergeschoß eines großen Kaufhauses. Es war, als sei ich durch die Wand des Raums unter der Kathedrale hindurchgetreten und nun an diesem ganz gewöhnlichen, vor Menschen wimmelnden Ort aufgetaucht. Ich trug den Ring, hatte den Stein aber herumgedreht, so daß er in meiner Hand lag, wo nur ich ihn sehen konnte. Außen sah man nur einen schmalen Reif.

Es war ein bedeutsamer Traum, in dem ich entdeckte, daß ein Artusritter oder gar der König selbst unter der Kirche versteckt begraben war. Er war ein Sinnbild von maskuliner Autorität, Spiritualität, Kraft, Tapferkeit und Ehre, und daß ich seinen Ring empfangen und am Finger getragen hatte, bedeutete, daß ich ihm folgen und das in die Welt tragen sollte, was er darstellte. Doch da der Stein sofort auffallen und mir fortgenommen würde, mußte ich ihn verstecken. Ich mußte den Ring herumdrehen, so daß man den Stein nicht sah.

Als ich diesen Traum meinem Jungschen Analytiker erzählte, fragte er mich, ob ich jemals im Kloster von Glastonbury gewesen sei (was ich damals nicht war). Vermutlich wußte er, daß man unter der dortigen Kirche sterbliche Überreste gefunden hatte, die man für die von König Artus hielt. Er erwähnte außerdem ein Buch, auf das er vor Jahren gestoßen war: »The Gate of Remembrance«. Der Name Glastonbury und der Titel des Buches blieben mir jahrelang in Erinnerung. Das geschieht häufig bei geheimnisvollen Dingen. Damals versuchte ich, das Buch aufzutreiben, stieß aber nicht einmal auf Anzeichen dafür, daß es überhaupt existierte.

Ich bin im Verlauf der Jahre oft an diesen Traum erinnert worden und hatte weitere, damit verbundene Träume. Hier einer aus der gleichen Phase:

Ich befinde mich in einem mittelalterlichen Steingebäude mit einem Kreuzgang und einem Innenhof. Ich betrete vom

Kreuzgang aus einen kleinen Raum, indem sich die Wand einfach wie eine Tür öffnet – wie in einem Horrorfilm. Nun bin ich im Freien, in einem sonntäglichen Park. Dort sind viele Menschen beim Picknick, die keine Ahnung haben, daß ich noch vor einem Augenblick in einer völlig anderen Welt gestanden habe.

Kein Wunder also, daß »Die Nebel von Avalon« mich so faszinierte, denn meine eigenen Träume wiesen schon auf die Möglichkeit hin, von einer Realität in eine andere zu wechseln. Wenn man außerdem bedachte, daß ich von einem Artusritter träumen und seinen Ring draußen in der Welt tragen konnte, dann überrascht es nicht, daß ich mich auf dieser Reise so leicht mit Parzival identifizieren konnte. Was Glastonbury selbst betraf, so hatte ich das Gefühl, eine Traumlandschaft zu betreten, voller Legenden und Geschichten, darunter auch die Sage, daß der Schleier zwischen den Welten hier dünner sei.

Der Anblick des Tors

Um nach Glastonbury zu gelangen, wandten wir uns vom Flughafen Heathrow aus nach Westen auf die Autobahn, die uns an Stonehenge vorbeiführte. Wenig später fuhren wir auf einer schmalen, ziemlich gewundenen Straße, die von Hecken und Zäunen gesäumt war, in Richtung Shepton Mallet. Diese Straße führte uns durch Felder mit Schafen und einen Teil des heftig diskutierten Glastonbury-Sternenkreises. Es wird behauptet, Glastonbury liege innerhalb eines Sternzeichenkreises von etwa 16 Kilometern Durchmesser, dessen Figuren durch bestimmte Landschaftsformationen gebildet würden, die in der gleichen relativen Position zueinander stünden wie die Himmelskonstellationen.

Dann veränderte sich die Straße unvermittelt – vielleicht änderte sie die Richtung, ging bergauf oder es gab eine Lücke in der Hecke: Jedenfalls lag plötzlich das Tor von Glastonbury vor uns! Ich versehe diesen Satz mit einem Ausrufezeichen, weil der erste Anblick so beeindruckend war. Das Tor ist ein

Berg, eigentlich eher ein kleiner Hügel, aber diese Bezeichnung würde ihm nicht gerecht. Er war von tiefem Grün und offensichtlich terrassiert; auf der Kuppe stand ein Wachturm. Jetzt, Ende Mai, blühten an seinem Fuß und in den umliegenden Feldern die Apfelbäume. Aus dieser ersten Perspektive wirkte das Tor dreieckig, fast wie eine Pyramide. Als die Straße uns daran vorbeiführte, veränderte sich der Umriß, weil der Winkel des einen Hügelhanges sich verlängerte.

Von allen Seiten her aber strahlt das Tor etwas Mächtiges und Mysteriöses aus, etwas Unnatürliches und Künstliches mit den spiralförmig angelegten Terrassen, die sich die Hänge hochziehen, und dem Turm auf der Spitze, der wie ein Megalith von Stonehenge aussieht. Der Turm ist der einzige verbliebene Überrest der St.-Michael-Kirche, die einst das Tor krönte. Ein ansonsten hier sehr seltenes Erdbeben brachte die Kirche zum Einsturz und verschonte nur den Turm.

In England wurden die Stätten, die einst der Göttin geweiht waren, von den Christen auf die eine oder andere Weise übernommen: Entweder baute man eine Kirche dort, die nach dem heiligen Michael benannt wurde, wie hier auf dem Tor, oder errichtete eine Kapelle zu Ehren Marias. Den heiligen Michael sieht man häufig abgebildet, wie er eine Schlange niederkämpft, die ein Symbol der Göttin war, aber auch tellurische Energieströme oder Ley-Linien repräsentiert, wie sie in England genannt werden – die »Schlangen« unter den heiligen Stätten. In China kennt man diese Linien als *lung-mei*, als Pfad des Drachen. Bis auf den heutigen Tag zieht man in Hongkong stets chinesische Geomantiker zu Rate, ehe man an einer Stelle ein Gebäude errichtet.

Gebiete, in denen die Energie am stärksten floß, wurden zu heiligen Stätten, heute Energiezentren genannt. Die Bilder, die man gewöhnlich mit dieser Energie in Verbindung bringt, ähneln sich auf archetypische Weise, sei es in Westeuropa oder in China. Die Schlange und der chinesische Drache bewegen sich wellenförmig und strahlen Energiewellen aus; doch während man in Kulturen, die die Erde respektierten, den Drachen als gutmütig betrachtete, fürchtete man in jüdisch-christlichen Kulturen, in denen die Erde (und damit die Göttin und die Frauen) gezähmt und unterworfen werden sollte, die Drachen, Nattern und Schlangen. Sie wurden vom heiligen Michael zertreten, vom heiligen Patrick vertrieben oder vom heiligen Georg getötet.

Mich belustigte der Gedanke, daß das Erdbeben, welches das Michaelskloster vom Tor stieß, ein Ausdruck der beleidigten Erdmutter-Göttin war, die sich nicht demütigen ließ. Doch der heilige Michael blieb, denn sein Kloster, das einst auf dem Tor stand, ist eines von vielen, die sich am Rückgrat von Südwestengland bis zum Inselfelsen Saint-Michaels-Mound in Cornwall hinziehen.

Die zweite Methode, die Stätten der Göttin zu usurpieren, bestand in der Errichtung einer Kapelle zu Ehren der Jungfrau Maria. Maria ist als weiblicher Ausdruck von Göttlichkeit eine typische Muttergottheit: so wird sie, zumindest dem Namen nach, zum Beispiel in Chartres verehrt. Denn trotz der spitzfindigen Diskriminierungen durch die Theologen richtet sich der Mann oder die Frau, die zu Maria beten, an die gleiche mitfühlende Göttin, deren Name unter anderem Demeter, Isis, Tara oder Kuan-Yin lautete, Göttinnen, die wie Maria das Leid anderer verstanden. Demeters Tochter Persephone wurde in die Unterwelt entführt, und Isis' Mann Osiris wurde in Stücke zerrissen. Wie Marias gekreuzigter Sohn konnten Persephone und Osiris jedoch wiederauferstehen. Wenn man daher an den alten Göttinnenstätten Marienkapellen baute, weihte und heiligte man in Wirklichkeit damit Stätten, an denen die Göttin weiterverehrt werden konnte.

Die Straße führte uns am Glastonbury-Tor vorbei zu unserer Pension. Dort erfuhr ich, daß Geoffrey Ashe, Autor und Experte für Geschichte und Legenden dieser Gegend, schon auf mich wartete. Mrs. Detiger hatte dieses Treffen arrangiert. Er führte uns an eine Stelle, von wo aus wir einen Panoramablick über die Gegend hatten und in der Landschaft die Gestalt einer liegenden Frau ausmachen konnten. Später nahm uns Barri Devigne, der sein ganzes Leben lang die Artuslegenden studiert hatte, mit nach Cadbury, dem vermuteten Standort von Camelot. Unterwegs machte er uns auf bestimmte Stellen des Sternkreises von Glastonbury aufmerksam, und wir betrachteten die Landschaft so, als betrachteten wir Konstellationen am Nachthimmel. Die Auffälligkeiten in der Umgegend waren auf diese Weise leicht auszumachen, genau wie Sterne, die uns jemand zeigt, während die Bilder, die sich aus ihnen zusammensetzen, nicht so deutlich sind. In Glastonbury rührt die Landschaft die Phantasie an und lädt die Menschen ein, über die gewöhnliche Realität hinauszublicken.

Der Weg zum Tor

An meinem ersten Morgen in Glastonbury stand ich früh auf und machte mich auf den Weg vom Chalice Hill House, unserer Pension, durch die blühenden Apfelbäume zum Tor. Zu dieser Stunde war ich der einzige Mensch. Die spiralförmigen Terrassen, die aus der Ferne so deutlich auszumachen sind und sieben an der Zahl sein sollen, erwiesen sich als gar nicht so leicht zu begehen. Ebenso wie ich das Labyrinth von Chartres unbedingt abschreiten wollte, so wollte ich nun zum Tor gehen. Doch auf dem Spiralweg zur Kuppe fühlte ich mich eher verwirrt und irgendwie fehl am Platz.

Aus der Ferne betrachtet zieht der Turm auf dem Tor alle Aufmerksamkeit auf sich und scheint das Ziel darzustellen, auf das sich der spiralförmige Weg zuwindet. Auf dem Tor-Hügel selbst jedoch hatte ich, indem ich den Ort auf mich wirken und spontan Bilder aufsteigen ließ, genau wie in der Kathedrale von Chartres, mehrere verschiedene Eindrücke. Ich hielt den Turm eher für ein aufgesetztes Konstrukt, das nicht dorthin gehörte. Statt dessen glaubte ich nun, daß die Macht in dem schoßähnlichen Berg selbst ruht. Statt des Dranges, den Hügel hinaufzugehen, hatte ich das Gefühl, lieber einem Tunnel ins Berginnere hinein folgen zu wollen.

Wie ich später herausfand, entsprachen diese Gedanken uralten Eindrücken, die andere am Tor erlebt hatten: Gab es in dem Berg vielleicht einen hohlen Innenraum? War das Tor etwa der Zugang in die Unterwelt? Geoffrey Ashe schreibt dazu: »Bis auf den heutigen Tag hält sich in der Gegend die hartnäckige Legende, daß das Tor in sich einen Raum birgt. Diese Kammer soll unterhalb des Gipfels liegen, vielleicht sogar in beträchtlicher Tiefe. Manch einer soll den Weg hineingefunden haben und wahnsinnig zurückgekehrt sein.«

Der keltischen Mythologie zufolge ist die unterirdische Anderswelt Annwn, das Feenreich. Auch dieses Reich soll mit dem Tor von Glastonbury zu tun haben: In Annwn gab es einen Zauberkessel des Überflusses, der unaufhörlich die wunderbarsten nahrhaften Speisen hervorbrachte. Dieser Kessel war entweder identisch mit dem magischen Kessel der Wiedergeburt und Regeneration, in dem die Toten neu geboren und neu erschaffen werden konnten, oder er ähnelte ihm zumindest. Ich betrachte den Kessel und den Gral als symbolisch miteinander verwandt, denn in einigen Varianten der Gralsgeschichte ist der Gral ein Gefäß, das alle Speisen herbeischafft, die man sich wünscht. Als Symbol Jesu und des Abendmahls ist der Gral zudem mit Tod und Auferstehung und der Aussicht auf ewiges Leben verbunden. Jesu drei Tage im Grab entsprächen daher einem Aufenthalt in der Unterwelt im Kessel der Wiedergeburt und Neuerschaffung.

Tunnel und unterirdische Kammer sind Bilder, die man in der ganzen Welt mit Mutter Erde als Schoß und Grab in Verbindung bringt, mit der Göttin, die uns das Leben schenkt und uns im Tod zurücknimmt. Ganz gewiß wirkt die Erde wie ein Kessel der Neuerschaffung: Alles stirbt und wandert in die Erde oder deren Atmosphäre zurück, wird verwandelt und zu neuem Leben erweckt. Mutter Erde ist außerdem der Kessel des Überflusses, aus dem sich alles ergießt, was das Leben zum Wachsen braucht.

Das schoßförmige Glastonbury Tor ruft Gedanken an die Unterwelt und verborgene unterirdische Räume hervor. Bei diesem Gang zum Tor stiegen in mir Bilder und Gefühle auf, die den Mythen und Legenden entsprachen, die seit langer Zeit über diesen Ort existieren. Doch ich war mir bei diesem ersten Besuch in Glastonbury keiner dieser Legenden bewußt. Ich frage mich heute: Gibt es dort ein unterirdisches Reich oder beschwört die Form des Tors diese Vorstellung herauf? Was hat es mit diesem Tor überhaupt auf sich? Denn es scheint, daß Besuchern wie Einheimischen Bilder ins Bewußtsein dringen, die mit der Anderswelt und der Göttin verbunden sind, ganz gleich, ob dort etwas in den Tiefen der Erde verborgen liegt oder in den Tiefen unserer Seelen.

Für mich paßten bei diesem Gang zum Tor die damit verbundenen Eindrücke, die sich als Bestandteile und Schlußfolgerungen der Legenden herausstellten, zu dem, was man über Glastonbury allgemein sagt: Es ist in der Tat ein Ort, an dem der Schleier zwischen den Welten dünner ist als anderswo. Es drängten sich mir hier Bilder auf, die auf den herrschenden Vorstellungen fußten, und mein Körper schien auf dem Spiralweg zur Spitze zu fühlen, daß ich nicht dem uralten rituellen Weg folgte. Es fühlte sich nicht nur »falsch« an, sondern es war auch unmöglich, diesem vermeintlichen Weg zu folgen, ohne ab und zu von einer Terrasse auf die nächste klettern zu müssen.

Nach gründlichen Recherchen und zahlreichen Wanderungen zum Tor schloß Geoffrey Ashe, daß es dort doch einen Weg gibt und dieser die Form eines kretischen Labyrinthes hat (s. Abb.): In Glastonbury wie in Chartres gab es also ein Labyrinth. Hier ist es eine dreidimensionale, einfachere Version, die dem Muster eines kretischen Labyrinths folgt, der häufigsten Form; man findet solche Labyrinthe in vielen Teilen der Welt als Felsschnitzerei in Höhlen.

Ich ging also über eine dreidimensionale Version des eleganteren und symmetrischen zweidimensionalen Labyrinths von Chartres. An beiden Stätten erzeugte der verschlungene Pfad in mir Bilder eines Schoßes: Ich empfand das Tor als schoßförmig, und auch das Labyrinth von Chartres befand sich für mich an einer Stelle, wo der Uterus säße, wenn die Kathedrale einen Körper darstellte.

Wenn diese Eindrücke stimmen würden, dann wären sie, mit den Worten der »Nebel von Avalon«, Beispiele für »die Gabe« – intuitive Erkenntnis, über die viele oder die meisten Frauen ebenso natürlich verfügen wie viele oder die meisten Männer über die Fähigkeit des räumlichen Sehens. Doch gleichwie, auf intuitive oder extrasensorische Erkenntnismethoden legt man in unserer Kultur nicht viel Wert.

Ich glaube, die Erfahrung der Haussuche ist eine gute Analogie hierzu. Wenn wir ein leeres Haus betreten, das zum Verkauf ansteht – manchmal sogar nur ein bestimmtes Zimmer in einem Haus –, scheinen wir oft zu spüren, ob die Erinnerungen dieses Gebäudes glücklich sind, traurig oder sogar schrecklich. Und wenn wir fragen, gibt uns der Makler manchmal Auskünfte, die unseren ersten Eindruck zu bestätigen scheinen. Dies fällt in den parapsychologischen Bereich der Psychometrie – medial veranlagte Personen erleben das, wenn sie einen Gegenstand aufnehmen und dessen Besitzer beschreiben können.

Psychometrie und die Möglichkeit morphogenetischer Felder, die der Biologe Rupert Sheldrake annimmt, erklären, wie wir beim Besuch einer archäologischen, historischen oder heiligen Stätte einen echten Eindruck dessen erlangen können, was dort in der Vergangenheit geschah. Sheldrake beschreibt morphogenetische Felder als Quelle kumulativer Erinnerung, die auf frühere Erfahrungen einer Spezies beruhen. Wenn wir uns in das menschliche morphogenetische Feld einstimmen, schwingt es in uns und beeinflußt uns, so daß wir als Angehörige der menschlichen Rasse reagieren und das tun, was Menschen schon immer getan haben. Von den prähistorischen Zeiten bis zum heutigen Tag haben die Menschen spirituelle Überzeugungen geteilt, Rituale abgehalten, heilige Stätten gekannt und eine Gottheit angebetet. Egal auf welche Weise oder an welchem Ort, alle spirituellen oder mystischen Erfahrungen, die Menschen jemals erlebt haben, sind auf irgendeine Weise im morphogenetischen Feld unserer Art enthalten, dessen Inhalt Zeit und Raum umspannt. Sheldrakes Theorie der morphogenetischen Resonanz (im Zusammenhang mit dem Menschen) und Jungs Konzept des kollektiven Unbewußten sind sehr ähnliche Vorstellungen. Beide Theorien gehen von kollektiver Erinnerung, kollektivem Wissen und Verhalten und kollektiven Bildern aus, die wir nicht im individuellen Leben erworben haben, und nehmen eine Existenz von transpersonaler, kollektiver, archetypischer Erfahrung an.

Durch Meditation oder Träume in mystischem oder ekstatischem Zustand gewinnt das Individuum, das sich in das kollektive Unbewußte oder in ein morphogenetisches Feld einstimmt, Zugang zu transpersonaler Erfahrung, in der Zeit und Raum unwesentlich sind. Sheldrakes Analogie geht davon aus, daß unsere DNS wie eine Fernsehantenne wirkt, die es uns ermöglicht, Übertragungen aufzufangen; wir stellen uns auf die Übertragungen des morphogenetischen Feldes ein. Jungs kollektives Unbewußtes bedeutet dasselbe: Archetypische Bilder, assoziative Gefühle und Verhaltensmuster sind Bestandteile des kollektiven Unbewußten (oder Feldes), dessen wir uns nicht bewußt sind, bis wir es aktivieren und uns zu Bewußtsein bringen. Platon beschrieb eine weitere Version des gleichen Themas mit seiner Behauptung, es gäbe eine reine Form, mit der alles ihr Ähnliche verwandt sei, wie etwa ein gleichschenkliges Dreieck. Aristoteles beschrieb jede Entität als beseelt und meinte, der Körper sei in der Seele enthalten statt umgekehrt die Seele im Körper. Demnach wäre die Seele ein »Feld«, das den Körper beeinflußt und von diesem beeinflußt wird. Diese Vorstellung hat Ähnlichkeit mit Sheldrakes Theorie, daß wir mit dem morphogenetischen Feld schwingen, es beeinflussen und wiederum durch dieses beeinflußt werden.

Alles, was wir durch Wahrnehmung erkennen, kann Wissen sein, das wir durch das Einstimmen in den spirituellen Aspekt des morphogenetischen Feldes empfangen. Verfolgen wir die Analogie mit der Fernsehantenne weiter: Jener Teil der Seele, mit dem wir uns identifizieren oder in dem wir leben, könnte den Kanal bestimmen, den wir einstellen – die Existenz eines unsichtbaren »Empfangsfeldes« legt diese Möglichkeit nahe. Wenn dies der Fall sein sollte, dann sind wir zweifellos offen für spirituelle oder beseelte Erfahrungen, wenn wir in unserer Seele leben oder in Kontakt mit dem Selbst stehen (statt mit dem Ego oder der Persona oder einem Komplex identifiziert zu sein), was der inneren Einstellung eines Pilgers entspricht.

Da morphogenetische Felder zeitübergreifend sind, enthalten sie alles, was für die menschliche Erfahrung bedeutsam sein könnte. Die Geschichte vergißt vielleicht manchmal etwas, und vielleicht gibt es nur noch verschwommene Anzeichen für ein matriarchalisches Zeitalter, in dem die Göttin angebetet wurde. Aber wenn es morphogenetische Felder gibt, dann sind Bilder und Rituale, an die man sich seit Tausenden von Jahren nicht mehr erinnert hat, für diejenigen zugänglich, die sich wieder für die Spiritualität der Göttin öffnen. In diesem Fall sind die spontanen Rituale zu Ehren der Göttin, die Frauen heute vollziehen, nicht erfunden, sondern erinnert. Wenn ein Pilger sich an einer heiligen Stätte in ein morphogenetisches Feld einstimmt, gewinnt er intuitiv ein authentischeres Gefühl für das, was dort einst geschah, als ein Gelehrter mit seinen begrenzten Quellen aus späterer, aber immer noch alter Zeit. Die akademische Forschung lehnt die Methode der Intuition, besonders weiblicher, allgemein ab und kritisierte Marija Gimbutas aus diesem Grund für ihre Arbeit. Sie hatte intuitiv über die Bedeutung von Scherben und anderen Artefakten spekuliert, die man an Stätten der Göttin gefunden hatte. Aber wenn es morphogenetische Felder gibt und sie sich in eines einstimmte, dann sind ihre Schlußfolgerungen korrekt.

Es gibt eine weltweite Frauengruppe für Spiritualität, die aber nur locker organisiert ist: Die Frauen versammeln sich in kleinen Gruppen oder handeln individuell. Sie achten die Jahreszeiten und die wichtigen Übergangsphasen, sie vollziehen Rituale, errichten Altäre und suchen sich Symbole, die wichtige spirituelle und psychologische Themen und Gefühle ausdrücken. Es gibt kaum Überlieferungen, und so folgen diese

Frauen ihrer Intuition und tun das, was sie spontan für richtig halten. Nach vier- bis sechstausend Jahren des Patriarchats und patriarchalischer Götter sind die spirituellen Traditionen bei der Weitergabe in der mütterlichen Linie von Mutter zur Tochter und das Bewußtsein von Priesterinnen, Heilerinnen und Hebammen über weibliche Göttlichkeit oder eine Muttergöttin aus der Erinnerung verschwunden. In der spontanen Entstehung einer spirituellen Frauenbewegung kann sich jedoch ein »Wiedererinnern« ereignen. An heiligen Stätten, an denen einst die Göttin angebetet oder verehrt wurde, vollziehen diese Frauen Rituale und feiern die Jahreszeiten in Kreistänzen. Könnte es sein, daß diese Frauen in einem morphogenetischen Feld schwingen, wenn sie die Göttin wieder ins menschliche Bewußtsein bringen? Können zeitgenössische Rituale widerspiegeln, was früher geschah, und dem Neues hinzufügen? Erfahrungen mit der Göttin vollziehen sich in Individuen, die durch ihren ureigenen kreativen Ausdruck erneut dem Göttinnenbewußtsein das Leben schenken. Während sich dies vorwiegend bei Frauen abspielt, erscheint die Göttin nicht ausschließlich ihnen. Sie taucht in den Träumen von Männern wie Frauen auf. Die Heiligkeit der Erde und des Körpers wird auch von Männern empfunden, denen ebenfalls die Worte für das fehlen, was sie an ihrem Körper als heilig empfinden und das sie in einem individuellen Akt der Verehrung, des Rituals oder der Kreativität ausdrücken wollen.

7.
Pilgerschwestern: Geschichten aus Glastonbury

Mrs. Detiger hatte dafür gesorgt, daß mich Freya, eine Expertin für das arthurische England, auf meiner Reise nach Glastonbury begleitete. Eigentlich sorgte Mrs. Detiger auf der gesamten Fahrt nicht nur dafür, daß ich bestimmte Orte besuchte, sondern auch entsprechende Menschen um mich hatte, und allmählich wurde mir immer klarer, wie wichtig Menschen auf einer Pilgerfahrt waren. Freya war Herausgeberin einer Zeitschrift, die ihre kenntnisreiche Passion für arthurische Materialien und Metaphern ausdrückte. Der Anruf von Mrs. Detiger, mit dem sie Freya einlud, »Jean Bolen auf einer Pilgerfahrt zu begleiten«, erfolgte am gleichen Tag, als mein Buch »Göttinnen in jeder Frau« endlich auf Freyas Nachttisch landete. Es hatte über ein halbes Jahr lang in dem Stapel zu lesender Bücher geschlummert, und genau an diesem Tag hatte sie es endlich begonnen. Sie hatte die Ausgabe mit meinem

Foto auf der Umschlagrückseite – und sie lag neben dem Telefon, als es klingelte.

Der Zeitpunkt der Einladung hatte noch etwas Signifikantes: Wäre sie früher erfolgt, so hätte sie abgelehnt, denn nach langen Monaten der Genesung war ihre ursprüngliche Kraft gerade erst zurückgekehrt. Man hatte ihr die Gebärmutter entfernt, und sie hatte eine Strahlentherapie gegen den Krebs bekommen, der sich vom Muttermund aus ins Lymphsystem ausgebreitet hatte. Genau wie ich hatte sie sich im Vorjahr von ihrem Mann getrennt. So kam die Einladung genau wie für mich zu einem kritischen Zeitpunkt in ihrem Leben, und diese Synchronizität spielte eine große Rolle dabei, daß sie zu meiner Pilgerschwester wurde.

Ich weiß, daß synchronistische Ereignisse und Begegnungen wie Wachträume sind, voller Symbole und Themen, auf die man achten sollte. Und so staunte ich auch über ihren Namen: Freya war der Name der großen Göttin Nordeuropas, der Göttin der Fruchtbarkeit, der Liebe, des Mondes, des Meeres, der Erde, der Unterwelt, des Todes, der Geburt – Jungfrau, Mutter, Ahnfrau. Sie hatte so viele Eigenschaften, daß kein Gelehrter sie je richtig einordnen konnte. Insgesamt war sie so vielseitig wie alle anderen Erscheinungsformen der Großen Göttin.

In Wagners »Ring des Nibelungen« war Freya die Göttin der Jugend, der Liebe und der Schönheit, und Wotan hatte sie den Riesen als Lohn für den Bau seiner Walhalla versprochen, seine Schutzburg, Monument seines ewig währenden Ruhms und seiner Männlichkeit. Es handelt sich in der patriarchalischen Mythologie um ein oft wiederholtes Thema: Agamemnon opfert in der »Ilias« seine Tochter Iphigenie, damit sein Heer günstigen Wind für die Fahrt nach Troja hatte. Zeus stimmt zu, daß Hades Persephone entführt. Es ist ebenfalls eine Metapher für die Psychologie der Männer, die ihre Jugend und den Wert von Liebe und Schönheit ihrem Ehrgeiz opfern. Sie opfern ihre Anima und unterdrücken den weiblichen Aspekt ihrer Seele zugunsten von Macht. Dem Weiblichen ist es nicht gestattet, zur Kreativität, Sensibilität und Perspektive der männlichen Persönlichkeit beizutragen und diese zu entwickeln. Die Anima – durch die Jungfrau symbolisiert – wird auf die gleiche Weise betrachtet und behandelt wie Frauen: Sie wird entwertet und unterdrückt.

Dies geschieht aber auch bei Frauen. Die Ablehnung der Eigenschaften der jugendlichen Freya ist der Preis für den Erfolg in der Männerwelt. Eine Frau kann es nie zu etwas bringen, wenn man sie als zu weiblich, weichherzig, verletzlich oder emotional betrachtet. Sie kann auch keinen Erfolg haben, wenn sie das Selbstvertrauen der Großen Göttin Freya besitzt, denn dann weiß sie nicht, wo ihr Platz ist.

Freyas Name rief also diese Gedanken an die Göttin bei mir hervor; aber es war eine wirkliche Frau, die mich auf dieser Pilgerfahrt begleiten würde, und wie sie war, konnte sich als sehr bedeutsam herausstellen. Wie die Pilger in Chaucers Canterbury-Geschichten oder die Reisenden in Katherine Anne Porters »Narrenschiff«, deren persönliche Geschichten wir erfahren, sind unsere Kameraden und Kameradinnen auf jeder wichtigen Reise Individuen, deren Geschichten wir kennenlernen und überdenken. Unsere Gefährten sind häufig auch von symbolischer Bedeutung: Sie können innere Gestalten darstellen, Aspekte wichtiger anderer Personen in unserem Leben, Möglichkeiten, was aus uns selbst werden mag, Erinnerungen an die, die wir waren, oder Metaphern für unsere Lebenssituation. Wie würde Freya wohl sein?

Pilgergeschichten

Bei einem fünf Stunden dauernden Essen erzählte mir Freya ihre Geschichte und ich ihr meine. Ich erfuhr, daß man ihr nur fünfzig Prozent Überlebenschancen gegeben hatte, und uns wurde schon bei dieser ersten Unterhaltung klar, daß diese Pilgerfahrt ihr Weiterleben oder ihren Tod bedeuten würde. Es war leicht, sich mit ihr ins Gespräch zu vertiefen. Ich erfuhr, daß sie sich im Vorjahr einer größeren Operation unterzogen hatte und die höchstmögliche Strahlendosis ertragen mußte, um die immer noch gefährliche Krankheit zu bekämpfen. Ich weiß, wie überwältigend und betäubend der Ausbruch einer Krankheit, die diagnostischen Verfahren und Behandlungen gewöhnlich sein können und welche ungeheuren Kraftreserven sie erfordern. Ich erfuhr erst später, daß sie nicht nur physisch und emotional völlig am Ende war, sondern auch finanziell. Außerdem war in dieser schrecklichen Phase, als sich ihr Mann von ihr trennte und sie einen Traumjob aufgeben mußte, einer ihrer besten Freunde gestorben.

Sie war jetzt körperlich wieder fit genug, um diese Fahrt zu unternehmen, doch sie ermüdete leicht; sie war sich – wie auch ich auf dieser Pilgerfahrt – bewußt, in einer mythischen Zeit und in einer mythischen Landschaft zu sein, die für uns beide persönliche Bedeutung hatte. Freya steckte sowohl seelisch als auch körperlich in ihrer wohl verletzlichsten Phase. Sie stand in der Tat an einer Wegkreuzung zwischen Leben und Tod: Diese Pilgerfahrt würde den Weg bestimmen, den ihr Körper und ihr Geist nehmen würden.

In dieser Situation erinnerte mich Freya an Psyche aus der Geschichte von Eros und Psyche. Psyche war eine mythische Heldin, auf deren Weg sich manch eine Frau ebenfalls wiederfindet, wenn sie allein ist und ihr Überleben davon abhängt, daß sie mehr zu leisten imstande ist, als sie es für möglich hält.

Wie viele Frauen wirkt Psyche sehr unheroisch. Sie ist verlassen, verstoßen und schwanger, fühlt sich allein und am Boden zerstört und will sterben. Sie versucht, sich in einem Fluß zu ertränken, aber der Fluß selbst, wie eine oft in Frauen wirkende instinktive Lebenskraft, wirft sie zurück ans Ufer. Doch sie kann so nicht weiter und steht nun vor der Notwendigkeit, eine Reihe anfänglich unlösbar erscheinender Aufgaben zu bewältigen. Jedes Mal verzweifelt ein Teil in ihr – doch gleichzeitig gibt sie nicht auf. Dann kommt Hilfe, wie auch oft im Leben, und bringt sie ans Ziel. In den Mythen sind die Helfer stets symbolisch; im wirklichen Leben ist echte Unterstützung zwar wichtig, aber Frauen bedienen sich oft auch einer Kraft in sich selbst und stellen fest, daß Mut, Intuition, Intelligenz und zuvor unentwickelte Fähigkeiten vorhanden sind und ihnen ermöglichen, das zu tun, was zu tun ist.

Während wichtiger Phasen und an kritischen Punkten, wenn das bisherige Lebensmuster sich auflöst und zerfällt, werden Träume und Synchronizitäten oft wichtiger und zahlreicher. Es ist dann angebracht, auf die Menschen zu achten, denen wir begegnen, und auf Ereignisse, die erfolgen, weil sie sowohl real als auch symbolhaft sein können. Abgesehen davon, daß Freya sie selbst war, konnte sie hier ebenso eine Möglichkeit in mir symbolisieren, wie auch ich etwas in ihr darstellen konnte. Ich fragte mich insbesondere danach aufgrund einer ungewöhnlichen Unterhaltung an dem Tag, als ich Freya kennenlernte, kurz bevor wir die Niederlande verließen. Mrs. Detiger hatte mir eine Nachricht hinterlassen, daß eine kluge alte Frau mit mir sprechen wolle. Sie war die Hellseherin der holländischen Königsfamilie, und man rechnete mit ihrem baldigen Tod. »Sie bemerkte Ihre Aura und legt großen Wert darauf, Ihre Erlebnisse in Europa zu verfolgen.« Ich hatte keine Zeit, sie persönlich kennenzulernen, daher rief ich sie an. Sie forderte mich auf, ihr Fragen zu stellen, was ich auch tat. Ihre Kommentare und Antworten auf meine Fragen beeindruckten mich, und so merkte ich mir ihre Warnung, auf meine Gesundheit zu achten, die meines Erachtens ausgezeichnet war. Sie warnte, etwas Ernsthaftes könne sich entwickeln. Genaueres wollte oder konnte sie nicht angeben.

Freya und ich befanden uns gerade in einer Phase der persönlichen Veränderungen, weil wir uns beide von unserem Mann getrennt hatten. Wir erzählten einander von unseren Ehen, den Umständen, die zur Trennung führten, und davon, wie diese Entscheidung auf andere gewirkt hatte. Wir hatten beide Kinder: Meine Tochter und mein Sohn waren beide Teenager, ihre beiden Söhne waren um vieles jünger. Mir wurde später bewußt, daß es sich auch um die Zeit handelte, als wir beide in die Menopause überwechselten und uns psychologisch von der Mutter zur weisen Alten veränderten. Freya war die Gebärmutter entfernt worden, und sie war darauf mit erst vierzig Jahren in eine künstlich herbeigeführte Menopause eingetreten. Ich sollte in Glastonbury meine letzte Periode erleben und in dem Monat meiner Rückkehr fünfzig werden.

Ich hatte einen eigentlich guten Mann und eine Ehe verlassen, die dysfunktionale Aspekte hatte, aber auch eine Menge Positives aufwies. Wir waren einander gute Partner gewesen und hatten immer an einem Strang gezogen – im Haushalt, als Eltern und indem wir einander im Arbeitsleben unterstützten. Wir sprachen aber nie über emotionale Dinge, und als das nötig wurde, konnten wir es nicht. Unsere Kommunikation war in Ordnung, wenn es um die Logistik des Alltags ging, aber den Notwendigkeiten emotionaler Intimität oder echter Freundschaft nicht angemessen. Wir konnten weder unserer Verletzlichkeit Ausdruck verleihen noch unseren Bedürfnissen, unserer Wut und unseren Enttäuschungen.

Das stand in krassem Gegensatz zu allem, was sonst um mich geschah. Bei meiner psychiatrischen Arbeit sind die Sitzungen voll Intensität, Suche, Emotionen und Tiefe. Hier kann ich darüber nachdenken, was ich höre, indem ich in meine eigenen Tiefen vordringe, wenn mich die Begegnung anrührt. Die Aufrechterhaltung der Arzt-Patienten-Beziehung trotz allem, was im Verlauf einer Sitzung hochkommt, beruht genau wie Meditation auf Übung und Praxis. Trotz Differenzen weiterzumachen ist nicht nur möglich, sondern vertieft auch die therapeutische Beziehung. In den Prozeß der Tiefenarbeit wird der Analytiker stark einbezogen. Dies ist die Alchemie der Jungschen Analyse: wenn der Patient durch den Prozeß beeinflußt werden soll, dann auch der Arzt. Die Jungsche Analyse ist ein echter Dialog, aber Inhalt und Schwerpunkte sind Material des Patienten. In mir wuchs die Sehnsucht nach einem echten Dialog, und so wurde ich in meiner Ehe immer einsamer. Diese Situation wäre vielleicht nicht entstanden, wenn ich einen anderen Beruf gehabt hätte.

Doch ich höre von Frauen in anderen äußeren Umständen von der gleichen Einsamkeit und Sehnsucht und weiß, wie verbreitet solche Gefühle sind. Das Bedürfnis, mitzuteilen, was wir erleben, daß man uns zuhört, daß das, was in uns vorgeht, für die Person, mit der wir verheiratet sind, wichtig ist, einen echten Dialog zu führen ist der Schrei einer Seele, die sich nach einer anderen sehnt.

Vielleicht hatten das Ende meiner Ehe und die Umstände, die zu ihrer Auflösung führten, auch etwas mit dem Transit des Planeten Uranus zu tun, der Veränderungen und unvermittelte Brüche signalisiert. Kurz nachdem ich meinen Mann verlassen hatte, ließ ich mir zum ersten Mal ein Horoskop stellen, nicht erwartend, daß es so genau die Ereignisse der letzten Monate wiedergeben würde. Das machte es für mich sehr glaubwürdig und gab mir einige Richtlinien. In der mir unvertrauten Sprache der Astrologie hatte die Kreuzkonstellation des Uranus – eine Konstellation, die sich nur alle 49 Jahre ergibt – Einfluß auf vier Bereiche meines Lebens: die Persönlichkeit, meine Arbeit, meine Kinder und meine Ehe. Der astrologischen Karte nach war es eine Zeit der Krisen, die mich zerbrechen würden, falls ich zwischen zwei Gegensätzen gefangen würde.

Ich würde in dieser Phase »gekreuzigt«, wenn ich nicht »groß genug wüchse«, um diese Gegensätze in meine Seele und in mein Leben aufzunehmen. Dieser Vorhersage zufolge würde Uranus erst in meinem achtundneunzigsten Jahr wieder in dieser Konstellation erscheinen, falls ich so lange lebte. Das wäre dann der Zeitpunkt für den Übergang zwischen Leben und Tod. Der Ernst und die Bedeutung des Todes schienen mir eine passende Parallele zu dem, was gerade geschah. Auf symbolischer Ebene war ich in meinem alten Leben gestorben und nicht mehr die, die ich einst war.

Mit wenigen Ausnahmen wenden sich Männer wie Frauen an Frauen, wenn sie erkannt und verstanden werden wollen. Ich hatte eine tiefe Seelenverbindung zu einer Frau geknüpft, die eine Krise in meiner Ehe ausgelöst und zur Trennung geführt hatte. Es hatte mit meinem Seelenbedürfnis nach Kommunikation und Tiefe begonnen und endete damit, daß ich die spirituelle Dimension des Weiblichen für mich entdeckte. Diese Frau war ein störender Katalysator für eine Veränderung, und ihre Gegenwart war etwas, das mein Mann und ich als Paar nicht überleben konnten. Ein Dialog war einfach nicht möglich. Wir wurden zu polarisierten Fremden, die in einer Sackgasse festsaßen.

Die Kommunikation zwischen meinem Mann und mir wurde schwierig und fast unmöglich, und so verließ ich ihn in einem benommenen, emotional zerschlagenen Zustand, voll von tiefen Konflikten und Verwirrung. Ich wußte, wie weh es ihm tat und daß er sich verraten fühlte und sich Vorwürfe machte. Ich hingegen fühlte mich vernichtet durch seine Wut und seine Verhöre und war immer stummer und benommener geworden. Wir waren es beide nicht gewöhnt, einander so nahe zu sein. In dieser Phase zog sich meine Freundin, entsetzt darüber, wie sich unsere Beziehung auf meine Ehe auswirkte, und überzeugt, ich würde sie im Stich lassen, von mir zurück und begann mit der Zen-Meditation als dem ersten der vielen Schritte, die sie aus meinem Leben führen würden.

Zeugen eines anderen Lebens

Ich bin fest davon überzeugt, daß es wichtig ist, eine Person zu haben, die unser Leben bezeugt. Oft denke ich, genau das ist die Rolle von Psychiatern: Ich bezeuge das Leben meiner Patienten und weiß daher, wie es in ihrer bestimmten Lebenssituation aussieht und was es heißt, so wie sie zu sein. Sie teilen Momente und Beziehungen mit mir, die für sie wichtig sind. Ich kenne ihren Mut und weiß um ihre Opfer, ihre Schuld und Scham, die nicht vergeben wurden oder denen sie sich nicht zu stellen vermochten, bis sie es jemandem mitteilen konnten. Und wenn Jahre später ein Patient zurückkommt und mir berichtet, was in der Zwischenzeit mit ihm geschehen ist, werde ich wieder zum Zeugen, indem ich zuhöre und weiß, wie wichtig das ist, was er mir erzählt.

Jeder hat wohl das Bedürfnis nach völliger Aufrichtigkeit, das Verlangen, mit einem anderen Menschen ehrlich zu sein. Wenn wir mitfühlend zuhören, bestätigen wir das andere Leben, machen Leid bedeutsam und tragen dazu bei, daß die Prozesse des Verzeihens und des Heilens stattfinden können. Unser Akzeptieren ermöglicht es einer Person, die sich aus der menschlichen Gemeinschaft ausgeschlossen fühlt, ein neues Gefühl der Zugehörigkeit zu entwickeln. Die Männer, die aus Vietnam zurückkehrten, brauchten zum Beispiel solche Zeugen. Jene, denen es gelang, sich wieder in die Gemeinschaft einzugliedern (im Gegensatz zu den Veteranen, die in ihrer Isolierung, ihrer Schuld und Wut psychologisch immer noch unter den Verschollenen sind), war dies nur möglich, weil sie ihre Geschichte erzählten, oftmals immer wieder. Sie erzählten sie anderen Menschen, die sie durch ihr mitfühlendes Zuhören wieder in die Normalwelt aufnahmen.

Überlebende von Kindesmißbrauch befinden sich in einer ähnlichen Situation. Auch sie fühlen sich aufgrund des Geschehenen voller Scham, minderwertig oder einfach anders – jenseits der Grenzen des Erlaubten. Sie müssen erzählen, was mit ihnen geschehen ist, und brauchen jemanden, der ihr Leben bezeugt, damit sie sich wieder zugehörig fühlen können.

Jedes bedeutsame, seelenformende Ereignis wird besser in unser Bewußtsein integriert und universaler, wenn wir die Essenz dieser Erfahrung ausdrücken können und ein anderer sie in aller Tiefe annimmt. Ich bin überzeugt, daß jeder Mensch einem anderen auf seelischer Ebene als Zeuge dienen und die Entfremdung und Isolierung heilen kann, die wir sonst fühlen würden. Bezeugen ist aber keine einseitige Erfahrung; auch der Zeuge wird davon betroffen. Um die Wahrheit der Erfahrung eines anderen Menschen zu begreifen, müssen wir sie tatsächlich in uns aufnehmen und betroffen sein.

Ritualzeit

Freya und ich wurden bei unserer seelenöffnenden Unterhaltung während des Essens zu gegenseitigen Zeugen für unser Leben in einer kritischen Phase. Dabei wurden wir zu Schwestern, die einander wie die Pilger in alten Zeiten berichteten, wie sie auf diese Wallfahrt geraten waren und wie ihr übriges Leben aussah. Doch diese Unterhaltung hatte noch eine tiefergehende Bedeutung, und auch sie hatte mit dem Bezeugen zu tun. Bezeugen ist im rituellen Sinne das Anhören der Geständnisse eines anderen, die Eröffnungsbewegung in der archetypischen Symphonie von Erlösung und Heilung – so beginnen alle spirituellen Rituale und die meisten Therapien. Der erste Schritt bei einem Heilungsprozeß ist, jemandem, der vorurteilsfrei zuhört, zu erzählen, was geschehen ist.

Diese Unterhaltung fand am Abend vor unserem letzten Tag in Glastonbury statt. An jenem letzten Morgen waren wir eingeladen, an einem Ritual teilzunehmen. Ohne unser gegenseitiges Bezeugen hätte dieses Ritual kaum eine solche Macht auf mich ausgeübt.

Freya und ich waren um sechs Uhr morgens aufgestanden, um Ann Jevons zu treffen, die Frau, die das Ritual leiten würde. Wir warteten eine Dreiviertelstunde in dem hohen Wohnzimmer unserer Pension auf sie, doch dann beschlossen wir, sie zu suchen. Wir gingen nach nebenan, warfen ein paar Kieselsteine an eine Scheibe im ersten Stock und wurden belohnt, als eine lachende Ann ihren Kopf durchs Fenster steckte und uns begrüßte. Sie hatte uns nicht so früh erwartet. Ann wirkte in ihrem pastellfarbenen Trainingsanzug, ihrer üblichen Morgenbekleidung, nicht gerade wie eine Priesterin. Sie war eine freundliche, offene, energische Person, die äußerlich wie eine extrovertierte Stewardeß wirkte – und das war auch ihr früherer Beruf. Sie und ihr Mann David, ein ehemaliger Pilot, leiteten nun Chalice Hill House, unsere Pension. Ann hatte nach dem Umzug nach Glastonbury eine Vision erlebt, die sie zu dem Ritual inspiriert hatte, das wir jetzt erleben sollten. Wir würden in den Garten des Gralsbrunnens und dann zu den Ruinen des Klosters von Glastonbury gehen, die beide in der Nähe lagen. Zu dieser frühen Stunde würde kein Mensch dort sein.

Der Gralsbrunnen

Der Legende von Glastonbury zufolge sind der Gralsbrunnen und der heilige Brunnen von Avalon identisch. Der Brunnen ist eine natürliche Quelle zwischen dem Tor und dem Chalice Hill. Sie steigt in einem Brunnenschacht in drei Metern Tiefe auf und fließt unaufhörlich – an die hunderttausend Liter pro Tag. Das Wasser enthält Eisen, und obwohl es kristallklar erscheint, sind der flache Bach und die Teiche, durch die es fließt, von diesem Eisen blutrot gefärbt. Man nannte die Quelle einst auch Blutsquelle oder Blutsbrunnen.

Auch hier lassen der Name Gralsbrunnen und das eisenverfärbte Wasser an ein heiliges, blutgefülltes Gefäß denken – diesmal entspringt es direkt der Mutter Erde an der Stelle, wo einst »Avalon« war.

Der Brunnen liegt in einem friedlichen, schönen Garten. Zu dieser Jahreszeit blühten die Apfelbäume, Weinreben und Rosen wucherten über die Mauern, und das Gras war dicht und grün. Gewundene Wege führen den Besucher bergan durch Portale auf höhere Terrassen, an schützenden Bäumen, einladenden Bänken und wunderbaren Aussichtspunkten vorbei. Der Garten läßt eine Ahnung von Avalon aufkommen, auch wenn er direkt an einer belebten Straße liegt.

An Stätten der Göttin finden sich oft heilige Brunnen, die von unterirdischen Quellen gespeist werden. Vermutlich wurde der Brunnen später, nach der Christianisierung, ignoriert – wie der in der Kathedrale von Chartres, der mit einem Deckel abgedeckt ist und sich in der Krypta befindet. Manchmal wurden Brunnen, die einst der Göttin geweiht waren, auch umbenannt und einer christlichen Heiligen gewidmet. In Irland wurden aus solchen Brunnen »Brigittenbrunnen«, der heiligen Brigitta geweiht. In Mythologie und Legende fand man die Göttin oft an einem Brunnen. Der nordischen Mythologie zufolge, wie in Wagners Ringzyklus beschrieben, war die Göttin (Erda) die Quelle der Weisheit, und wenn man aus ihr trank, hatte man an ihrer Weisheit teil.

Das Wasser aus dem Gralsbrunnen war kalt und schmeckte köstlich. Jeder kann daraus trinken oder sich etwas abfüllen. Das Wasser fließt aus einem Becken in einer niedrigen Terrassenmauer in einen großen flachen Teich von der Form zweier einander überlappender Kreise am unteren Ende des Gartens, der die Form der *vesica piscis* hat.

Der Garten ist von einer Mauer umgeben, und man betritt ihn durch ein Tor. Wenn die Anlage jedoch für Besucher geschlossen ist, fließt das Wasser durch eine Röhre, die in der

Außenmauer endet. Dort, in einer Nebenstraße, können die Leute dann jederzeit ihre Gefäße füllen und das Wasser trinken.

Dion Fortune, eine Psychologin mit einem ausgeprägten Interesse für das Okkulte, beschrieb den Gralsbrunnen in »Glastonbury – das englische Jerusalem – Avalon und der heilige Gral«. Danach gibt es in der Brunnenwand einen ausgesparten Raum, groß genug für eine stehende Person oder als Versteck für den Gral.

Am Mittsommertag scheint die Sonne direkt in diese Brunnenkammer, die aus großen Steinquadern besteht, wie man sie in Stonehenge verwendete und in der unmittelbaren Umgebung nicht findet. Die Quader sind perfekt behauen und fügen sich nahtlos aneinander, doch man hat keine Vorstellung davon, wie sie hergebracht und verarbeitet wurden.

1919 wurde ein Deckel für den Brunnen angefertigt und mit einem schmiedeisernen Schmuck von Frederick Bligh Bond in Form der *vesica piscis* versehen. Bligh Bond schrieb »The Gate of Remembrance«, das Buch, das ich nach meinem Traum mit dem Ritter unter der Kathedrale suchte. Ich fand es schließlich in einer Buchhandlung in Glastonbury.

Bligh Bond war ein angesehener Gelehrter, der 1909 zum Leiter der Ausgrabungen im Kloster von Glastonbury ernannt wurde. Sein seltsames kleines Buch berichtet von den erfolgreichen Ausgrabungen der Fundamente der Kapelle von Loretto, der Edgar-Kapelle und anderer Gebäude auf dem Klostergelände. Die Informationen, wo man zu graben hatte, gewann er durch automatisches Schreiben, eine parapsychologische Technik, bei der eine Person in Trance Botschaften niederschreibt, die angeblich von Verstorbenen stammen. Die genaue Lage und die Maße der Ruinen wurden in Latein angegeben; die Informanten behaupteten, im sechzehnten Jahrhundert gelebt zu haben, während der Blütezeit des Klosters, und sie gaben sich als »William der Mönch« und »Johannes der Steinmetz« zu erkennen. Johannes sagte, er sei 1553 gestorben. Die Anwendung parapsychologischer Mittel, unabhängig vom Erfolg, schadete Bligh Bonds Ruf und kostete ihn seine Stellung. Es gibt in und um Glastonbury viele Dinge, die etwas Andersweltliches an sich haben.

Vesica piscis

Ich trug immer noch den *vesica-piscis*-Anhänger, der Mrs. Detigers Einladungsbrief beigelegen hatte. Er war wunderschön; ich hatte ihn sofort umgehängt und seitdem ständig getragen, so war mir die Form sehr vertraut geworden.

Vesica piscis bedeutet im Lateinischen »Gefäß des Fisches«. Das Grundmuster besteht aus zwei sich überschneidenden, gleich großen Kreisen. Beide Kreisbogen führen durch den Mittelpunkt des jeweils anderen. Dadurch entsteht zwischen ihnen eine Mandelform (*mandorla*), ein zugespitztes Oval.

Wenn die beiden Kreise übereinanderliegen, wird die Form zwischen ihnen zum Fischkörper, dem Symbol für Christus – ein leicht zu malendes Zeichen, mit dem die frühen Christen sich einander zu erkennen gaben. Es heißt, man benutzte den Fisch als christliches Symbol, weil das griechische Wort für Fisch, *ichthys*, ein Akronym für Jesus Christus, Sohn Gottes, ist. Ehe es zum christlichen Symbol wurde, war *vesica piscis* jedoch das universelle Symbol der Muttergöttin, und die mandelförmige Mandorla stellte den Umriß ihrer Vulva dar, durch die alles Leben entsteht. Barbara Walker zufolge besteht daran kein Zweifel.

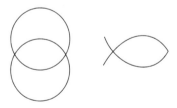

Als Symbol für die Göttin überlappen die Kreise sich seitlich, und die Mandelform weist mit den spitzen Enden nach oben und unten. Was den Namen *vesica piscis* angeht, so beruht dieser auf dem angeblich leicht fischartigen Geruch der

Vulva. Im Griechischen bedeutet das Wort *delphos* sowohl Schoß als auch Fisch, und es gibt viele kulturüberspannende Assoziationen zwischen Göttin und Fisch. Die Tempeltorbilder der Hindugöttin Kali und die weibliche Gestalt der Sheilana-gig, die in die Portalbögen vieler irischer Kirchen geschnitzt ist, zeigen ihre Vulva als *vesica*. Auch gibt es viele katholische Medaillons mit diesem Muster.

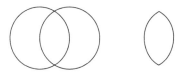

Die *vesica piscis* auf dem Deckel des Gralsbrunnens und auf meinem Anhänger zeigen beide die sich überschneidenden Kreise, aber in einem komplexeren Muster: Die beiden Kreise sind in einem größeren enthalten. Auf beiden Seiten dieser ursprünglichen *vesica piscis* sieht man Weinranken und Blätter und in der Mitte einen vertikalen Stab, der aus dem Pflanzenmuster heraus- oder in es hineinzuwachsen scheint.

Ohne ihn gleich analysieren zu wollen, fühlte ich mich von der Schönheit des Anhängers stark berührt, und so ist es stets mit Symbolen: Wir fühlen uns von Objekten angezogen (oder abgestoßen), die für uns irgend etwas ausstrahlen. Dies macht sie zu symbolischen Objekten und nicht bloßen Dingen. Gewöhnlich rühren sie etwas in uns an, oder wir projizieren unbewußt etwas auf sie. Und dann setzen, wie bei mir, die Gedanken ein und stellen Fragen: Was berührt mich an diesem Ding so besonders?

Ich stellte mir die *vesica piscis*, das Bild von zwei sich überschneidenden Kreisen, als visuelle Metapher für jene Momente vor, in denen Welten einander überlappen oder durchdringen und das Leben dadurch an Sinn und Tiefe gewinnt. Das sind für mich »*vesica-piscis*-Erfahrungen«, Überschneidungen des Zeitlosen mit der Zeit. Hier entstehen Momente innerhalb und außerhalb der Zeit, wenn die sichtbare und die unsichtbare Welt einander überschneiden, wenn ewige Werte und die gewöhnliche Welt einander überlappen, wenn die archetypische und die faßbare Welt sich begegnen, wenn Himmel und Erde, die Oberwelt und die Unterwelt in einem Schwellenmoment zusammentreffen; wenn wir zum Beispiel wissen, was T. S. Eliot meint, wenn er schreibt: »Musik, so tief empfunden, daß man sie gar nicht hört, aber du bist die Musik, solange sie dauert«; wenn wir das erkennen, was Bedeutung hat und über das hinausgeht, was wir intellektuell begreifen können, oder wenn wir mystische oder poetische Erkenntnisse erleben.

Wie passend also, daß dieses Symbol mit Glastonbury verbunden ist, wo man der literarischen Vorstellung und den Legenden nach durch die Nebel nach Avalon gelangen und aus dem heiligen Brunnen trinken konnte.

Das Ritual am Brunnen

Ann führte uns durch die Gartenmauer zum Brunnen, den ich nun zum ersten Mal erblickte. Wir gingen an den beiden ineinander übergehenden flachen Teichen in Form der *vesica piscis* vorbei, deren Wasser sich im Laufe der Zeit blutrot verfärbt hatte. Dann folgten wir einem Pfad, der uns unter Bogengängen hindurch über Terrassen an eine Stelle führte, an der das Wasser sich aus einer Quelle ergießt. Dort vollzog sie mit uns ein Reinigungsritual, zu der sie das Brunnenwasser benutzte. Konnte es einen schöneren, machtvolleren Ort für ein solches Ritual geben?

Wir vollzogen mit Worten und Gesten ein Ritual der Reinigung, der Läuterung und des Loslassens – von Negativität,

Angst, Vergangenheit, von Menschen, Erwartungen und allem, was zwischen uns und der Offenheit und Empfangsbereitschaft für Göttlichkeit, Liebe, Heilung, Hoffnung, Vision, Weisheit und anderem stand. Wir ließen das klare Wasser aus dem Brunnen über unsere Hände und Arme rinnen, und dann wuschen wir uns das Gesicht und tranken es in tiefen Zügen. In Gebet und Meditation dachten wir an das, was wir besonders freisetzen mußten, während wir die Hände wieder mit Wasser füllten und es dann abschüttelten. Wir ritualisierten so unsere Absichten und erbaten Hilfe, damit wir das tun konnten, was notwendig war, um die emotionalen Bürden und Bande loszuwerden und unsere Seelen zu heilen.

Das Kloster

Der nächste Teil unseres Rituals führte uns zu den Ruinen des Klosters von Glastonbury.

Dieses Kloster wurde einst »die heiligste Stätte in ganz England« genannt. Dort stand ehemals ein keltisches Kloster, die erste christliche Gemeinde auf den Britischen Inseln und später die wichtigste Kirche Englands. Heute sind davon nur würdige Ruinen übrig. Nur einige Spitzbögen des Schiffes und ein paar Nebengebäude zeichnen sich vor dem Himmel ab. Der Boden um die Abtei ist von dichtem, grünem Rasen wie von einem Teppich überzogen. Ein rechteckiger, von einer Kette abgegrenzter Platz zeigt, wo einst der Hochaltar stand. Weitere Markierungen weisen darauf hin, wo angeblich die Überreste von Artus und Ginevra ruhen. Überall sind Wege angelegt. Die dachlose Madonnenkapelle, die man an der Stelle der ersten Marienkirche der Christenheit errichtete, ist am besten erhalten.

Wir betraten das Klostergelände von der Rückseite her zwischen zwei riesigen Eichen hindurch und gelangten an die Stelle, wo das Kirchenschiff einst aufragte. Es war noch früh, und wieder waren wir hier die einzigen Menschen. Ann war uns vorangegangen und bat uns nun, die Schuhe abzustreifen, damit wir barfuß an die Stelle des Hochaltars treten konnten.

In ehrfürchtiger Haltung betraten Freya und ich die Grasfläche, wo der Altar einst seinen Platz hatte. Ann erzählte uns, daß sich an dieser Stelle zwei Energielinien überschnitten und so den Hochaltar zum Energiezentrum des Klosters gemacht hatten.

Rituale finden in heiliger Zeit und in heiligen Räumen statt, und danach fühlte ich mich auch, als ich barfuß auf einem Fleck von Mutter Erde stand, der gleichzeitig ein Hochaltar war. Ann war nun ganz ihr Priesterinnenselbst, trotz ihres Jogginganzugs.

Ich verfiel in einen tiefen, empfangsbereiten Bewußtseinszustand, daher weiß ich nicht mehr genau, was sie sagte. Ich kann nur beschreiben, was in mir vorging. Ich spürte wieder meine christliche Spiritualität: Christus, Heiliger Geist, Gottvater waren wieder bei mir. Und ich spürte die Gegenwart einer Muttergöttin, der Göttin. Auf diesem Hochaltar und in Anwesenheit einer zeitgenössischen Priesterin konnte ich die Energie von Mutter Erde spüren, die durch meine Füße hinauf in meinen Körper drang, während sich der Geist Gottes von oben auf mich senkte. Beides traf sich im Herzen. Ich hatte das Gefühl, meine Brust war ein großes Gefäß, das von Licht erglühte und mich erfüllte.

Dieses Zusammenkommen von Gott und Göttin heilte einen Riß in mir. Ich begann schon lange all meine Gebete mit der Anrede: »Lieber Mutter-Vater-Gott«, aber bis jetzt hatte ich diese beiden Energien noch nie vereint in mir gespürt. Wenn überhaupt, dann schienen die beiden Aspekte der Gottheit sich weiter voneinander zu entfernen, weil ich die Heiligkeit der weiblichen Göttlichkeit erlebte. Dadurch erfuhr ich immer genauer, was historisch mit der Göttin geschehen war und welche Folgen das für die Frauen gehabt hatte, und das machte mich immer wütender. Gott war in meiner Vorstellung eins mit der oppressiven patriarchalischen Macht geworden, mit der Inquisition und den Verbrennungen, mit engstirnigen Fundamentalisten voll Angst und Haß, mit dem eifersüchtigen und rachsüchtigen Gott des Alten Testaments. Ich hatte mich ihm entfremdet und mich von meinen eigenen Erfahrungen mit Gottes Gnade und seiner liebevollen Präsenz entfernt. Auf dem Hochaltar, als Gott und Göttin auf unbeschreibliche Weise zusammentrafen, versöhnte ich mich mit dem liebenden Gott, den ich früher »gekannt« hatte.

Anns Stimme wurde leiser und verstummte. Ich hielt die Augen geschlossen und hatte jegliches Zeitgefühl verloren. Nun schien sich mir ein eigenes Ritual aufzudrängen. Einen nach dem anderen spürte ich die wichtigen Menschen in meinem Leben in mir. Ich sprach im Geiste mit jedem einzelnen und dankte ihnen für das, was sie für mich getan hatten, was sie für mich waren oder lehrten. Ich bat sie um Verzeihung für alles Leid, das ich ihnen zugefügt hatte, und verzieh ihnen und löste mich von meinen Erwartungen. In diesem Ritual sah ich die Menschen meines Lebens in einem liebevollen Licht und wünschte mir bewußt, vergeben und die Gefühle abstreifen zu können, die mich an Schmerz oder Schuld banden.

Ich glaube, daß emotionale Muster durch Rituale beeinflußt werden. Genau wie Kinder Sandburgen am Meeresufer bauen und das Wasser durch Gräben und Kanäle leiten, so bilden Rituale, Intentionen, Gebete und Meditationen unsichtbare Kanäle für aufsteigende Emotionen. Manchmal überflutet eine unerwartet hohe Welle der Emotionen all unsere Bemühungen. Aber wenn die Flut der Emotionen noch steigt, statt zu verebben, dann ist es nicht der richtige Zeitpunkt, das zu tun, was ich in Glastonbury tat. Denn man muß Gefühlen der Trauer und der Wut erst erlauben, uns zu durchspülen, ehe wir an jenen Kanälen arbeiten, die uns ermöglichen, abzuführen, zu verzeihen und loszulassen.

Die Gelegenheit, loszulassen und zu verzeihen, ergibt sich immer wieder in Phasen des Übergangs, wenn es nicht mehr möglich ist, sich an das zu klammern, was vielleicht gewesen sein könnte. Dann steigen Wellen positiver und negativer Gefühle, Erinnerungen, Sehnsüchte, Vorwürfe und Selbstbezichtigungen, Träume, Reue, Erinnerungen an vergangene Erlebnisse und einst gehegte Hoffnungen auf.

Wenn ich mich daran erinnere, wie ich auf der Grasfläche an der alten Stelle des Hochaltars der Glastonbury-Kirche stand, erkenne ich, daß ich selbst eine *vesica piscis* war. Die beiden Sphären, christlich und göttlich, Vater- und Muttergott, archetypisch und gewöhnlich, überschnitten sich in mir. Als ich dort stand, war ich in dem Moment der Stab, der die beiden Welten miteinander verband. Umgeben von der grünen Landschaft befand ich mich im Zustand der Gnade, und das machte mich heil. Alles kam in einem profunden, inneren, spirituellen, heiligen Augenblick in meinem Herzen zusammen.

8.
Avalon:
Anderswelt und Mutterwelt

In »Die Nebel von Avalon« ist Avalon die Inselheimat der Priesterinnen der Göttin. Es liegt vor den Mönchen von Glastonbury verborgen hinter den Nebeln und kann nur von jenen erreicht werden, die den Kahn herbeizurufen wissen. Psychologisch gesehen ist Avalon eine archetypische Anderswelt und ein Mutterreich. Das Tor von Glastonbury strahlt etwas aus, das selbst heute noch an diese Anderswelt gemahnt. Ich glaube, es hat etwas damit zu tun, daß dieser Hügel so auffällig herausragt, eine unnatürliche, terrassierte Form hat und von einem so sanften Grün überzogen ist; es liegt an der Qualität des Lichts hier und besonders natürlich an der Energie, die die Menschen hier wahrnehmen.

Avalon ist wie das mythologische Shambala, der fiktive Berg Analogus und die legendäre Gralsburg ein Ort der Anderswelt, nur unter besonderen Bedingungen und für bestimmte Menschen sichtbar. Auf den Britischen Inseln nennt man die Anderswelt jenseits des Wassers »die grüne Insel im Westen«, »das Land jenseits des Meers« und »die Insel der Frauen«. In Irland stellt man sich die Anderswelt unter Bergen und Hügeln verborgen vor; seine Bewohner (wie die von Avalon) sind das Volk der Göttin, Tuatha Dé Danann.

Ich sah in Chalice Hill House, der Pension, in der ich bei meinem Aufenthalt in Glastonbury wohnte, ein Foto des Tors und der hügeligen Gegend ringsum während der Flut etwa zehn Jahre zuvor. Ein Großteil der Gegend um Glastonbury stand damals unter Wasser; Glastonbury selbst sah aus wie eine Insel. Das Foto erinnerte an die Verbindung zwischen Glastonbury und der Insel Avalon oder Ynys-witri, wie sie im Keltischen heißt, was »Insel aus Glas« bedeutet.

Glastonbury und andere heilige Stätten sind Orte, an denen sich die gewöhnliche und die Anderswelt scheinbar überschneiden; man ist dort empfänglicher für psychische oder spirituelle Eindrücke. Abgesehen von den Assoziationen mit Avalon betrachtete man das Tor von Glastonbury als Eingangstor nach Annwn, der keltischen Anderswelt. Es gibt Landschaften, die uns wie Träume, Gedichte oder Musik beeinflussen und die uns aus der Realität des Alltags in ein tieferes, archetypisches Reich versetzen, wo wir Bilder und Gefühle, Intuitionen und Empfindungen wahrnehmen, die wir sonst nicht spüren. Mythen und Legenden, die die gleichen psychologischen Tiefen anrühren, haben eine ähnlich evozierende Wirkung auf unsere Phantasie und Stimmung. Wir lassen die gewöhnliche Welt hinter uns und wagen uns in eine andere.

Eine Geschichte kann uns ebenso stark beeinflussen wie ein Traum, wenn die Symbole und Ereignisse darin eine bestimmte geheimnisvolle Kraft auf uns ausüben, die wiederum unsere eigenen Erinnerungen und Gedanken anregt. Vielleicht ist es die Botschaft in einer Geschichte, die uns anrührt, vielleicht haben wir eine Erkenntnis, die blitzartig etwas beleuchtet, das wir zuvor nicht gesehen haben, genau wie manchmal in einem wichtigen Traum. Wenn eine Geschichte wie die Gralslegende für ein Zeitalter und ein Volk Bedeutung hat, wird sie zum Mythos für dieses Zeitalter. Bevor es zu einer offiziellen Version kommt, gibt es zahlreiche Ausschmückkungen, Auslassungen und Hinzufügungen, denn eine Geschichte ist für die Psyche des Erzählers wie die des Zuhörers ein lebendiges Medium. Indem man sich für eine bestimmte Version entscheidet und etwas dabei betont oder ausführt, folgt man der Tradition der Barden und Dichter, die die Gralsgeschichte seit Jahrhunderten immer wieder neu schreiben. Joseph Campbell sagt über diese Tradition: »Man nimmt eine traditionelle Geschichte und interpretiert sie – man verleiht ihr entsprechend den äußeren Bedingungen an jenem bestimmten Tag neue Tiefen und Bedeutung.«

Nirgendwo wird die Wirkung der Artusgeschichte als Neuerzählung deutlicher als in Marion Zimmer Bradleys »Nebel von Avalon«, wo die vertraute Geschichte von König Artus und den Rittern seiner Tafelrunde neue Tiefe und Bedeutung gewinnt, weil sie aus der Frauenperspektive erzählt wird. Die Geschichte beginnt noch vor Artus' Empfängnis und endet kurz nach seinem Tod.

Die gesamte Ära wird als eine Phase der religiösen Umbrüche dargestellt, in der das Christentum die Herrschaft über die Göttin gewinnt und Avalon in den Nebeln verschwindet. Wir folgen den Ereignissen aus der Sicht und mit dem zerrissenen Herzen von Artus' Halbschwester Morgaine, der letzten Priesterin der Göttin. Es ist eine vertraute Geschichte aus einem völlig unvertrauten Blickwinkel. Bradley, eine erfahrene Fantasy- und Science-fiction-Autorin, schreibt so kundig, als sei sie selbst Morgaine.

Das Buch rührt in fast allen Frauen eine Saite an: Wir haben das Gefühl, als hörten wir etwas über unsere Vergangenheit, an das wir keine Erinnerung haben, doch wenn man es uns erzählt, spüren wir, daß es wahr ist. Es ist, als hörte man das fehlende Stück der eigenen Geschichte. Avalon ist psychologisch gesehen ein archetypischer Ort, der alle anrührt, die sich danach sehnen, in den Schoß der Göttin zurückzukehren. So kann man sich gut vorstellen, selbst wie Morgaine zu reagieren, als sie Avalon erblickt:

»Dann verschwand der Nebel wie ein Vorhang, den jemand zur Seite zieht. Vor ihnen im Sonnenlicht lag eine grüne Küste... Die schrägen Sonnenstrahlen – war das die Sonne, die sie kannte? – tauchten das Land in goldenes Schweigen. Morgaine spürte Tränen in sich aufsteigen. Ohne zu wissen warum, dachte sie: ›Ich komme nach Hause.‹«

Diese Erzählung klingt wahr, weil ihre Grundzüge in der Geschichte der Menschheit tatsächlich stattfanden, vielleicht nicht im Großbritannien von König Artus, aber gewiß im alten Europa, wo Tausende von Jahren vor der Invasion indoeuropäischer Kriegerstämme eine Göttinnenkultur bei Bauern und Handwerkern existierte, die auf Fruchtbarkeit und Frieden, die Jahreszeiten und die Erde eingestimmt waren.

Diese »Mutterkulturen«, die dem Patriarchat vorausgingen, sind von Marija Gimbutas, Merlin Stone und Riane Eisler sehr anschaulich beschrieben worden. Irgendwo in uns wissen wir um eine Zeit, als dieses weibliche Prinzip vorherrschte, eine Zeit der Göttin, der Heiligkeit von Sexualität und Fruchtbarkeit, von unserer Verbindung mit der Erde. Irgendwie wissen wir, daß es einst Priesterinnen, Heilerinnen und weise Alte gab, die dieses Wissen bewahrten.

Wenn Frauen intensiv auf solche Geschichten reagieren, kann man daraus auf eine zunehmenden Unruhe in ihnen schließen. Für die meisten von uns ist schließlich das Konzept einer »Göttin« und »Priesterin« den religiösen Traditionen fremd, in denen wir erzogen wurden. Selbst in einem Roman würden wir diese Vorstellung als fremd empfinden, wenn nicht eine Veränderung im Bewußtsein stattgefunden hätte. Die Charaktere in »Die Nebel von Avalon«, in Gestalt der Personen um Artus, bringen uns mit einem Mythos in Berührung, der einen heute wieder bedeutsamen Aspekt der menschlichen Geschichte widerspiegelt (weil wir uns einer weiteren Übergangsphase nähern). Die Werte des Patriarchats geraten in Konflikt mit denen eines wiederkehrenden Göttinnenbewußtseins, mit der Wahrnehmung, daß die Göttin und die Frau – in Augenblicken außerhalb der »Normalität« – ein und dieselbe sind. In den Augenblicken, in denen eine menschliche Frau »die Göttin« oder die Große Mutter ist, wird diese heilig, gibt mit ihrem Körper und überträgt durch ihn den Segen.

Morgaine nimmt genau diese Rolle an, wenn sie den sterbenden Artus umfangen hält und beide im Kahn nach Avalon übersetzen. Endlich hält sie Artus' Kopf im Schoß, und er sah in ihr weder die Schwester noch die Geliebte oder die Feindin, sondern nur die weise Frau, die Priesterin, die Herrin des Sees. Er ruhte an der Brust der Großen Mutter, zu der er schließlich wie alle Menschen zurückkehren mußte.

Morgaine half Artus beim Übergang vom Leben zum Tod. Sie tröstet ihn, als er im Sterben liegt, ist da, ihn zu umarmen, damit er sich nicht fürchtet und allein gelassen fühlt. Er liegt in diesem Augenblick in den Armen der Göttin und erlebt sie durch die Wärme, die Berührung und Liebe einer menschlichen Frau. Auf diese Weise ist sie eine Priesterin, durch die sich die Göttlichkeit der Großen Mutter zeigt. Der Augenblick wird dadurch sakrosankt, durch sie sind seine letzten Lebensminuten friedlich, sicher und von Gnade erfüllt. Morgaine wirkt wie eine Hebamme, die der Seele über die Schwelle des Todes hinweghilft, genau wie sie und andere auch das Leben im Moment der Geburt leiten. Diese Übergangsphasen waren einst die Domäne der Frauen und Bestandteil der Mysterien, die sie heute wieder zurückerobern.

Frauen als Hebammen der Seele

Ich habe mit Frauen gesprochen, die instinktiv einen Sterbenden in die Arme genommen haben. Als ich sie Hebammen der Seele beim Übergang zum Tode nannte, erkannte sich jede von ihnen genau darin wieder. Ich bin überzeugt, daß Frauen anderen diese Erfahrung mitteilen sollten, damit niemand von Furcht gehemmt wird, dies sei unangemessen, und daher den Drang dazu unterdrückt.

Drei Wochen, ehe meine Freundin Valerie zu ihrer sterbenden Mutter flog, erzählte ich ihr von dem Trauergottesdienst für die erwachsene Tochter unserer gemeinsamen Freundin

Isabel. Isabel hatte beschrieben, wie sie sich zu der im Koma liegenden Tochter ins Bett gelegt hatte und sie stundenlang umfangen hielt, bis sie starb. Sie hatte von dem tiefen Frieden dieser Nacht gesprochen, selbst im Augenblick des Todes. Valerie erinnerte sich nun an Isabels Geschichte, als sie ihre Mutter am Abend im Krankenhaus besuchte, und sie wußte im gleichen Augenblick, als sie das Zimmer betrat, aufgrund der veränderten Atmung ihrer Mutter, daß diese bald sterben würde. Sie wollte ihr beim Abschied helfen, genau wie ihre Mutter ihr geholfen hatte, in die Welt zu treten, und so legte sich Valerie zu ihr ins Krankenbett und umschlang sie. Der Körper ihrer Mutter reagierte spürbar auf die Umarmung, und sie konnte derart getröstet sterben.

Zwei Jahre zuvor hatte mir Therese, eine Frau aus Costa Rica, die nun in der Sterbehilfe arbeitet, eine ähnliche Geschichte erzählt. Sie hatte sich zu einem Mann ins Krankenbett gelegt, den sie aber nur halten konnte, wenn sie hinter ihm saß. Sie hielt ihn von hinten umschlungen und begann, synchron mit ihm zu atmen. Während seine Atemzüge langsamer und tiefer wurden, spürte sie, wie die Angst ihn verließ, und er entschlief friedlich. Das sind sakramentale Erfahrungen, in denen eine Frau als Priesterin, Trösterin und Muttergöttin wirkt und durch ihren Körper einen heiligen Moment miterlebt.

Frauen als Werkzeuge der Göttin

Es ist wohl eine unerwartete Erkenntnis, daß der Körper einer Frau ein Werkzeug sein kann, durch das die Göttin sich zeigt, eine Offenbarung, die sich nicht durch eine Erleuchtung, Vision oder Einsicht ergibt – so wie sich eine männliche Gottheit zeigen würde –, sondern durch eine körperliche Erfahrung, durch eine intime, liebevolle, ehrfürchtige Berührung, die gleichzeitig sinnlich und heilig ist, zutiefst persönlich und transpersonal. Dieses Geheimnis wird den Frauen vorenthalten, die als Angehörige ihres Geschlechts eher lernen, die Rundlichkeit und Fülle ihres Körpers abzulehnen, sich der

Blutmysterien der Menarche, der Menstruation und der Menopause zu schämen, die bei der Geburt betäubt werden wollen und entsetzt aus Träumen erwachen, in denen sie liebevoll eine andere Frau umarmen.

Viele Frauen, die durch die Göttin in den eigenen Körper initiiert werden, haben den Körper der Göttin bei einer anderen Frau erforscht, entweder bei einer echten Frau oder in lebhaften Träumen; diese Erfahrungen können das Frausein und was es heißt, im Körper einer Frau zu stecken, bestätigen. Es kann aber auch verwirrend und erschreckend wirken. Der Körper einer anderen Frau spiegelt den eigenen wider, die Grenzen zwischen ihnen lösen sich auf, und wenn eine Verschmelzung stattfindet, die die Totalität beider Körper und Auras umfaßt, weckt man vielleicht die verschwommene sinnliche Erinnerung daran, wie Mutter und Kind verschmelzen, oder man erlebt diesen Archetypus zum allerersten Mal. Die Erfahrung mit einer anderen Frau ermöglicht einem vielleicht, zu einer aktiv sinnlichen Person zu werden, während man zuvor nur passiv oder reaktiv war. Ob im Traum (wo außerdem die symbolische Bedeutung untersucht werden sollte) oder tatsächlich ausgelebt, die Frau verkörpert sich als sexuelles und sinnliches Wesen, wenn sie den Geliebtenaspekt ihres Selbst umarmt; das Gegenteil ist der Fall, wenn sie erschrocken glaubt, sie sei eine sündhafte, perverse Person, und meint, ihre Sinnlichkeit unterdrücken zu müssen.

Verwirrung ist oft die Folge; es geht um sexuelle Orientierung, und doch geht es wieder nicht darum – vielmehr um eine Anrufung und Integration der sinnlichen Aspekte des Demeter-, Persephone-, Hera- oder Aphrodite-Typus in der Frau, die nun in ihrer sexuellen Beziehung bewußter präsent ist, egal ob sie diese mit einem Mann oder einer Frau unterhält. Sie wird nun körperlicher und sinnlicher. Es geht also nicht unbedingt um die sexuelle Orientierung, und das ist verwirrend, besonders für Frauen, die ansonsten ausschließlich heterosexuell veranlagt sind. Sie verlieben sich in eine Frau, entscheiden sich für die lesbische Liebe, und verlieben sich irgendwann später wieder in einen Mann.

Der Liebesakt zwischen Mann und Frau kann mit einem tiefen Gefühl von Vereinigung verbunden sein; im körperlichen Akt und in der Begegnung zwischen den beiden Geschlechtern kann eine Vollständigkeit und Ganzheit erlebt werden, die man sogar als heilig empfinden kann. Wenn der Liebesakt auf ähnlicher seelischer Ebene zwischen zwei Frauen erlebt wird, ist diese Begegnung eher eine geistige Wiedervereinigung denn eine körperliche Vereinigung. Zwar ist es eine persönliche Angelegenheit, welche Gelegenheiten und Fähigkeiten sich bieten, beide Erfahrungen zu erleben, doch gehören beide zum archetypischen Potential der Frau. Diese physische und mystische Begegnung mit einem anderen durch die Verschmelzung von Seele und Körper trägt beide Individuen ins Reich des Mysteriums; dann kann eine mystische Vereinigung oder Kommunion stattfinden.

In den Zeiten, als noch Ehrfurcht und Respekt vor Aphrodite herrschten, ehe sie und ihre Sexualität entweiht wurden, näherte sich ein Mann, der ihren Tempel betrat, der Frau, die als Verkörperung der Göttin galt, um eine rituelle körperliche Vereinigung zu erleben. Er wußte oder hoffte, daß er durch sie die Göttin erleben würde. Sie war eine Priesterin, keine Prostituierte, eine Heilige, keine gefallene Frau. In der keltischen Tradition, romanhaft in »Die Nebel von Avalon« beschrieben, war Morgaine die Göttin, als sie mit Artus schlief. Dieser hatte sich als für diese rituelle Vereinigung würdig erwiesen, in der ein Mann zum Gehörnten Gott und König wurde.

Im Fundamentalpatriarchat gehören die Sexualität der Frau und ihre Fähigkeit, Kinder zu gebären, ausschließlich dem Ehemann und nicht der Frau selbst. Der Bereich der Sexualität und Sinnlichkeit wird gefürchtet und unterdrückt. Aus der kollektiven Erinnerung der Frauen wissen wir, daß Tod durch Steinigung, Vergewaltigung und Enteignung oder erzwungene Prostitution die Strafen für ungesetzliche Sexualität waren. Daher begleitet oft Schrecken ein verbotenes sexuelles Gefühl, in der Erinnerung daran, wie die Macht von Gott und Mann vereint gegen die Göttin und die Autonomie der Frauen antrat.

Avalon als archetypische Mutterwelt

Psychologisch gesehen ist Avalon eine Mutterwelt. Es liegt im Schatten des patriarchalischen Bewußtseins, unterdrückt und daher gefürchtet und verzerrt, wie alle Inhalte des persönlichen oder kollektiven Unbewußten, die verleugnet werden. Es ist außerdem eine Welt der Mutter, in der wir einst lebten, als wir als kleines Kind behütet wurden, und die wir beim Heranwachsen hinter uns ließen. Diese Mutterwelt ist auf persönlicher Ebene prähistorisch, noch vor konkreten Erinnerungen, genau wie die matriarchalische Geschichte. Avalon als Mutterwelt existiert aber weiterhin Seite an Seite mit dem rationalen Bewußtsein, das wir nur in verändertem Bewußtseinszustand betreten können, in Schlaf und Traum, beim Verliebtsein oder in einer Situation, in der die Schleier zwischen den Welten dünner sind und wir hinübergleiten können.

Wenn wir nach Avalon hinüberwechseln, verändert sich unser Zeitgefühl. Die Griechen kannten zwei Wörter für die Zeit: *kairos* und *kronos*. Zeit, wie wir sie in der rationalen Welt kennen, ist linear und abgemessen – *kronos*: Wir messen sie mit Uhren oder Chronometern. Kronos war der griechische Gott, der seine Kinder verschlang. Die Zeit in der Vaterwelt erscheint jedes Jahr am ersten Januar in der Gestalt eines Kindes und geht am einunddreißigsten Dezember als Vater Zeit, als bärtiger, gebeugter alter Mann. In der Mutterwelt haben wir Anteil an der Zeit und verlieren sie daher aus den Augen. Das griechische Wort für diese Qualität der Zeit ist *kairos*. Immer, wenn wir irgend etwas mit jemandem tun, den wir lieben und uns völlig hineinversenken, wenn wir verliebt sind, wenn das, was wir tun, unsere Seele nährt, fallen wir aus der gewöhnlichen Zeit heraus und in die Mutterwelt hinein.

Als es hieß, Glastonbury und Avalon existierten nebeneinander, war es möglich, hinüberzuwechseln, aber nur, wenn man den Kahn herbeirufen und durch die Nebel fahren konnte. Das Königreich der Göttin lag ganz nahe, aber nicht jeder fand Zugang dazu. Diese Vorstellung ist eine Variante der mystischen Traditionen, in denen verschiedene Realitäten existieren, die nur der Eingeweihte betreten kann. Für den christlichen Mystiker ist dies das Königreich Gottes.

Es gibt ein Modell für die Existenz einer Mutterwelt und einer Vaterwelt in der Psychologie der linken und rechten Gehirnhälfte. Die dominante linke Gehirnhälfte ist rational, verbal und linear, während die rechte nonverbal, irrational und nonlinear ist. Die Funktionen der rechten Gehirnhälfte werden geringer geschätzt, sie haben aber mit Bildern, emotionaler Färbung von Erlebnissen und Liedern zu tun (falls überhaupt mit Worten). Die rechte Gehirnhälfte ist offen für alternative Realitäten.

Erinnerung an die Mutter

Das Übersetzen nach Avalon bedeutet, sich an die archetypische Mutter zu erinnern, die Göttin in ihren verschiedenen Formen und mit ihren zahlreichen Namen, um die weiblichen Mysterien und die Heiligkeit in körperlichen Erfahrungen zu entdecken. Avalon existiert, wo Göttlichkeit in der Natur aufwallt und sich im Pilger regt – wo immer weibliche Göttlichkeit herrscht, findet sich ein Zugang zu Avalon. Doch als die patriarchalische Religion und die männlichen Götter die Oberhand gewannen, verschwanden Avalon, der Gral und die Göttin in den Nebeln der vergessenen Zeit. Es ist, als rücke Avalon immer weiter von der Menschheit fort – zumindest in dem Teil, der sich westliche Zivilisation nennt. Auch der Gral ist aus dieser Welt verschwunden, denn als heiliger Kelch ist er ein Symbol der Göttin. Kein Wunder, daß auch er eine Welt verließ, die sich nicht mehr an die Mutter erinnert und nur noch den Vater anerkennt.

Die Gralslegende erinnerte auf verschiedenen Ebenen daran, daß etwas von hohem Wert aus der normalen Wirklichkeit verschwunden war. Es gibt den geheimnisvollen Gral immer noch, aber in einer anderen Welt; er befindet sich in der Gralsburg, in die ihn die Gralsjungfrau trug. Er ist an einem Ort, an den Parzival, der unschuldige Narr, zufällig geriet, aber die Burg verschwand wieder, als er diese Erfahrung nicht angemessen zu wüdigen wußte. Wichtig ist auch, daß Parzival das Gralsschloß nur fand, als er sich an seine Mutter erinnerte und sich aufmachte, sie zu suchen.

Wir begegnen Parzival zu Beginn der Gralsgeschichte als einem Jüngling, der im Wald aufgezogen worden war. Als er zum ersten Mal Ritter in voller Rüstung zu Pferde sieht, weiß er nicht, wen er vor sich hat. Voll Ehrfurcht sagt er zu ihnen: »Ihr müßt Engel sein!« Damit gibt er sich als unschuldiges Kind, als Narr zu erkennen. Seine Mutter hatte ihm erzählt, das Schönste, was er im Leben zu erblicken erhoffen könne, seien Engel, und so nimmt er fälschlich an, er habe Engel vor sich. Als sie ihm mitteilen, sie seien Ritter, will Parzival es ihnen sofort gleichtun und verläßt seine Mutter, ohne sich auch nur ein einziges Mal umzusehen. Parzival hat Erfolg: Er fordert andere Ritter heraus, erringt eine Rüstung, findet einen Lehrer und wird schließlich selbst zum Ritter geschlagen. Erst da erinnert er sich wieder an seine Mutter und macht sich auf die Suche nach ihr. Auf seinem Weg begegnet er dem Fischerkönig und stößt auf das Gralsschloß.

Parzivals Handlungen vor dieser plötzlichen Erinnerung spiegeln diejenigen heutiger Männer und Frauen wider, die sich entweder ganz dem Streben hingeben, zu dem zu werden, was sie in der Welt sein wollen, oder das zu erreichen, was sie wirklich für sich selbst wollen. Durch diese Konzentration auf ihr Ziel verhalten sie sich oft genauso hart wie Parzival gegenüber Menschen, die sie lieben, die sie behüteten oder ihnen halfen, und verlassen sie, ohne sie eines weiteren Blicks zu würdigen. Diese Fähigkeit ist Bestandteil der Heldenpsychologie, die die Ablösung von der Mutter und der Mutterwelt betont, die Verleugnung von Abhängigkeiten fordert und mit Ungeduld auf Verletzlichkeit reagiert, die man mit Schwäche gleichsetzt. Konsequenz dessen ist die Ablehnung alles Weiblichen und der damit verbundenen Werte sowie die Ablehnung der Frauen schlechthin.

Zielstrebige Frauen verhalten sich oft ähnlich, besonders, wenn sie in ihrer psychologischen Typologie die Eigenschaften der mythischen Athene haben. Athene wurde bekanntlich aus dem Kopf ihres Vaters Zeus geboren, ohne eine Erinnerung an ihre Mutter Metis, die präolympische Göttin der Weisheit. Metis war von Zeus verschluckt worden, nachdem er sie durch einen Trick kleiner gemacht hatte. Man bildet Athene oft als erwachsene Frau in einer Rüstung ab, als weiblichen Ritter: Sie ist die Schutzpatronin der Helden.

Zeitgenössische Athenes sind Frauen, die sich in einer Männerwelt behaupten, wo ihre Intelligenz, ihre Fähigkeit, strategisch zu denken und Mentoren zu finden, und die Leichtigkeit, mit der sie mit ehrgeizigen, klugen Männern zusammenarbeiten oder rivalisieren, sie auf die Erfolgsleiter in der akademischen und wirtschaftlichen Welt führen. Sie tragen eine intellektuelle Rüstung und können sich auf ihre Produktivität konzentrieren. Dabei sind sie sich ihrer Gefühle, Verletzlichkeiten, körperlichen Sehnsüchte oder emotionalen Bedürfnisse völlig unbewußt. Eine Athene ist eine »Vatertochter«, die dem Vater gefallen will, sei es nun dem echten oder einer Vatergestalt. Oder sie will die patriarchalische Anerkennung für ihre Leistungen, bis sie sich »an Mutter erinnert«. Dann kann das Pendel dramatisch ausschlagen, wenn sie nämlich erkennt, daß die »Mutter«, die sie vergaß, ihre eigene instinktive Weiblichkeit darstellt. Hat sie die Fähigkeit verloren, eine Mutter zu sein? Mit der gleichen Intensität wie ein Ritter auf der Suche nach dem Gral strebt sie danach, Mutter zu werden. Dies führt sie möglicherweise in die emotionale Wildnis, von der sie sich abgegrenzt hatte, und in das Labyrinth medizinischer Unfruchtbarkeit mit all seinen Sackgassen: Der Gral, den sie sucht, ist ihr eigener, schwangerer Schoß.

All ihre Bemühungen und Enttäuschungen haben zwar damit zu tun, daß sie ein Kind will, aber sie sucht durch dieses Baby auch unbewußt den Weg zu einem anderen Ziel: den Zugang zur Mutterwelt, Avalon. Sie sehnt sich ebensosehr danach, genährt zu werden, wie selbst zu nähren. Sie will die intellektuelle Rüstung ablegen und heimgehen, um das verlorene weibliche Wesen zu finden, was weitaus mehr umfaßt als nur biologische Mutterschaft. Sie findet die nährende

Mutter vielleicht in der Natur, in der Gesellschaft von Frauen, in einer intimen Freundschaft, sie findet die Mutter vielleicht in sich selbst oder in einer »seelennährenden« Aktivität.

Metaphorisch betrachtet hat die Erinnerung an die Mutter und die Rückkehr in den Wald, um sie zu suchen, viele verschiedene Bedeutungsebenen. Psychologisch gesehen geschieht das vielleicht, wenn ein erwachsener Sohn oder eine Tochter plötzlich liebevolle Gefühle und neue Wertschätzung für die Mutter entdeckt. Er oder sie kehren womöglich buchstäblich nach Hause zurück, um sie dies wissen zu lassen, und erreichen damit eine höhere Ebene ihrer Beziehung. Das mag es bedeuten, sich des Mutterarchetyps in sich selbst bewußt zu werden, und es geschieht, wenn eine Karrierefrau die Sehnsucht nach einem Kind in sich spürt und plötzlich ihren erfolgreichen Beruf aufgeben kann.

Der mütterliche Archetyp ist gewöhnlich auch vorhanden, wenn wir uns in jemanden verlieben, der unsere Gefühle erwidert und wir uns im ersten Auflodern der Leidenschaft bedingungslos geliebt fühlen. Wir sonnen uns wie ein behütetes Kind in der Liebe seiner Mutter – die zärtlichen Worte von Liebenden zueinander in »Kindersprache« sind Ausdruck dieser unbewußten Verbindung. Es handelt sich um den mütterlichen Eros der Aphrodite, deren Symbol, die rote Rose, die Blume der Liebenden ist.

Die Erinnerung an die Mutter und die Suche nach ihr haben auch mit der plötzlichen Erinnerung an eine Welt und Identität zu tun, die wir in der Kindheit zurückließen. Jeder hat nämlich seine »prähistorische Zeit«, noch ehe wir schreiben oder die Uhr lesen konnten, ehe wir einen Kalender kannten: Wenn wir den Mutterarchetypus in Gestalt der eigenen Mutter oder einer Mutterfigur als positive Kraft empfanden, befanden wir uns im Mutterreich der Phantasie, der bedingungslosen Liebe, der Zeitlosigkeit und der Nähe zu einem gütigen Wesen und Instinkt. War hingegen unsere Muttererfahrung negativ oder wir wuchsen unbemuttert auf, war diese Zeit statt dessen voller Angst und Hilflosigkeit. Das ist die Welt, die der Held – das Ego in uns allen – hinter sich lassen muß, wenn wir zur Schule gehen und anschließend in einer patriarchalischen Kultur arbeiten, die von uns Objektivität und rationales Denken, Zielstrebigkeit und Produktiviät erwartet und dies belohnt.

Parzival wurde zu einem berühmten Ritter, indem er Streitigkeiten und Wettkämpfe gegen andere Männer in Rüstung gewann. Entweder brachte er seine Gegner um oder, was häufiger vorkam, er schickte sie als Zeichen seines Erfolges zurück nach Camelot. Gleichgültig, auf welchem Gebiet man Fertigkeiten und Anerkennung erlangt, es sind entsprechende Erfahrungen, Siege oder Medaillen zu erringen, die als Zeichen für Erfolg gelten. Nach einer Weile jedoch verlieren die Herausforderungen und die Befriedigung, immer wieder das gleiche zu tun, ihre Anziehungskraft – mag es sich dabei auch um so zeitgenössische Versionen des ritterlichen Wettbewerbs handeln wie die Tätigung eines Verkaufs, um Beförderungen oder den Sieg in einem Prozeß. Dann schwindet die Energie, die wir bisher investiert haben. An diesem Punkt fragen sich leistungsorientierte Männer und Frauen oft: »Ist das alles?« Hier können wir eine neue Offenheit für die innere Welt der Gefühle, Gedanken, Sehnsüchte und Erinnerungen erleben, und so war es für Parzival, der sich an seine Mutter erinnerte und sich auf den Weg machte, sie zu suchen.

Die Gralsburg

In der Überlieferung, die Chrétien de Troyes als erster niederschrieb, reitet Parzival bis an einen tiefen Fluß. Er nimmt an, das Haus seiner Mutter liege irgendwo auf der anderen Seite, aber es gibt keine Brücke, und der Weg endet hier. Dann erblickt er, wie als Antwort auf sein Flehen, ein Boot mit zwei Männern, die stromabwärts fahren. Sie werfen in der Flußmitte den Anker, und einer beginnt zu angeln. Parzival fragt sie, wo er den Fluß überqueren und Unterkunft finden kann. In der Geschichte wie im Leben setzt der Vorgang der Frage allein schon etwas in Bewegung: Etwas im Universum oder im Unbewußten reagiert wie auf eine Einladung.

Der Fischer sagt zunächst, es gebe keine Fähre, keine Brücke und keine Furt, keine Möglichkeit, zu Pferd den Fluß zu überqueren, und an die zwanzig Meilen weit flußauf- oder abwärts kein Boot, das groß genug für ein Pferd mit Reiter wäre. Er verspricht Parzival jedoch, daß er ein Haus erreichen wird, in dem er Unterkunft für die Nacht finden kann, wenn er durch eine Felsspalte auf den Hügelkamm reitet. Als Parzival auf dem Berg angekommen ist, starrt er lange in alle Richtungen, sieht aber nichts außer Himmel und Erde. Er fühlt sich betrogen und lächerlich gemacht. Doch im nächsten Augenblick erspäht er den Turm einer großen Burg. Er steigt wieder ins Tal hinab, reitet auf die Burg zu und überquert die Zugbrücke. Plötzlich sieht er etwas, das er zuvor nicht sehen konnte, und er findet einen Eingang zu dem Gebäude, das sich als die Gralsburg herausstellt. Er erreicht »jene andere Welt, die der Mutter... das Reich der Träume und Visionen... eine andersweltliche Domäne, die sich durch eine Veränderung in der Atmosphäre andeutet, die im Gegensatz zu den vorherigen Ereignissen nun magisch wird« (die psychologische Interpretation des Gralsschlosses durch Emma Jung und Marie-Louise von Franz in »Die Gralslegende in psychologischer Sicht«).

Drinnen wird Parzival von dem verwundeten Schloßherrn empfangen, dem gleichen Mann, der in dem Boot geangelt hatte. Doch jetzt wirkt er wie ein König. Er ruht auf einem Bett und entschuldigt sich dafür, daß er sich aufgrund seiner Wunde nicht erheben kann. Er fordert Parzival auf, sich neben ihn zu setzen. Parzival wird königlich bewirtet und geehrt und nimmt an einem prächtigen Bankett teil, bei dem wundersame Dinge geschehen. Er sieht nicht nur einmal, sondern bei jedem Gang, wie die Gralsprozession vorbeizieht.

Gralserfahrungen

Als erstes tritt ein Page mit einer weißen Lanze ein. Ein Blutstropfen rinnt von der Lanzenspitze am Schaft entlang bis auf seine Hand. Dann folgen zwei Pagen, jeder mit einem goldenen Kerzenleuchter und vielen brennenden Kerzen. Zwischen ihnen geht die Gralsträgerin, eine wunderschöne Jungfrau in prächtigen Gewändern, die den Gral mit beiden Händen hält. Als sie mit dem Gefäß die Halle betritt, scheint es so hell, daß die Kerzen zu verblassen scheinen. Eine zweite Frau folgt mit einer silbernen Schale. Die blutende Lanze ist für gewöhnlich Bestandteil der Gralsprozession; sie soll die Waffe darstellen, mit der der römische Soldat Jesus am Kreuze in der Seite verletzte. Die zweite Frau, die in der Prozession die Schale trägt, wird mit der Göttin und ihrem Kessel des Überflusses in Verbindung gebracht, während der Gral gleichzeitig den Kelch des Abendmahls und ein Göttinnensymbol darstellt. In den Gralslegenden überlagern sich Symbole des Christentums und der Göttin, was wohl der Grund ist, daß die Kirche sie nie anerkannte.

Parzival befindet sich zwar mitten in einer wunderlichen, offenbarenden Erfahrung, doch er schweigt und stellt keine Fragen zu den Vorgängen, noch fragt er seinen Gastgeber nach dessen Verletzungen. Statt dessen konzentriert er sich aufs Essen und Trinken, sogar, als die Prozession wieder und wieder an ihm vorbeizieht.

Nach dem Essen verbringt er den Abend in bedeutungslosem Geplauder mit dem Schloßherrn und geht anschließend schlafen. Parzival stellt keine Fragen und macht keine Bemerkungen über die ungewöhnlichen Vorgänge, weil sein Mentor, ein Adliger, der ihm die Grundlagen der Ritterschaft beibrachte, ihm geraten hatte, seine Unwissenheit niemals durch Fragen preiszugeben.

Es gibt im Leben vieler Menschen Augenblicke von großer Rätselhaftigkeit, die aber ebenso teilnahmslos hingenommen werden wie die Gralsprozession von Parzival. Erlebnisse auf der Schwelle zwischen den Welten sind nicht sehr ungewöhnlich: Sie sind archetypische, mystische Augenblicke, in denen wir durch die normale Realität hindurch oder über sie hinaussehen können. Menschen hören oft himmlische Musik und sehen oder fühlen vermeintlich engelhafte Wesen um sich; sie haben tröstende oder erschreckende Visionen, Einsichten oder Intuitionen von ungewöhnlicher Intensität, fühlen sich von der Göttin gehalten oder spüren den Gott oder die Göttin in sich selbst. Als Folge solcher Erfahrungen sind sie auf immer verändert – oder das Wunder und sein Sinn entgeht ihnen völlig, und wie Parzival erwähnen sie es vielleicht nie.

Ich bin davon überzeugt, daß die meisten Menschen irgendwann in ihrem Leben eine »Gralserfahrung« haben. Sie erleben einen krönenden Augenblick, einen heiligen Moment, offenbarende oder enthüllende Erfahrungen und fühlen sich für kurze Zeit ganz und geheilt, geliebt und beschützt von einer Gottheit oder dem Universum. Dieser Moment vergeht; als Folge dessen ändert sich entweder der Verlauf ihres weiteren Lebens oder der Augenblick hat eine ebenso große Nachwirkung wie ein gutes Essen.

Die Gralserfahrung selbst reicht nicht aus. Es muß die Frage »Wem dient der Gral?« beantwortet werden. Eine Erfahrung mit dem Gral kann, wie eine bedeutungsschwere Vision, dazu dienen, die Seele zu vertiefen – oder auch nicht. Parzival plaudert angesichts des Grals vor sich hin, weil er Angst hat, dumm zu wirken. Dadurch bleibt sein Erlebnis ohne Tiefgang, und ihm entgeht jeglicher Sinn.

Am nächsten Morgen wacht Parzival auf, geht an verschlossenen Türen vorbei, die sich auf sein Anklopfen nicht öffnen, ruft, um jemanden zu finden, und bekommt keine Antwort. Dann verläßt er die Burg und findet sein Pferd fertig gesattelt vor, die Lanze und seinen Schild daneben. Er steigt auf und sucht einen Menschen auf dem Schloßgelände, findet aber niemanden. Schließlich reitet er zum Tor, wo die Zugbrücke herabgelassen ist; als er hinüberreitet, wird sie angezogen, und sein Pferd kann sich nur mit einem gewaltigen Satz über den Graben retten. Parzival ruft nach dem, der die Brücke hochgezogen hat, erhält aber keine Antwort. Sobald er die Burg verlassen hat, verschwindet sie. Parzival verirrt sich im Wald und muß Jahre suchen, bis er die Gralsburg wiederfindet.

Parzival war zu einem erfolgreichen Ritter geworden, wozu er angeborenes Talent, Anstrengung, Mut, Ehrgeiz und Geschicklichkeit brauchte. Nach einer Weile wurden die Aufgaben, die er anfangs als herausfordernd und anregend empfand, zur Routine und hatten für ihn keinen Sinn mehr. In dieser Situation, die in der Lebensmitte sehr häufig ist, erinnerte er sich an seine Mutter und machte sich auf die Suche nach ihr. Damit folgte er dem inneren Ruf, zu suchen, was er zurückgelassen hatte. Es handelte sich hierbei um eine allegorische Aufgabe – er wußte den Weg nicht, und es gab keinen Pfad, dem er folgen konnte. Auf dieser Suche betrat er unwissentlich und unabsichtlich die Anderswelt, erblickte den Gral und scheiterte, weil er ihn nicht einmal erkannte, ganz zu schweigen davon, daß er seine Bedeutung begriff.

Heutige Parzivals, Frauen wie Männer, können in unruhigen Übergangsphasen ebenfalls unabsichtlich eine Begegnung mit der Anderswelt erleben. Wir gelangen vielleicht durch Träume, synchronistische Ereignisse und Projektionen auf andere in Kontakt mit dem Unbewußten. Wenn wir eine Gralserfahrung erleben und wieder verlieren, weil wir nicht einmal die Bedeutung der Dimension erkannten, die unser Leben damit hätte, können wir oft nicht zurückgehen und uns mit dem bisherigen Leben zufrieden geben. Wir sind innerlich rastlos, fühlen uns verloren und irren, wie Parzival, im »Wald« umher.

9.
Der Wald:
Die Landschaft der Lebensmitte

*In der Mitte meines Lebens erwachte ich
und befand mich in einem dunklen Wald.*

DANTE
Anfang der »Göttlichen Komödie«

In Träumen wie in der Literatur ereignen sich wichtige Dinge oft in Landschaften, die als Metapher für den emotionalen und spirituellen Bereich dienen. Nachdem Parzival die Gralsburg verlassen hatte, verirrte er sich im Wald – wie so viele Menschen in ihrer Lebensmitte. Wir finden uns »in einem Wald« wieder, wenn wir die gewohnte Richtung verloren haben, wenn wir die Bedeutung dessen in Frage stellen, was wir tun oder des Menschen, mit dem wir zusammen sind, oder wenn wir schwere Zweifel an dem bisher eingeschlagenen Weg oder der Abzweigung haben, die wir bei der letzten Kreuzung nahmen.

Wir verlieren dann vielleicht das, was wir zuvor als dauerhafte Beschäftigung oder Beziehung betrachtet haben, und damit auch den vertrauten Schutz unseres normalen Platzes in der Welt: Wir stehen »im Wald«. Der Wald, das Labyrinth, die Anderswelt, die Unterwelt, das Meer und seine Tiefen sind poetische und symbolische Umschreibungen des Unbewußten als Reich. Dort halten wir uns auf, wenn wir uns verirren, und dorthin müssen wir uns wenden, wenn wir uns finden wollen. Die Individuation, das Bedürfnis, authentisch und mit der Möglichkeit zu Wachstum von den eigenen Ressourcen zu leben, ist eine Reise, die das Ego in den Wald führt.

Das »Stehen im Wald« stellt einen Kommentar für eine bestimmte Phase unseres Lebens dar. Eine gebräuchlichere Bezeichnung wäre vielleicht »in der Tinte sitzen«. Es handelt sich um einen metaphorischen Ort der Gefahr, der Undurchdringlichkeit, der Verwandlung, wo es keine deutlich erkennbaren Wege gibt. Wenn wir Angst haben, finden wir die Schatten vermutlich bedrohlich; wenn wir tollkühn sind, kann der Wald zum gefährlichen Ort werden.

Manchmal begeben wir uns unabsichtlich in den Wald. Angezogen von jemandem oder etwas Neuem, verlassen wir das vertraute Gelände, eine Beziehung etwa, eine Arbeitsstelle, die Familie, Gemeinschaft oder ein Glaubenssystem. Manchmal finden wir uns unerwartet im Wald wieder, weil uns jemand verläßt, wir eine Stelle verlieren oder aufgrund einer Krankheit oder eines Unfalls, die alles für uns verändern.

Es gibt auch Phasen, in denen wir uns im Wald wiederfinden, nachdem wir bewußt eine Periode unseres Lebens abgeschlossen haben. Wir treten durch eine Tür und schließen sie hinter uns, und das führt uns hierher. Das Wissen, daß wir gehen müssen, reicht allein nicht aus – etwa eine destruktive Beziehung, Arbeit, Umgebung. Wir müssen dieses Wissen auch in die Tat umsetzen. Wie beim Mythos von Psyche braucht man sowohl eine Lampe (als Symbol für Erleuchtung oder das Bewußtsein, das uns ermöglicht, eine Situation deutlich zu erkennen), als auch ein Messer (die Kraft, entschieden zu handeln und Bindungen zu durchtrennen).

Es gibt jede Menge Gründe, warum das gewöhnliche Leben nicht so weitergehen kann wie bisher. Nicht das Ereignis selbst bewirkt dies, sondern die Abgründe, in die unsere Seele sich in der Folge versenkt.

Wenn wir in eine solche Waldphase geraten, beginnt eine Zeit der Wanderungen und des potentiellen Seelenwachstums. Im Wald ist es möglich, wieder in Kontakt zum eigenen inneren Wesen zu treten, dem zu begegnen, was wir in den Schatten gestellt und der Erkenntnis und Anerkennung unseres Selbst oder der persönlichen und patriarchalischen Welt ringsum vorenthalten haben.

Hier können wir finden, was von uns abgeschnitten war, und uns an lebenswichtige Aspekte unseres Selbst wieder erinnern. Vielleicht entdecken wir einen Quell der Kreativität, der schon jahrzehntelang versiegt war. Hier werden wir vielleicht von Kritik angegriffen oder unseren schlimmsten Befürchtungen ausgeliefert. Aber wenn wir einmal im Wald sind, müssen wir vor allem in uns selbst finden, was wir zum Überleben brauchen.

Das Mädchen ohne Hände im Wald: Auf sich selbst gestellt überleben

Wie das Mädchen ohne Hände im Märchen des gleichen Namens, dem die Hände beim Aufenthalt im Wald nachwuchsen, stellen viele Frauen fest, daß sie erst, wenn sie auf sich gestellt und ohne Unterstützung sind und sich auf unvertrautem Gebiet verlaufen haben, das entsprechende psychologische Wachstum erleben. Junge Frauen lassen sich metaphorisch gesehen oft die Hände abschneiden, um sich dem zu fügen, was als »angemessen weiblich« gilt. Vorpubertäre Mädchen sind häufig offen, ausgelassen, selbstbewußt und fähig, es mit Jungen aufzunehmen, doch nach der Pubertät verlieren sie meistens ihre Selbstachtung und hüten sich vor jedem freien Ausdruck ihrer selbst.

Hände stehen für Kompetenz, die Fähigkeit, nach etwas zu greifen und zu halten, was für uns von Wert ist. Hände sind das Mittel, mit dem wir Intimität und Sinnlichkeit ausdrücken können. Mit Händen sind wir schöpferisch, können wir trösten und heilen; Hände werden schmutzig, wenn wir in der Erde graben oder Maschinen bedienen oder uns an zwielichtigen Aktionen beteiligen. Hände halten Muskinstrumente, Pinsel, Kochgeräte, Werkzeuge und Waffen. Hände schützen uns, befriedigen Neugier und sind auf viele Arten eine Verlängerung unserer Seele in die Welt. Hände haben mit Selbstachtung und Selbstausdruck zu tun – tatsächlich wie auch metaphorisch.

Wenn man begreifen will, ob das Märchen vom Mädchen ohne Hände vielleicht persönliche Bedeutung für einen hat, denkt man über seine eigenen Hemmungen und Grenzen nach. Wurde ein bestimmtes Händepaar vielleicht abgehackt?

Besonders Frauen, die vom Elternhaus nahtlos ins Haus des Mannes überwechseln und dann infolge von dessen Tod oder Unfähigkeit, meist aber aufgrund einer Scheidung, hinaus in die Welt gehen und sich selbst und vielleicht andere ernähren müssen, brauchen neue Hände, die sich entweder früher nie entwickelt haben oder abgeschnitten wurden. Sie sind wie das Mädchen ohne Hände: allein und ohne Fähigkeiten.

Wen man eine solche Frau zu einer Dame erzogen hatte, gibt es immer Persönlickeitsteile, die man absichtlich verkümmern ließ. Sie hat nicht gelernt, ihre Wut auszudrücken, eigene Meinungen zu vertreten oder zu sagen, was sie denkt. Unerwünschte Fähigkeiten und Charakterzüge wurden nicht gefördert. Man veranlaßte sie, sich für Teile ihres Selbst zu schämen, die für unbequem erklärt wurden, daraufhin unterdrückt – ja, abgeschnitten wurden.

In dem Märchen schließt der Müller einen Pakt mit dem Teufel, daß er ihm als Gegenleistung für Macht und Reichtum alles gibt, was sich hinter seiner Mühle befindet. Als er nach Hause kommt, stellt er fest, daß seine Tochter gerade hinter der Mühle fegt. Damit hat er sie also dem Teufel versprochen. Als der Teufel zum ersten Mal kommt, seine Beute heimzuholen, verhindert die Unschuld und Reinheit der Tochter, daß er sie in Besitz nimmt. Er befiehlt dem Müller und seiner Frau, die Tochter dürfe sich von nun an nicht mehr pflegen, damit sie schmutzig und zerlumpt aussieht, wenn er sie beim nächsten Mal holen will. Doch ihre Tränenflut wäscht ihre Hände wieder rein, und wieder kann er sie nicht mitnehmen. Wütend und entschlossen, seinen Anspruch nicht aufzugeben, was beim dritten fruchtlosen Versuch der Fall wäre, befiehlt der Teufel dem Müller, dem Mädchen die Hände abzuhacken. Der Vater gehorcht. Als der Teufel wiederkommt, um die Tochter ohne Hände abzuholen, fallen ihre Tränen auf die Handstümpfe, und ihre Reinheit wehrt den Teufel ab. Das Mädchen weigert sich nun, sich in die Abhängigkeit der materiellen Versorgung zu fügen, die die Eltern ihr anbieten, und entscheidet sich statt dessen, handlos und allein in die Welt hinaus zu gehen. Sie würde sich lieber der Großzügigkeit von Fremden anvertrauen, als zu bleiben.

In Mythen, Legenden und Geschichten stimmen Vaterfiguren oft zu, schöne, junge, unschuldige Mädchen gegen Macht und Erfolg einzutauschen. In patriarchalischen Kulturen werden Töchter oft zu entbehrlichen Wesen; sie werden verunglimpft, ihre Entwicklung behindert, ihre Wünsche und Bedürfnisse ignoriert. Kein Wunder, daß dieses Thema in vielen Geschichten immer wieder auftaucht. In der Psyche von Männern (zunehmend aber auch von Frauen) werden weibliche Werte und das Ausdrücken von Gefühlen oft unterdrückt, weil sie mit dem Streben nach Macht unvereinbar sind. Daher ist es psychologisch plausibel, das Mädchenopfer als Metapher für die Opferung weiblicher Werte und Unschuld zu interpretieren. In Familien, in denen von den Töchtern erwartet wird, daß sie zu gehorsamen Hausfrauen heranwachsen, werden Begabungen und Züge, die nicht zu diesem Bild passen, metaphorisch abgeschnitten.

Der Teil der Geschichte vom Mädchen ohne Hände, der in einem Wald stattfindet, entspricht dem psychologischen Bereich, in dem Frauen sich aufhalten, wenn sie sich allein in einer größeren Übergangsphase befinden. In einer solchen

Phase können wir entdecken, was für uns wichtig ist und was unserem Leben Sinn verleiht. Es ist eine Phase, in der die Notwendigkeit Wachstum bewirkt, weil wir vor neuen Verantwortlichkeiten und Herausforderungen stehen. Der Waldteil des Märchens erfolgt, nachdem das Mädchen ohne Hände geheiratet und ein Kind geboren hat, aber fliehen muß. Mit der neugeborenen Tochter, die sie sich an die Brust gebunden hat, betritt sie den Wald. Dort verbringt sie sieben Jahre, und in Clarissa Pinkola Estés' Version in »Die Wolfsfrau – Die Kraft der weiblichen Instinkte« wachsen ihr die Hände allmählich wieder nach. Zuerst sind es kleine Babyfinger, dann Kinderhände, und schließlich hat sie die Hände einer erwachsenen Frau, zu der sie auch geworden ist.

Das Mädchen ohne Hände mit dem an ihre Brust gebundenen Neugeborenen ist eine symbolische Gestalt, ähnlich der schwangeren Psyche im griechischen Mythos von Eros und Psyche. Das neue Leben wird durch das Kind repräsentiert. In jener Geschichte ist Psyche eine schöne Frau, die von Eros, dem Gott der Liebe, verlassen wird (das griechische Wort *psyche* bedeutet Seele, aber auch Schmetterling, der durch seine Metamorphose von der Raupe zur Puppe und zum Schmetterling ein Symbol für Veränderungen darstellt). Psyche muß, um zu reifen, vier Aufgaben bewältigen. Jede scheint zunächst unlösbar, bis ihr jemand zu Hilfe kommt – Ameisen, ein Schilfrohr, ein Adler und ein sprechender Turm. Sie alle sind Symbole für Eigenschaften, die schon in ihr ruhen.

Die Aufgaben zeigen, was die weibliche Psyche lernen muß, damit sie wachsen kann. Nach der Erledigung der vier Aufgaben ist die Frau, die mit Psyche oder dem Mädchen ohne Hände zu identifizieren ist, auf eine Weise kompetent geworden, wie sie es vorher nicht war. Mit der Bewältigung der ersten Aufgabe, einen großen Berg verschiedener Samenkörner zu sortieren, erlangt die Frau die Fähigkeit, Möglichkeiten auszusortieren, aus Chaos Ordnung zu schaffen – um dadurch zu begreifen, daß sie die psychologischen, intellektuellen oder intuitiven Mittel hat, etwas zu ordnen und dem Sinn zu verleihen, was sie vor sich sieht, wenn sie auf sich gestellt ist.

Psyches zweite Aufgabe lautet, Wolle von den goldenen Widdern der Sonne zu besorgen, die riesig und aggressiv sind und mit den Köpfen gegeneinanderrennen, weil sie um die Oberherrschaft kämpfen. Sie muß einen Weg finden, für sich ein Symbol der Macht zu erringen, ohne dabei niedergetrampelt oder getötet zu werden. Eine solche Aufgabe stellt sich der Frau in der wettbewerbsorientierten Welt, in der sie für sich einstehen muß. Sie muß lernen, die nötige Macht zu gewinnen, ohne ihre Seele zu verlieren und ohne hart und rücksichtslos gegenüber anderen zu werden.

Psyches dritte Aufgabe lautet, die Perspektive eines Adlers einzunehmen und damit die Fähigkeit des Vogels zu erlangen, das auszumachen und zu ergreifen, was er will. Wenn eine Frau das gelernt hat, erlangt sie die Fähigkeit, Muster zu erkennen und entschieden für sich selbst einzutreten.

Die vierte und letzte Aufgabe fordert von Psyche, die Unterwelt zu betreten und ein Kästchen mit kostbaren Salben zurückzubringen. Das kann sie nur schaffen, wenn sie sich denjenigen, die ihr helfen wollen, verweigert. Sie gewinnt die Fähigkeit, das zu tun, was jede Frau lernen muß. Wenn wir andere Menschen retten oder etwas für sie tun und der Preis dafür bedeutet, daß wir ihre Bedürfnisse erfüllen und nicht die unseren, stagniert unser Wachstum, und uns wird die Möglichkeit genommen, wir selbst zu werden. Wir werden zu gehorsamen Töchtern, die sich damit einverstanden erklären, daß man ihnen die Hände abschneidet, die in einer abhängigen Beziehung und in der Verleugnung verharren. Nur wenn wir fähig sind, nein zu sagen, kann unser Ja wahr und unwiderruflich sein.

Parzival im Wald:
Der Ort, an dem die Seele wachsen kann

Parzival irrte mehr als fünf Jahre im Wald umher, genau wie die anderen Ritter auf der Gralssuche. Der Ritter, der frierend im Wald umherirrt, hat völlig andere Aufgaben zu lösen als das handlose Mädchen. Wie die Männer und Frauen, die sich nur um Äußerlichkeiten und weltlichen Erfolg kümmern und dann in der Lebensmitte feststellen, daß sie im Wald sind, muß der Ritter erkennen, wobei er gescheitert ist oder was er nicht angemessen schätzte und deshalb verlor. Parzival sah die Wunde, die nicht heilen wollte, und ignorierte, was er sah: Er brachte nicht das nötige Mitgefühl auf. Er sah die Gralsprozession und blieb davon unbeeindruckt und unverändert. Der Wald ist ein Ort, an dem die Seele von Menschen wie Parzival wachsen kann, eine Phase, in der man über Leid und Mitleid, Demut und Demütigung, weibliche Weisheit und den mysteriösen Gral nachdenken kann.

Parzival traf im Wald auf mehrere Personen und verwirrende Situationen. Er begegnete einem weinenden Mädchen, das um einen Krieger trauerte, dem der Kopf abgeschlagen worden war, einem gekränkten Mädchen auf einem elenden Gaul, einem sehr häßlichen Mädchen, einem Einsiedler in einer Kapelle, einem schwarzen Ritter in seinem Grab, einem toten Ritter auf einem Altar, einer geheimnisvollen Frau in einer sternübersäten roten Robe, einem Kind in einem Baum aus Licht. Er begegnete auch Tieren, unter anderem einem gefährlichen weißen Hirsch, einem schwarzweißen Pferd, einem Schimmel und einem weißen Hund an einer goldenen Leine. Er wurde zu einer Schachpartie herausgefordert, beschloß, den Hirsch zu jagen und befreite den Ritter aus seinem Grab. Wie im Traum verhielten sich manche Gestalten hilfsbereit, andere aber feindselig oder neutral. Alle Charaktere und Situationen können psychologisch interpretiert werden.

Menschen, die mitten in einer Waldphase stecken, entdecken manchmal, daß ihre Begegnungen Projektionen oder synchronistische Zufälle sind; was wir an anderen angenehm oder unangenehm finden, sind vermutlich Eigenschaften oder Einstellungen in uns selbst. Demnach können wir selbst das häßliche Mädchen sein, der kopflose Ritter, das weinende Mädchen oder jemand anderer – oder sogar wir selbst.

Artemis im Wald:
Mit der Wildnis in Berührung kommen

Der Wald war das Reich der griechischen Göttin Artemis (oder Diana), Göttin der Jagd und des Mondes. Artemis ist ein Archetypus der Frauen, die spirituell durch Mutter Natur genährt wurden und instinktiv auf ihr wildes Wesen eingestimmt sind. Artemis, als jungfräulicher Göttinnenarchetyp, ist ein unabhängiger Geist. Viele Frauen sind dem Typ nach eine Artemis, ehe die Doppelwirkung der Pubertät und des Patriarchats sie zu »Mädchen ohne Hände« macht. Sie ist auch ein verkörperter Archetyp und steckt in dem kleinen Mädchen, das gern auf Bäume klettert, kann aber von einer erwachsenen Frau neubelebt werden, die körperlich wieder aktiv wird.

Jeder Aspekt in uns, der von der Umwelt nicht akzeptiert wird, ist uns unangenehm, und wir lehnen ihn ab oder schämen uns dafür. Vermutlich schneiden wir selbst das ab, was andere an uns nicht mögen, für unangemessen halten oder als unangenehm empfinden. Diese Teile in uns, die wir entweder nicht entwickelten, unterdrückten, vergaßen oder aus den Augen verloren, können für uns aber eine Quelle der Vitalität und der Sinngebung sein. Jeder Archetyp, von dem wir uns abgelöst haben, lebt im Wald unseres Unbewußten weiter. Artemis als die einzige Göttin, die ihrer Mutter zu Hilfe kam, und die sich um die Jungen aller Lebewesen kümmert, spiegelt als Archetyp den Teil von Frauen wider, die echten und tiefen Kontakt zur Natur haben und aus dieser Liebe heraus Wälder, Tiere, Frauen und Kinder, den Planeten und verletzliche Teile ihrer selbst beschützen und verteidigen wollen.

Robert Bly fordert in seinem Buch »Eisenhans« die Männer dazu auf, den Archetypus des wilden Mannes wieder in sich zu entdecken. Clarissa Pinkola Estés schreibt über die Neuanbindung an einen entsprechenden Archetypus der wilden Frau: »Es handelt sich um die instinktiven Teile in uns, die wir brauchen, um ganz wir selbst zu werden. In der Lebensmitte trägt der Wunsch, wahrhaftig zu uns selbst zu sein

– der der innersten Seele entspringt – zu der Krise bei, die wir unbewußt heraufbeschwören, wenn wir nicht bewußt erkennen, daß wir uns nicht vital und authentisch fühlen. Wir haben den inneren Drang, eine ganze Person zu sein, und wenn wir eine Weile im metaphorischen Wald und im tatsächlichen Wald der natürlichen Welt verbringen, bietet sich uns die Möglichkeit des Wiederfindens und des Wachstums unserer instinkthaften Natur, unserer spirituellen Verbindung mit der Natur und unseres Gefühls des Einsseins mit dem Universum.

Der Wald als Labyrinth-Erfahrung

Ich ließ in der Mitte meines Lebens meine Ehe hinter mir und begann damit eine Phase, in der ich mich im dunkelsten Wald befand. Es dauerte eine Weile, bis ich begriff, daß ich in diesem Wald keinen Baum besteigen konnte, um einen Überblick zu bekommen, wohin ich ging. Ich konnte die Wärme oder Kälte des emotionalen Wetters nicht beeinflussen, noch die Umstände und Menschen verändern, denen ich im Wald begegnete. Ich lernte, alles zu akzeptieren, was geschah, gleich wie unerwartet oder enttäuschend es auch war, und sagte zu mir: »Es ist, wie es ist.« Allmählich akzeptierte ich, daß ich wirklich allein da draußen war. Ich lernte, in der unmittelbaren Gegenwart zu leben.

Das Leben in der Waldmitte verlief parallel zum normalen Leben mit seinen Pflichten. Ich war Mutter von zwei heranwachsenden Kindern, die das halbe Jahr bei mir lebten und mit ihren eigenen Schwierigkeiten zu kämpfen hatten. Als Psychiaterin hatte ich viele Verpflichtungen. Da waren all die Details des Alltags, von Schulkonferenzen über Einkäufe bis zu Steuerzahlungen. Außerdem mußte ich, da ich diejenige gewesen war, die die Ehe beendete, umziehen und einen Großteil meines Lebens neu organisieren. Ich nahm meine Finanzen selbst in die Hand und füllte leere Küchenschränke – von den Grundnahrungsmitteln bis zu den Gewürzen.

Mir war zwar klar, wie weh mir alles tat, aber ich verdrängte es, um mich um alle anstehenden Probleme zu kümmern. Wie viele Therapeuten konzentrierte ich mich auf die anderen Menschen in meinem Leben, wie sie reagierten und warum. Intellektuelles Verständnis war meine Rüstung. Ich zog mich in meinen Kopf zurück und hatte keinen Zugang zu meinen Spannungen, meiner Angst und Verwirrung, die mein Körper mit sich herumschleppte. In dieser Waldphase meines Lebens lernte ich allmählich, auf die Wahrnehmungen und Emotionen zu achten, die ich im Körper bewahrte. Dazu erlebte ich emotionale Begegnungen, die schwierig waren, aber insgesamt auch tief und echt. Eine Trennung ist sehr schwer für diejenigen, die keinen Einfluß darauf haben, aber stark davon betroffen sind. Unsere Ehe hatte wie ein Fels in der Brandung gewirkt, und jetzt war es, als habe jemand diesen Felsen in einen Teich geworfen und konzentrische Kreise der emotionalen Reaktion bei anderen hervorgerufen.

Manchmal war es mühsam, in der normalen Welt aufmerksam und verantwortungsbewußt zu bleiben, weil der Wald mich nach innen zu ziehen versuchte, denn trotz aller Schmerzen strahlt das Leben in der archetypischen Welt Vitalität aus, selbst wenn man seine eigene Version einer Seifenoper spielt.

Vor dieser Waldphase in meinem Leben hatte ich mich auf einer gut ausgebauten und ausgeschilderten Straße mit objektiven Wegweisern und klaren Zielen befunden. Meine Ausbildung und berufliche Fortbildung hatten eine bestimmte, festgelegte Abfolge und einen Zeitrahmen. Es vergingen viele Jahre, bis ich die Universitätsabschlüsse errungen hatte, um als Psychiaterin und nach weiterer Ausbildung als Jungsche Analytikerin zugelassen zu werden. Stufe für Stufe kletterte ich immer höher auf der akademischen Leiter, bis ich die Spitze als Professorin erreichte. Jeder Schritt wurde durch eine Feier oder öffentliche Anerkennung markiert. Persönlich entscheidende Augenblicke waren die Hochzeit und die Geburten der Kinder, aber auch das waren fest etablierte Größen.

Als ich diesen gut gepflasterten Weg einmal verlassen hatte, wurde ich in der Tat in einem dunklen Wald wieder wach. Nun mußte ich feststellen, daß die Zeichen und Wegweiser fast ausschließlich subjektiv und symbolisch waren; meine Interpretationen von Träumen und Ereignissen dienten als Kompaß oder als Zeichen dafür, wo ich war. Synchronistische Ereignisse wurden symbolisch bedeutsamer als meine Träume, meine Träume schienen in diesem unvertrauten Terrain unwichtiger zu werden, in dem ich den Weg selbst zu finden hatte. Größere Synchronizitäten (Mrs. Detigers Geschenk der Pilgerfahrt zum Beispiel) nahmen nun den Platz der »großen« Träume ein.

Einige der bezeichnendsten symbolischen Zufälle ereigneten sich an meinem Geburtstag. Das machte sie zur Synchronizität: Ein Geburtstag markiert den Beginn eines brandneuen Jahres für das Geburtstagskind und für niemand anderen. Jeder Geburtstag bringt das Potential eines Neuanfangs mit sich, eines neuen oder erneuerten Lebens, einer symbolischen Geburt oder Wiedergeburt. Ebenso bezeichnet er den Übergang, das Ende, den symbolischen Tod des vorigen Jahres. Als ich meinen Mann verließ, verließ ich auch mein Zuhause und fand vorübergehend Zuflucht bei Freunden, die mir für die folgenden Monate ein Dach über dem Kopf boten. Ich entschloß mich bald zu einer Eigentumswohnung, was eine vorübergehende, praktische Lösung schien. Als ich gleich am ersten Tag der Suche genau das Richtige fand, hatte ich das Gefühl, die Umstände seien mir günstig gesonnen. Ich konnte jedoch erst einziehen, wenn der Verkäufer selbst eine Alternative gefunden hätte. Das war drei Monate später der Fall. Der Tag, als die Wohnung in meinen Besitz überging und ich einzog, fiel zufällig auf meinen Geburtstag: Das war eine Synchronizität. Der Einzug markierte einen Neuanfang, und ein zweites Ereignis genau an diesem Tag verdeutlichte, daß es sich auch um ein trauriges Ende handelte. Am Morgen meines Geburtstages starb Rainbow, unser Hund. Am Nachmittag begruben ihn mein Mann, die Kinder und ich. Am gleichen Tag sollten meine Kinder und ich zum ersten Mal in Schlafsäcken im Wohnzimmer meiner neuen Wohnung schlafen. Ich glaube, daß Tiere stark mit dem instinktiven, emotionalen Leben der Menschen verbunden sind, bei denen sie wohnen, und daß Rainbow sich auf gewisse Weise für uns opferte. Sie war das heilige Opfertier, das den Schmerz der zerfallenden Familie auf sich nahm. Vielleicht hatte sie den Tumor anstelle von einem von uns entwickelt.

Eine Scheidung ist ein wichtiger Wegweiser, der einzige in einer »Waldphase«, der eine öffentliche Ankündigung wie auch ein wichtiges inneres Ereignis darstellt. Ich glaube nicht, daß es sich jemals um eine bloße Formalität handelt. Auch in der Innenwelt und im morphogenetischen Feld bewegt sich dann etwas. Es wird eine Verbindung gekappt (oder man trägt zumindest dazu bei), die jemanden an einer unsichtbaren Schnur hält, die ihn mit der Vergangenheit und einer alten Identität verbindet und verhindert, daß diese Person in die nächste Lebensphase vordringt, die nicht unbedingt eine neue Beziehung bedeuten muß. Eine Scheidung bringt uns an die dunkelsten Stellen im Wald: Wir begeben uns an die düsteren, schattigen Orte in unserer Seele und sind den dunklen, schattenhaften Zügen des Partners ausgeliefert, von dem wir uns trennen. Es müssen Entscheidungen getroffen werden. Wie werden wir reagieren? Wir stoßen auf wirtschaftliche, gesellschaftliche und psychologische Ängste, die sich manchmal ums Überleben drehen, und müssen den Tod des Traums akzeptieren, den wir einst teilten, den Zerfall eines Bildes, das wir von uns hatten und von der Person, die wir heirateten. Auf psychologischer Ebene ist eine Scheidung gleichbedeutend mit einer Operation zur Heilung eines potentiell lebensbedrohlichen Zustandes. Sie führt uns in die Unterwelt, wo wir uns den Todesängsten stellen müssen, ein Prozeß, der an sich schon ein Risiko darstellt und von dem wir uns anschließend lange erholen müssen.

Wir begannen nicht sofort mit den Scheidungsformalitäten, und ich wurde erst drei Jahre später nach dem Geburtstag geschieden, der uns durch den Tod des Familienhundes und den Umzug in ein neues Heim in Erinnerung geblieben war. Das Datum auf der offiziellen Scheidungsurkunde war wieder das meines Geburtstages. Das berührte mich auf unterschiedliche Weise: Mir war dieser Zufall einerseits unheimlich, aber ich empfand es auch als bedeutsam und als eine Bestätigung dessen, was ich tat. Ich glaube, ich war die erste in einer großen, mehrere Generationen umfassenden Familie auf beiden Elternseiten, die sich scheiden ließ, und das hatte ich bei meiner Hochzeit niemals als Möglichkeit in Betracht gezogen. Mich nicht mehr der Erwartung anderer und meiner eigenen zu fügen war Bestandteil meiner »Walderfahrung«.

Ich glaube, daß allein meine Überzeugung, diese Reise habe für mich einen Sinn, selbst wenn ich ihn nicht erkennen konnte, mich aufrecht hielt und diese Übergangsphase prägte. In dieser Waldphase wurde ich authentischer; ich hielt mich von beruflichen und gesellschaftlichen Veranstaltungen fern, wo eine bestimmte Rolle von mir erwartet wurde. Ich begann in der Gesellschaft guter Freunde zu genesen und indem ich zum ersten Mal an Frauengruppen teilnahm. Ich machte Individualtherapie, Paararbeit und Körperarbeit und gewann aufgrund meiner früheren Analyse und weiterer Ausbildung an Erfahrung. Ich benutzte zuweilen das I Ging oder das »Buch der Runen«, um mir darüber klarzuwerden, wo ich stand, wie ich mich verhalten sollte oder welche Lektionen etwas für mich bargen. Diese Methoden stellen uns eine weise Perspektive zur Verfügung und sind Prophezeiungen, die die gegenwärtigen Umstände spiegeln. Auch betete ich immer häufiger um Anleitung für mich und andere, und so wurde das Gebet bald für mich zur regelmäßig ausgeübten spirituellen Praxis.

Die »Waldphase« ist zwar eine Labyrinth-Erfahrung, aber nicht so deutlich aufgezeichnet wie etwa im Labyrinth von Chartres. Das Muster des Eingangs, des Wegs zur Mitte und des Ausgangs spiegelt einen psychologischen Prozeß: Häutung, Suche und Integration. Wenn wir in den Wald gehen, müssen wir die alten Wege und Identitäten fahren lassen. Wir legen alte Abwehrmechanismen, eingewurzelte Gewohnheiten und Haltungen ab, was uns für neue Möglichkeiten und geistige Tiefe öffnet. Wir finden, was wirklich für uns wichtig ist, und können das Zentrum, den Kern des Sinns in uns selbst erreichen, das Zentrum des Labyrinths. Dann stehen wir vor der Aufgabe, dies in das zu integrieren, was wir nach dem Wiederauftauchen mit unserem Leben anfangen.

Sieben Jahre nach dem Eintritt in die Waldphase meines Lebens spürte ich den starken Drang umzuziehen. Ich hörte auf meine innere Stimme und fand das ideale Haus für mich. Intuitiv wollte ich nun auch in eine aufgeschlossenere Phase eintreten, und ich freute mich schon auf den Geburtstag nach dem Umzug als einen Neuanfang. Ich stellte mir vor, er würde wieder eine neue Phase meines Lebens einläuten.

Da ich mich mit drei Freunden zu einem Geburtstagsessen in der Weingegend nördlich von San Francisco treffen wollte, verließ ich mein Büro früher und fuhr an diesem warmen Nachmittag zum Napa-Tal. Ein Teil dieser Strecke besteht aus einer langen, geraden, mehrspurigen Autobahn, die von Telefonmasten und breiten Gräben gesäumt wird. Gewöhnlich fließt der Verkehr hier schneller, als die Tempobegrenzung erlaubt. Ich fuhr vermutlich etwa hundert Stundenkilometer, als ich am Steuer einschlief. Ich wachte auf, als hohes Gestrüpp gegen die Windschutzscheibe peitschte. Es war wie in einem Traum, aber ich wußte nicht, ob ich träumte oder wo ich war, und es dauerte einen Moment, bis ich erkannte, daß ich wach war und in meinem Auto saß und besser auf die Bremse treten sollte. Wenige Minuten, nachdem der Wagen zum Stehen gekommen war, rannten zwei Männer die Böschung herab, um nach mir zu sehen. Sie waren die guten Samariter, die mir helfen und bezeugen wollten, was geschehen war. Als ich am Steuer einschlief, war ich gerade auf der Überholspur. Die Männer waren direkt hinter mir gewesen und hatten gesehen, wie mein Auto auf einen Telefonmast zuraste, den ich nur um wenige Zentimeter verfehlte. Auf der abschüssigen Straße kam der Wagen dann von der Richtung ab und fuhr in dem Graben zwischen der Autobahn und der erhöhten Bahnstrecke weiter. Erst nach mehr als hundert Metern kam ich zum Stehen.

Als ich erkannte, wie knapp ich einem Unfall entronnen war, hatte ich das Gefühl, ein Schutzengel habe wohl auf mich aufgepaßt und als wären die beiden Männer, die auf der langen, leeren Autobahn sofort angehalten hatten, ebenfalls eine Art menschlicher Schutzengel. Sie waren mein Geburtstagsgeschenk. Mir war das Leben neu geschenkt worden, wie an dem Tag, als ich geboren wurde. Das war eine weitere Geburtstagssynchronizität. Sie markierte auf dramatische Weise das Ende der Phase im Wald und signalisierte deutlich einen Neuanfang.

Jenseits des Waldes

Parzival verbrachte fünf Jahre im Wald, das Mädchen ohne Hände sieben. So lange dauert es oft, bis Menschen auf einer Individuationsreise »aus dem Wald heraus« gelangen und in die nächste Phase ihres Lebens treten. Wie alle anderen labyrinthischen Prozesse dauert es so lange wie nötig. Erst wenn wir hinter uns lassen, wissen wir, auf welche Weise wir verändert wurden, was wir abstreiften und hinter uns ließen und was wir neu erschufen, fanden oder zurückgewannen.

Diese Zeit »in der Tinte« kann tatsächlich als Kessel der Wiedergeburt und der Regeneration betrachtet werden, als keltischer Kessel, der Vorgänger des christlichen Grals, der Schmerz und Dunkelheit ebenso enthält wie Schönheit und Mysterium, aus dem man nur auftauchen kann, wenn eine bedeutsame Veränderung stattgefunden hat.

Wie erschreckend es mitten im Wald auch sein kann und so lange wir auch darin bleiben müssen, er ist eine psychologische Landschaft, die lebendig und voller Potentiale ist. Er ist für die Seele ein viel besserer Ort als das Ödland.

Die Reise

> Eines Tages wußtest du genau,
> was du tun mußtest, und dann
> riefen die Stimmen
> rings um dich her
> ihren schlechten Rat.
> Und das ganze Haus
> begann zu erbeben,
> und du spürtest den alten

Ruck in den Beinen.
»Mach mein Leben besser!« schrien sie alle.
Aber du bliebst nicht stehen.
Wußtest, was zu tun war,
obwohl der Wind
dich mit steifen Fingern
in den Grundfesten erschütterte,
obwohl die Melancholie
furchtbar war.
Es war schon spät
und eine wilde Nacht,
die Straße voll
Steine und Äste.
Aber allmählich,
als die Stimmen verstummten,
begannen die Sterne zu leuchten
durch die Wolkenbänke.
Und es gab eine neue Stimme,
die du langsam
als die eigene erkanntest,
die dich begleitete,
als du immer weiter
in die Welt schrittest,
entschlossen, das einzige zu tun,
was du tun konntest,
das einzige Leben zu retten,
das du retten konntest.

MARY OLIVER
»Dream Work«

10.
Das Ödland:
Depression
und Verzweiflung

In der Gralslegende hat der Fischerkönig eine Wunde, die nicht heilen will, und sein Königreich ist Ödland. Nur wenn der Gral ihn heilt, kann sein Reich wieder aufblühen und zu neuem Leben erwachen. Die Ödnis ist eine Metapher für die verwüstete psychologische Landschaft, in der es keine Kreativität und keine Fruchtbarkeit gibt, in der nichts wächst und das Leben sinnlos und emotional flach verläuft. Als Metapher ist die Einöde auch eine tatsächliche, menschliche Erfahrung und auf höchst eindringliche, erschreckende Weise real. So sah es für zwei Männer aus, die mich aufsuchten und deren Geschichten ich hier wiedergebe, weil sie die Ereignisse der Lebensmitte vieler Männer und Frauen spiegeln.

Unwirklichkeit:
Die Entpersönlichung als emotionales Ödland

Ein Mann beschrieb mir seinen häufig wiederkehrenden Alptraum. Darin ist die Umgebung ziemlich normal; nichts daran wirkt bedrohlich oder besonders gefährlich. Was diesen Traum zum Alptraum macht, sind nicht die Ereignisse, sondern das Fehlen von Vertrautheit, das Nicht-Selbstsein. Nicht, daß der Mann etwa an Amnesie litt – er hatte im Traum kein Problem, zu erkennen, wer oder wo er war. Die Verzweiflung hatte damit zu tun, daß er nicht fühlen konnte, wer er war.

Ich versetzte mich beim Zuhören instinktiv in seine Lage, was ich bei der Traumarbeit oft versuche. Dabei wurde ich an Patienten erinnert, die im Wachzustand diese Entpersönlichung erleben. Menschen mit diesen Symptomen fühlen sich beunruhigend unwirklich, manchmal so sehr, daß sie sich verletzen, um beruhigt feststellen zu können, daß sie am Leben sind, weil sie ja bluten. Als ich das mit seinem Traum verglich, erkannte er erleichtert genau dieses Gefühl wieder, fand Worte für seinen Zustand und fühlte sich verstanden.

Die Alpträume brachen vorübergehend ab. Dies fiel mit einem Besuch seiner Schwester zusammen, mit der er alles besprechen konnte, was ihm wichtig war. Sie liebte ihn und »bezeugte« sein Leben. Bei ihr konnte er über sich selbst sprechen und sich verstanden fühlen, während er sich um einen Weg bemühte, »echt zu sein«, aber gleichzeitig zu erfüllen, was seine Familie und seine Stellung im Leben von ihm erwarteten. Ohne sie war er isoliert. Niemand sonst sah seine Schwierigkeiten als einen echten Grund zur Verzweiflung.

Er war ein Mann mit der Seele eines Dichters, der jedoch, wie von ihm erwartet, eine Karriere in der Wirtschaftswelt begann. In der Lebensmitte ging es finanziell mit ihm bergab. Die Firma, an der er nie mit dem Herzen Anteil genommen hatte, lief schlecht, und als er sich intensiver darum kümmerte, fühlte er sich immer unwirklicher.

Entpersönlichung ist ein relativ ernstes Symptom, das mit dem Gefühl verbunden ist, nicht authentisch zu sein. Man identifiziert sich mit einer Persona oder Maske, einer Rolle, oder bemüht sich, sich dem anzupassen, was andere von einem erwarten. Dabei vergräbt man die wirklichen Gefühle oder das, was man als echt empfindet; man verleugnet, was für einen wirklich persönlich wichtig ist.

Ich konnte auch auf persönlicher Ebene begreifen, wie man sich plötzlich unauthentisch und unwirklich fühlen kann. Ich habe dies immer für ein Berufsrisiko der Psychiater und für ein emotionales Risiko gehalten, wenn man als Ehefrau alle anderen unterstützt. In beiden Rollen konzentrierte ich mich darauf, wie andere sich fühlten, und unterdrückte meine eigene Spontaneität, meine Wünsche, meine Wut und Tränen, was zu einem starken Gefühl der Unwirklichkeit führte.

Von Männern im allgemeinen und von berufstätigen Frauen wird in der Regel erwartet, eher objektiv als subjektiv zu sein. Wenn wir aber unsere Verletzlichkeit und Emotionalität vor anderen verbergen müssen, distanzieren wir uns auch von den eigenen Gefühlen und Reaktionen. Wenn wir unsere emotionale Ausdrucksfähigkeit unterdrücken, verlieren wir die Fähigkeit, spontan zu sein. Männer stehen unter dem zusätzlichen gesellschaftlichen Druck, sich an ein kulturelles Stereotyp anzupassen: Sie sollen sich in einem Beruf beweisen, in dem sie viel Geld verdienen oder Macht ausüben. Es wird von ihnen erwartet, erfolgreich zu sein. Manche Männer sind zwar die geborenen Kämpfer und fühlen sich in einer solchen Situation wohl, aber viele spielen dies nur: Sie arbeiten in einem Beruf, der für sie nur geringen inneren Wert und wenig persönliche Bedeutung hat. Der Preis dafür ist, daß sie sich zunehmend sich selbst entfremden und sich so verhalten, als sei ihnen tatsächlich wichtig, was sie da tun.

Es wirkt dann sehr befreiend, die Wahrheit zu hören, wenn ein Traum versucht, einen auf etwas aufmerksam zu machen. Man fühlt sich nicht nur freier und leichter, oft wird auch das kreative Denken befreit, was rasche Entscheidungen erzwingt. Als zum Beispiel der Mann mit den Alpträumen hörte, daß diese mit der fehlenden Authentizität seines Lebens zu tun hatten und er nicht in Kontakt zu dem stand, was für ihn wirklich wichtig war, klickte es bei ihm. Im nächsten Atemzug fragte er mich nach dem verwundeten König, dem Narren und dem Gral, über die er in meinem Buch »Tao der Psychologie« gelesen hatte. Der Dichter in ihm hatte die Verbindung hergestellt. Seine Entpersönlichung hatte mit dem Leiden an der Wunde zu tun, die nicht heilen wollte, und mit dem Dasein in der Ödnis. Sein Traum war die Antwort auf die Frage: »Was quält dich?«, die er wissen mußte, ehe Heilung stattfinden konnte. Da ich gerade an diesem Kapitel arbeitete, als er mich unerwartet nach der Gralslegende fragte, empfand ich diesen Zufall als Synchronizität – als eine Bestätigung dessen, was ich tat. Synchronizitäten haben eine Seele. Es ist die Seele, die weiß, wann etwas Bedeutung hat, die von Poesie und Musik bewegt wird, die erkennt, was sie liebt und wann sie geliebt wird, die sich von dem nährt, was wir tun, wenn dies unseren innersten Tiefen entspringt. Wenn praktisch nichts, was wir in unserem Leben tun, unsere Seele befriedigt, und aus dieser Situation Alpträume und Entpersönlichung entstehen – dann werden wir immer unwirklicher für uns selbst.

Lebloses Leben:
Die Öde der Sinnlosigkeit

Die Geschichte des zweiten Mannes war sogar noch schrecklicher. Sein »Alptraum« geschah im Wachzustand und dauerte vermutlich nur wenige Sekunden. Er hatte vier Jahre zuvor stattgefunden, am 21. Dezember um zwei Uhr nachmittags. Er war sich nicht bewußt, daß der 21. Dezember, wenn die Wintersonnenwende stattfindet, der dunkelste Tag des Jahres ist. Es hätte wohl kaum ein symbolischeres Datum geben können. Er stand an einer Straßenkreuzung in San Francisco mitten im Weihnachtsverkehr, als er plötzlich das Gefühl hatte, er sei in einem Film, und dieser sei angehalten worden. Zuerst brachen alle Bewegungen und Geräusche ab; alles schien in einem stummen Vakuum zu schweben. Entsetzt sah er dann, wie alle Farben verschwanden – es war, als sei die Welt »plötzlich ausgeblutet« –, bis alles leblos, reglos und grau war.

Einen Moment später war alles wieder wie zuvor. Er lief hinter seinem Freund her und wollte ihm das gerade Erlebte beschreiben. Doch er konnte unmöglich vermitteln, was er empfunden hatte, denn nicht das, was er gesehen hatte, war so furchtbar gewesen, sondern was er dabei gefühlt hatte. Als er sich an den Moment erinnerte, sagte er: »Ich hatte das Gefühl, das Blut weiche aus allem zurück. Es war nirgendwo mehr Leben übrig. Dieses Bild hat mich jahrelang heimgesucht, die Überzeuung, daß kein ›Blut‹ da war – kein Saft, in der Bedeutung von Sinn, Leben und Freude.«

Er hatte das Gefühl, einen Blick auf die ultimative Realität geworfen zu haben, und die war leer, leblos und sinnlos. »So ist das wirkliche Leben, das, was hinter den Illusionen liegt«, dachte er. In den Jahren darauf saß er zuweilen mit Freunden bei einem schönen Essen und freute sich an ihrer Gesellschaft, doch dann tauchte die Erinnerung an diesen Moment wieder auf, überflutete die Gegenwart und machte sie sinnlos. Einmal fuhr er an der Küste entlang und erinnerte sich mitten in seinem Entzücken über die phantastische Landschaft an den Moment an der Kreuzung, und sämtliche Freude war dahin.

Er litt an Schlaflosigkeit und an leichten Magengeschwüren. Als er sich schließlich die Frage stellte: »Was stimmt nicht mit mir?«, stieg in ihm das leere Gefühl aus seiner frühen Kindheit wieder hoch, als seine Mutter starb. Es war das Gefühl: »Mama ist nicht mehr da.«

Ein paar Monate später erlitt er am Arbeitsplatz einen Herzanfall. Da er niemanden damit belästigen wollte, redete er sich ein, die Schmerzen beruhten auf Verdauungsstörungen oder seien psychosomatisch. Aber das Ziehen in seinem Herzen konnte er nicht ignorieren. Er mußte ins Krankenhaus, man operierte ihn am Herzen und schickte ihn anschließend zum Psychiater.

Als ich seine Geschichte hörte, bewegte mich das schreckliche Gefühl des Nichts, das er in jenem Moment empfunden hatte, und wie sein Leben seitdem immer sinnloser geworden war. Er galt als angepaßte, erfolgreiche Persönlichkeit. Und dennoch lebte er mit einem tiefen Gefühl von Sinnlosigkeit. Um seine Seele herrschte dunkelste Nacht.

Die meisten Depressionen, die einen solchen Preis abverlangen, dauern viele, viele Monate, während seine in wenigen Sekunden oder Minuten vorbei war. Ich sagte zu ihm, es sei das mystische Gegenteil einer Erleuchtung gewesen. Eine »Verdunkelung« kann uns aber ebenso nachhaltig beeinflussen wie die Erfahrung einer Erleuchtung. Daß ich auf der seelischen Ebene erkennen konnte, wie schrecklich dies für ihn gewesen sein mußte, bildete einen lebensrettenden Anker für ihn. Sein bestimmter spiritueller Weg führte ihn durch eine Wüste, eine Ödnis. Er bewegte sich auf der *via negativa*, wo die Seele nur auf Verneinungen und Leid stößt. Aber wenn Einsicht in die Bedeutung einer Situation erfolgt, tritt oft Spontaneität hinzu, und ein Aufflackern in den Augen deutet eine Rückkehr ins Leben an. Mein Patient konnte klagen: »Wie kommt es, daß Shirley MacLaine im Licht tanzt?«, womit er den Titel ihres gerade erschienenen Buches meinte, in dem sie ihre *via positiva* beschreibt, einen spirituellen Weg. Seine Frage war nicht unverschämt gemeint. Es ist allerdings eine der nicht zu beantwortenden Fragen, warum einige Menschen auf der *via positiva* schreiten, während andere sich über die *via negativa* schleppen.

»Mama ist nicht mehr da«: Todesmutter und Steinmutter

Ich dachte über den aufbrechenden Kummer und Schmerz nach, die die innerlich gesprochenen Worte: »Mama ist nicht mehr da« begleitet hatten – diese Worte drückten vielleicht genau das aus, was mit der Welt meines Patienten nicht stimmte. Denn eine Welt ohne die Göttlichkeit einer Mutter ist eine materielle Welt ohne Farben und Leben, von Natur ohne Sonne, eine leblose Welt aus Stein.

Seine Gefühle des Mutterverlustes und des Schmerzes in Verbindung mit der Leblosigkeit in jenem Augenblick an der Straßenkreuzung machten mir die negativen Aspekte des Archetyps der Großen Mutter bewußt. Zwei Beschreibungen, eine von Robert Bly in »Sleepers Holding Hands«, die andere von der Schriftstellerin Lynn Andrews, die in »Die Jaguarfrau« über die Urmutter schreibt, vermittelten mir etwas hier Passendes, das ich an meinen Klienten weitergeben konnte. Ich beschrieb ihm der Erinnerung nach die vier Gesichter der Großen Mutter: die lebenspendende nährende Mutter und ihr Gegenteil, die Todesmutter, die ekstatische oder tanzende Mutter und ihr Gegenteil, die Steinmutter.

Die Ödnis, die mein Klient an der Straßenkreuzung erblickte, war die Welt der Steinmutter und der Todesmutter.

Ich dachte zurück an meine Trennung, als ich mit der Wut und den Anschuldigungen meines Mannes nicht umgehen konnte. Ich konnte auch nicht den durch die Trennung ausgelösten Schmerz akzeptieren, den seine Wut verdeckte, noch meinen eigenen Schmerz spüren. Ich konnte weder auf gleiche Art mit Wut zurückschlagen noch etwas für ihn oder mich selbst empfinden. Ich war betäubt, emotional zerschlagen und fühlte mich ähnlich wie nach einer Gehirnerschütterung. Er behauptete, ich hätte mich eingemauert. Rückblickend erkenne ich, daß ich damals die Steinmutter und Todesmutter war, die keine Gefühle mehr hat: Mein Herz hatte sich zu Stein verwandelt. Es konnte ihn nicht mehr erkennen.

Wenn die nährende und die tanzende Mutter die Welt verlassen, hinterlassen sie eine emotionale Wüste. In der griechischen Mythologie wurde Demeter, die Göttin des Korns, die stets aus dem vollen schöpfende, großzügigste aller Gottheiten, die zu einer Zeit die Muttergöttin darstellte, als die patriarchalischen Religionen auf dem Vormarsch waren, zur Todesmutter, als sie sich weigerte, auf der Erde etwas wachsen zu lassen. Sie hätte zugelassen, daß die Menschheit Hungers starb. Ihr Herz und ihr Mitgefühl hatten sich zu Stein verwandelt; sie wurde zur Steinmutter. Das Erdenvolk hätte ebensogut klagen können: »Mama ist nicht mehr da!«, wie es das innere Kind meines Patienten tat.

Ich denke an die Neugeborenen in dem Kinderheim, die man fütterte und versorgte und warm und gesund hielt, aber niemals hochnahm, um mit ihnen zu schmusen oder sie zu streicheln, mit denen nie jemand zärtlich sprach und die niemand liebte. Sie starben an dem, was Bowlby in seiner klassischen Studie »anaklitische Depression« nannte. Ich denke auch an die ungewollten und ungeliebten Babys, die ich als junge Ärztin im Krankenhaus behandelt hatte. Sie waren mit der Diagnose »Gedeiht nicht« auf die Kinderstationen eingeliefert worden. Diese Kinder hatten oft depressive Mütter, denen der positive Aspekt der archetypischen Mutter fehlte – Steinmütter und Todesmütter.

Bestimmte Praktiken der Kindererziehung simulieren Liebesentzug, zwar nicht bis zum Extrem, wenn das Nichtgedeihen körperliche Schäden erzeugt, aber ich frage mich trotzdem, wie anders wir wären, wenn allein der mütterliche Instinkt bestimmte, wieviel Köperkontakt Mütter zu ihren Babys haben. Junge, amerikanische Mütter zogen mit den besten Absichten jahzehntelang ihre Kinder nach einem Buch auf, in dem stand, daß man Babys nicht auf den Arm nehmen sollte, wenn sie schrien – sonst würden sie verzogen. Aus ähnlich charakterbildenden Gründen sollte man sie auch nicht füttern, wenn sie Hunger hatten, sondern sich statt dessen an einen Vierstundenrhythmus zwischen den Fläschchen halten (sofern die Mutter nicht zwischendurch »schwach« wurde). Diese Mütter folgten den Expertenratschlägen männlicher Kinderärzte, ließen ihre Babys schreien und verleugneten ihre Instinkte, die ihnen zum Gegenteil rieten, weil sie gute Mütter sein wollten. Das hatte bei Generationen von Kindern zur Folge, daß sie nun als Erwachsenene an einem Mangel an Körperkontakt leiden. Die Mutter war zwar nicht verschwunden, aber sie hatte nicht auf sie reagiert.

Die Babys im Kinderheim, die starben, weil niemand sie liebevoll berührte, waren in eine Welt ohne Mutter getreten, genau wie die älteren Säuglinge, die »nicht gediehen«. Wenn ältere Menschen geistig verwirrt sind und sich nicht mehr um sich selbst kümmern können, werden sie wie verlorene Kinder, die eine Mutter suchen. Wie bei kleinen Kindern wirkt es besonders beruhigend auf sie, wenn man sie berührt. Wenn sie krank, schwach oder depressiv sind, kann Körperkontakt sogar lebensrettend wirken: Es ist, als erhielten sie durch eine liebevolle Umarmung eine Energietransfusion. Pflegerinnen, die sich an ihre Mutterrolle bei Kindern erinnern, empfinden die Pflege sehr junger und sehr alter Menschen als ähnlich. Es herrschen ähnlicher Energiemangel und Konzentrationsschwierigkeiten. Wenn man älteren Menschen beim Anziehen und Baden hilft oder wenn man wiederholt etwas mit ihnen durchgehen muß, das sie herausfinden wollen, muß man ebensoviel Geduld aufbringen wie bei Kleinkindern. Sie sind wie leicht ablenkbare Kinder, die noch kein Zeitgefühl besitzen. Die mütterliche Matrix, die Frauen zur Verfügung stellen, ist in der Tat oft lebenserhaltend; daher sterben Witwer ungewöhnlich oft innerhalb eines Jahres, nachdem sie ihre Frau verloren haben. Das erklärt ebenfalls das vernichtende Verlustgefühl, das viele Männer empfinden, wenn ihre Frau sie verläßt, ihr oft untypisch irrationales und destruktives Verhalten, das oft mehr mit dem Verlust dieser Matrix zu tun hat als mit dem der bestimmten Person. Die Macht der Göttin, die sich durch Frauen manifestiert, ist eine emotionale Matrix, die zu unbewußter Verschmelzung oder Symbiose auffordert und ein Gefühl des »Heimkommens« bietet. Wenn Frauen für so viele Männer einen essentiellen, lebenserhaltenden Bestandteil ihres Wohlbefindens bilden, ergibt es einen Sinn, daß diese sich solche Mühe geben, Frauen zu kontrollieren, besonders, wenn sie sie nicht sehr mögen und ihre Abhängigkeit von ihnen nicht zugeben wollen.

Der verwundete Fischerkönig und sein ödes Reich

In der Gralslegende kann die Ödnis wieder grün werden, wenn der kranke Fischerkönig durch den Gral geheilt wird. Die Wunde des Fischerkönigs befindet sich je nach Version an seinem Schenkel oder an den Genitalien, daher denkt man an verletzte Sexualität, Kreativität und Zeugungskraft. Wir leiden an einer solchen Wunde, wenn wir keinen Kontakt zu unseren Gefühlen haben, wenn wir feststellen, daß es uns an

Spontaneität fehlt, wenn wir so ausschließlich an Produktivität denken, daß wir Liebe, Schönheit und Spiel nicht mehr schätzen. Diese entfremdende Haltung wird durch das Patriarchat mit seiner vorrangigen Gewichtung des Machterwerbs gefördert und führt zum Seelenverlust und der Entwertung der Anima, des Weiblichen im Manne.

Die Sexualität wird dann vielleicht nur routinemäßig ausgelebt oder als eine Fertigkeit betrachtet, in der man zum Champion werden kann – sie wird zum Ausdruck von Macht und Herrschaft. Kreativität wird durch eine kritische, skeptische, herabwürdigende oder perfektionistische Zensur verhindert, die entweder echt oder verinnerlicht ist. Schöpferische Kraft wird nicht geehrt, wenn eine Haltung vorherrscht, die Menschen ausbeutet oder benutzt oder als austauschbare Ressource betrachtet. Wenn der verwundete und kontrollierende König als ein Archetyp über Kultur, Familie oder Persönlichkeit herrscht, umgibt ihn bald eine Ödnis, in der nichts mehr gedeiht.

Der Auftrag eines Königs lautet, Macht zu erringen und für eine sichere Verteidigung zu sorgen. Dies sind zufällig auch im Patriarchat die herrschenden Werte. Zeit und Energie für persönliche Gefühle, für Spiel, Sinnlichkeit, emotionale Bindungen, die Freuden von Entdeckungen und an der Natur, Ausdrucksfähigkeit und Individualität, Herzensfreundschaften oder die Gesellschaft von Kindern werden geringgeschätzt.

Wenn man von diesen Quellen der persönlichen Erneuerung abgeschnitten wird, geht schließlich die Fähigkeit zur Kreativität, zur Freude an Sexualität und Sinnlichkeit und zu Spiel und Liebe verloren. »Wer hat schon dafür Zeit?« lautet oft die Klage in den Jahren, in denen man sich auf die Karriere konzentriert. Aber nur, wenn wir auch mit dem Herzen bei der Arbeit sind und entweder das tun, was wir lieben, oder mit Menschen zusammen sind, die wir schätzen, werden Kreativität und Spiel zu Bestandteilen des Arbeitslebens. Und wenn die meisten Stunden des Tages fern von der Familie oder persönlichen Freunden verbracht werden, kann das, was eine Quelle der emotionalen Stärkung sein sollte, zu einer weiteren Verpflichtung werden.

Der verwundete Fischerkönig mitten in seiner Ödnis ist eine Metapher für die Depression in der Lebensmitte bei Männern wie Frauen, die sich im Netz des Strebens nach Macht und Rang verfangen haben. Im rigoros fahrplanmäßigen, produktiven Patriarchat, das durch Vater Zeit abgemessen wird, leiden wir an einem Mangel an positiven Aktivitäten, bei denen wir die Zeit aus den Augen verlieren können – wenn wir einfach nur spielen oder uns am Dasein freuen statt am Tun. Das hat eine flache, trockene Depression zur Folge, ohne Tränen oder Kummer. Die ganze Existenz wird freudlos.

Da eine Wunde am Schenkel oder an der Hüfte beim Stehen hinderlich ist, kann sie symbolisch so gedeutet werden, daß ein Mann nicht mehr im Boden verwurzelt ist. »Unverankert« zu sein bedeutet, auf unrealistische Weise fernab von der materiellen Welt zu stehen (materiell leitet sich schließlich von mater, Mutter ab), ohne Verbindung zur instinktmäßigen oder körperlichen Welt der Natur oder der beseelten Welt. Allgemein wird es so ausgedrückt, daß jemand mehr im Kopf lebt als im Körper.

Einer Version der Grallegende zufolge wurde der König in einer Schlacht so schwer verwundet, daß er weder reiten noch gehen konnte und Fischen zu seiner einzigen Beschäftigung wurde. Daher stammt sein Name, der Fischerkönig. Eine andere Version der Legende spricht vom König als einem alten, kranken Mann, der seine Zeit überlebt hat und auf die Ankunft eines Erben warten muß, ehe er sterben kann. In allen Versionen der Legende gibt es aber den kranken König und die Ödnis, die nur dann wieder erblühen kann, wenn der König durch den Gral geheilt wird.

Die Gralsjungfrau und die Göttin

Der Gral, den Parzival sieht, der Gral, der den König heilen kann, der Gral, der aus der Welt verschwunden ist, befindet sich im Besitz der Gralsjungfrau, die ihn in der Gralsprozession trägt. Wenn ein Ritter ihn in aller Unschuld erblickt und fragt, was den König quält oder wem der Gral dient, dann kann der Legende zufolge der König durch den Gral geheilt werden und sein verwüstetes Reich wieder erblühen.

Es besteht eine mythologische Parallele zwischen der Ödnis der Gralslegende und der zerstörten Erde, die kein neues Leben mehr hervorbringt, bis die trauernde Demeter ihre Tochter Persephone aus der Unterwelt zurückbekommt. Persephone und die Gralsjungfrau sind ähnliche Symbole – für den Frühling: Die Rückkehr des Grüns auf die Erde wird sich durch sie ereignen. Ihr Verschwinden ist ein Grund für Dürre und Leblosigkeit; ihr Wiedererscheinen belebt das tote Land.

Persephone in ihrem Mythos als verführte Göttin wurde auch die Kore oder das Mädchen genannt – sie war wie die Gralsjungfrau namenlos. Ich meine, das paßt zu dem, was sie wirklich war: der jungfräuliche Aspekt der einst verehrten großen Göttin, die als Jungfrau, Mutter und Alte dreifaltig war und deren Verehrung durch die Anhänger der patriarchalischen jüdisch-christlichen und muslimischen Götter unterdrückt wurde.

Persephone wurde von Hades entführt, dem König der Unterwelt. Man könnte die Gralsjungfrau in der Gralsburg als auf ähnliche Weise gefangen betrachten. Beide sind aus der Welt verschwunden. Obwohl Persephone in der von Hades beherrschten Unterwelt gefangen war, konnte er sie nicht zwingen, ihn zu lieben. Der Gralskönig befindet sich in einer ähnlichen Situation: Er ist zwar der Herr der Burg, aber er kann dem von der Jungfrau gehaltenen Gral, der ihn heilen würde, nicht befehlen.

Der Fischerkönig und Hades regieren beide ein Reich, das kein Leben kennt. Beide Reiche sind eine Ödnis, ein totes Land. Nur wenn Persephone zu ihrer trauernden Mutter Demeter zurückkehrt, wird die Erde wieder fruchtbar sein. Nur wenn ein Ritter die Gralsburg betritt und das sagt, was gesagt werden muß, wird der Gral den König heilen und das Ödland wieder gedeihen lassen. Nur wenn diese Bedingungen erfüllt sind, wird Mutter Natur, Demeter, die Göttin, das unfruchtbare Königreich wiederbeleben. Erst dann wird die Muttergöttin zurückkehren und ihre Funktion wieder übernehmen. Die Gralsjungfrau trägt den Gral, das heilende, nährende Gefäß, und eine symbolische Darstellung der Göttin. Die Kore muß mit der Mutter wiedervereinigt werden, die dann wieder die Erde ergrünen lassen, den Ackerbau beschirmen und die Mysterien-Religion schenken wird, deren Eingeweihte »den Tod nicht fürchten«.

Die Göttin der druidischen Zeiten auf den Britischen Inseln und die Göttin des alten Europa sind ein und dieselbe. Als wir Menschen, mit Ausnahme einiger Ureinwohnerstämme etwa in Amerika, sie nicht mehr anbeteten, verloren wir auch unsere Bindung an die Erde als Heiligtum, waren nicht mehr auf die Jahreszeiten und das Leben eingestimmt, hatten keine verkörperte Spiritualität mehr. Die Herrschaft der Himmel-Vatergötter über die Erde und alles Leben (auch die Frauen) wurde als das göttliche Recht der Männer betrachtet, die angeblich nach dem Bild Gottes erschaffen worden waren. In der symbolischen Sprache der Mythen blieb jedoch das Wissen um die unterdrückte Göttin lebendig, genau wie Träume sich in symbolischer Sprache an das erinnern, was das Ego unterdrückt.

Dieser Abspaltung vom Gral oder der Göttin folgen häufig Sinnlosigkeit und Depression. Damit dieses Ödland wieder gedeihen kann, muß das Individuum eine starke Beziehung zu Mutter Natur, der Muttergöttin oder dem Mutterarchetyp in seinem positiven Aspekt aufbauen. Diese lebenskräftige Verbindung wird durch die Jungfrau Persephone oder durch die Gralsjungfrau symbolisiert. Für Frauen ist die Jungfrau die heilige Tochter der Großen Mutter, durch die die Frauen ein inneres Gefühl dafür gewinnen, daß Gottheit und Weiblichkeit miteinander verbunden sind. Für Männer ist die Jungfrau ein anderer Name für die Anima, das Seelenbild, Jungs Bezeichnung für das Weibliche im Mann.

Depressionen in der Lebensmitte

Depressionen in der Lebensmitte sind Manifestationen des verwundeten Fischerkönigs und der Steinmutter. Der König ist krank und wartet in seiner Gralsburg; sein Reich ist verwüstet. Demeter sitzt in ihrer Wut und Trauer in ihrem Tempel wie ein Stein – ungerührt von allem Leid, der Hungersnot und dem Flehen, der Erde das Leben wiederzugeben.

FISCHERKÖNIG-DEPRESSIONEN

Wenn die Seele von Männern wie Frauen, die einer ungeliebten Arbeit nur um des Geldes willen nachgehen, nicht durch andere Aspekte ihres Lebens bestärkt wird, leiden sie in der Lebensmitte häufig an einer sogenannten Fischerkönig-Depression.

Männer und Frauen, die ihr Leben nur dem Beruf widmen oder arbeiten, um Anerkennung, Geld oder Macht zu erlangen, um anderen zu gefallen oder um die Erwartungen ihrer Familie zu erfüllen, erleben ebenfalls Fischerkönig-Depressionen, besonders, wenn sie nicht so hoch aufsteigen, wie sie es erhofft hatten oder für ihre Arbeit nicht angemessen entlohnt werden. In dieser Depression werden sie wütend und vorwurfsvoll. Wenn jemand einen Großteil seines Lebens der Arbeit widmet, aber nicht viel Nutzen daraus zieht, setzt vermutlich eine Depression ein. Zu arbeiten, ohne einen Sinn für das Spielerische daran zu haben, was für viele Menschen gilt, macht leer und energielos. Spielerisch kann man nur sein, wenn man inspiriert und kreativ ist, wenn man seine Arbeit oder die Menschen liebt, mit denen man zusammenarbeitet.

Fischerkönig-Depressionen geben sich oft nur schwer zu erkennen. Hart arbeitende, verbissene Menschen sind sich oft nicht einmal dessen bewußt, daß sie depressiv sind. Sie beklagen sich vielleicht über Erschöpfung, nehmen regelmäßig

Magentabletten oder Aspirin, trinken, rauchen oder essen vielleicht zuviel oder sitzen zu oft vor dem Fernseher. Ihre Mitmenschen finden sie gereizt und nicht sehr angenehm im Umgang. Ihrer Arbeit mangelt es an Inspiration und Schwung. Jugendlichkeit, Flexibilität, Verspieltheit und Lachen fehlen ebenso wie ein Gefühl für Sinn und Kreativität. Ihr Herz bleibt unbeteiligt. Eine lebensbedrohliche Krankheit – bei Männern sind dies oft Herzanfälle – kann zugleich der körperliche Ausdruck wie auch eine Metapher für das sein, was sie quält. Hinter den körperlichen Symptomen einer Krankheit steckt aber tiefe Enttäuschung, ein Leben des unterdrückten Kummers und der Wut, und davon schmerzt das Herz.

Wenn die Wut bei einem Mann in einer Machtposition dicht unter der Oberfläche sitzt, wird er gefürchtet. Die anderen halten Abstand von ihm und riskieren nicht, ihm die Wahrheit über das zu sagen, was sie wahrnehmen oder wie sie sich fühlen. Das isoliert ihn noch stärker: Ein von seinen Höflingen umgebener König ist ein Mann in einer Machtstellung, der von Abhängigen umringt ist. All dies trägt zu einer Fischerkönig-Depression bei.

Steinmutter-Depressionen

Frauen und Männer, die ihre ganze Energie in die Unterstützung anderer gesteckt und nun das Gefühl haben, ausgenutzt worden zu sein, die ausgebrannt und erschöpft sind und sich um niemanden mehr kümmern können, leiden unter einer Steinmutter-Depression. Dabei fühlen sie sich wütend und benachteiligt, vorwurfsvoll und ungeliebt, oft auch ungehört und wenig respektiert.

Eine Steinmutter-Depression zeigt sich meist sehr offen und nicht verdeckt, und wahrscheinlich leiden auch mehr Frauen als Männer darunter. Die Frau weiß nicht nur, daß sie depressiv ist, sie weiß auch oft, warum. Vielleicht wünschte sie sich vergeblich ein Kind oder eine bestimmte Beziehung, vielleicht wird sie auch in beiden Fällen abgelehnt. Möglicherweise verlangen auch ihre Kinder oder wichtige Beziehungen in ihrem Leben, etwa zu ihrem Chef oder Kollegen, ihr zu viel ab und geben nur wenig zurück. Hinter der Depression verstecken sich kaum erkennbare Wut, Trauer und Enttäuschung.

Wenn sie also emotionslos geworden ist und sich »in Stein« verwandelt hat, wenn sie für die Menschen, die geliebt zu haben sie sich erinnern kann, keine Gefühle mehr empfindet, fühlt sie sich darüber hinaus nicht nur schuldig, sondern auch abgestorben. Sie muß in Kontakt mit ihrem inneren jüngeren Selbst treten, das wie Persephone den Frühling zurückbringt und damit das Ergrünen der Ödnis.

Möglicherweise leidet sie an geringer Selbstachtung und an Selbsthaß, die durch ihren übermäßigen Konsum von Essen, Zigaretten, Alkohol, durch exzessives Einkaufen oder Fernsehen bis zur Betäubung verstärkt werden. Sie vermißt Jugendlichkeit, Verspieltheit, Humor und Lachen, Kreativität, Sexualität und Großzügigkeit. Wenn der helfende, »Gute-Mutter-Archetyp«, mit dem sie sich identfiziert hatte, verschwunden ist, werden auch die Menschen in ihrer Umgebung vernachlässigt.

Hier fehlt das Element des Weiblichen in Gestalt der Göttin oder Seele. Es muß zurückkehren, damit die Ödnis, der Fischerkönig und die Steinmutter geheilt werden können.

Midlife-Krise

Die Lebensmitte ist eine zeitliche Phase und ein Seelenzustand. Jeder kommt irgendwann in den mittleren Jahren seines Erwachsenenlebens dort an und verweilt eine unbestimmte Zeit – so wie an einer Wegkreuzung, ehe man weitergehen kann. Es ist die Phase, in der wir uns bewußt oder unbewußt, passiv oder aktiv entscheiden, entweder auf dem bisherigen Kurs zu bleiben oder von ihm abzuweichen. Was mußten wir tun, um so weit zu kommen, wie echt fühlen wir uns, und wohin werden wir uns wenden? In der Lebensmitte spüren wir, daß die Zeit vergeht. Wir wissen, daß wir die halbe Strecke schon hinter uns haben und der Rest des Lebens nun sehr rasch vergeht. Wir stehen vor der Tatsache, daß wir älter werden, wir haben nicht mehr den gleichen Körper, und eine Menge anderer Dinge an uns haben sich ebenfalls verändert. Vermutlich besteht eine Diskrepanz zwischen dem, was wir haben, und dem, was wir vom Leben und anderen wollten oder erwarteten.

Wir werden in der Lebensmitte von Krisen, starren Haltungen und Süchten, von Fischerkönig- und Steinmutter-Depressionen eingeholt, wenn wir nicht aus den tieferen Ressourcen unserer Seele Kreativität, Kraft und Sinn schöpfen. Die Seele verlangt von uns, daß wir uns nach innen wenden, um zu Individuen zu werden. Wir müssen einen inneren Prozeß durchmachen, nachdenken, Dilemmas bewußt erkennen, unsere eigene Klarheit finden, das annehmen, was uns spirituell aufrechterhält und uns entschlossen verhalten, wenn es angebracht ist. Ob wir das unterdrücken, was wahr ist, und die Folgen auf uns nehmen, oder unbewußt Dinge in Gang setzen, die eine Krise heraufbeschwören – das Leben fordert von uns, daß wir innere Arbeit leisten. Es ist die Zeit der Anpassung, der Übergänge, der Krisen, die uns zwingen, uns den Veränderungen zu stellen und Entscheidungen zu treffen. Das Wort *krisis* stammt aus dem Griechischen und bedeutet »Entscheidung«.

Das chinesische Wort für Krise besteht aus zwei Schriftzeichen: dem für »Gefahr« und dem für »Gelegenheit«. Das wird besonders deutlich, wenn wir durch Verliebtheit, durch die Verzauberung durch eine andere Person, einen neuen Glauben oder ein Projekt in die Krise gedrängt werden. Die Anziehung durch einen Seelengefährten oder Seelenarbeit wird von einem Gefühl der Vitalität und Jugendlichkeit begleitet, das in der Lebensmitte oft dazu dient, ein inneres Ödland oder eine schale Beziehung zu beleben, in denen schon eine Weile nichts mehr wuchs.

Unterhaltungen auf der gleichen Wellenlänge wirken oft aphrodisiakisch: Beide Partner geben Hoffnungen und Verletzlichkeiten preis und fühlen sich erkannt, akzeptiert und berührt (immer im übertragenen Sinne, oft auch im wörtlichen). Solche Beziehungen lassen die vernachlässigten, unterentwickelten und vergessenen Teile unseres Selbst hervortreten. Widersprüchliche Gefühle und Loyalitäten ringen um Ausdruck, besonders, wenn wir unsere Hoffnung auf Heilung und Ganzheit nicht von der Person trennen können, die diesen Prozeß in Gang setzt. Wir haben in dieser Phase ein großes Bedürfnis nach Klarheit, weil es einen schweren, aber verbreiteten Fehler darstellt, einen Katalysator mit einer Lösung zu verwechseln.

Neue Bindungen in der Lebensmitte, die benutzt werden, um Angst vor dem Alter, dem Verlust von Anziehungskraft, Macht und Potenz zu beschwichtigen, gehören zu einer anderen Kategorie. Sie werden ebenso als Mittel der Verleugnung benutzt wie Drogen, Antidepressiva oder Amphetamine: Die Seele der Person, die bewirkt, daß wir uns besser fühlen, ist völlig unwichtig. Wir bemühen uns nicht wirklich um emotionales oder spirituelles Verständnis, es wird keine Intimität angestrebt. In solchen Beziehungen wird Tiefe vielmehr bewußt vermieden.

Traumrollen und persönliche Rollen

Ob Mann oder Frau, alle Gestalten der Gralslegende sind in uns. Wir sehen uns vielleicht in einer einzigen Rolle, aber eine Frau kann ebensogut der verwundete Fischerkönig oder ein suchender Ritter sein; ein Mann kann die Gralsjungfrau oder die Person sein, durch die der Gral oder die Göttin handelt, um Wunden zu heilen und Ödland neu zu beleben.

Bei der Arbeit an diesem Kapitel hatte ich zum Beispiel einen Traum, in dem ich die Rolle des Fischerkönigs spielte, und ein Mann wirkte als die Göttin, die mich heilte. Der Traum erinnerte mich daran, daß die Göttin durch Männer ebenso wirken kann wie durch Frauen. Immer wenn Heilung oder Göttlichkeit im Körper empfunden wird, stammt die Erfahrung aus dem Reich der Göttin.

Ich befand mich in dem Traum in einer großen Wohnung in einem hohen Gebäude. Es gab viele große Räume, in denen kleine Menschengruppen standen, die sich unterhielten. Die Wohnung gehörte einem Mann, in den ich als Studentin verliebt gewesen war. Andere Menschen aus dieser Zeit waren ebenfalls da. Irgendwo in dieser Wohnung konnten wir ungestört sein, und er wiegte meinen nackten Körper. Er legte seine Hand auf meinen linken Schenkel, und ich spürte eine starke, elektrische Strömung und Wärme durch seine Berührung.

Das erinnerte mich an meine eigene Fischerkönigswunde, denn er legte seine Hand genau an die Stelle, wo ich die Wunde des Fischerkönigs vermutete. Daß es dieser bestimmte Mann war, der mich im Traum heilte, sagte mir etwas über die Art meiner Wunde und darüber, was in mir geheilt werden mußte. Das letzte Foto in »The Familiy of Man« ist das eines kleinen Jungen und eines kleinen Mädchens, beide etwa zwei, drei Jahre alt, die Hand in Hand, den Rücken zur Kamera, unter sonnendurchflutetem Laubwerk einen Pfad entlanggehen. Vor Jahren hatten dieser Mann und ich uns in diesem Foto gesehen. Für ihn war ich in der Erinnerung über Jahre hinweg immer die Frau geblieben, die spielen und lachen konnte, an die er sich im Frühling erinnerte, wenn die Narzissen blühten. Das war auch die Frau, an die ich mich selbst erinnerte. Sie war in die Unterwelt versunken, als die Anforderungen durch Arbeit, Elternschaft und Partnerschaft immer stärker wurden, ich mich immer unwirklicher fühlte und meine Gefühlen nicht mehr wahrnahm. Die Persephone in mir, die einst Blumen gepflückt hatte, war ins Unbewußte verdrängt, in die Unterwelt entführt worden.

Was ich tat, ist gewöhnlich die Rolle des Mannes. Männer opfern die Anima (die weiblichen, weicheren, verletzlichen und emotionalen Aspekte ihres Selbst) – gewöhnlich durch die Jungfrau symbolisiert –, um in der Welt erfolgreich zu sein, um König zu werden. Wenn nur wichtig ist, produktiv zu sein und sich um Geschäfte zu kümmern, dann nimmt die Arbeit alle Gedanken und sämtliche vorhandene Zeit in Beschlag. Die täglichen Pflichten verlangen ihren Tribut, und wenn Spontaneität und Emotionalität erst einmal unterdrückt sind, verschwinden das Kind und der Jungfrauarchetyp in uns in die Unterwelt. Wenn wir Seelenverbindungen mit anderen Menschen verlieren, nicht entwickeln oder den Kontakt zu seelenerneuernden Orten und Aktivitäten verlieren, merken wir allmählich, daß wir in einem Ödland leben. Wenn wir uns nicht um die Bedürfnisse unserer Seele kümmern, die erfrischt werden will, wenn wir dem Leben nicht mehr mit offenem Herzen begegnen, verwandeln sich die Feuchtgebiete und Regenwälder unserer Seele in eine unfruchtbare Wüste.

11.
Umkreisung: London

Ich hatte mich mitten in meiner eigenen Midlife-Krise auf eine Reise begeben, um wirklich existierende Wallfahrtsorte zu besuchen, und war in meinem Bericht bis Glastonbury vorgedrungen (vor vier Kapiteln). Von dort aus betraten wir die Anderswelt – Avalon, den Wald und die Ödnis –, wohin mich die Suche nach dem Sinn der Gralslegende geführt hatte. Diese Orte existieren in der Phantasiewelt, sind aber für mich auch Ortsnamen für Seelen- und Geisteszustände. Die Reise, die ich beschreibe, wechselt zwischen äußeren Ereignissen und inneren Reflexionen hin und her, zwischen Mythen und Interpretationen, und widerspricht damit der Behauptung, eine Erzählung müsse von der gleichen richtungweisenden Klarheit sein wie eine Landkarte.

Die Beschreibung dieser Pilgerfahrt folgt einer Kreisbewegung, während die Pilgerfahrt selbst einer bestimmten

Route folgte. Die nächste Station nach Glastonbury hieß London. »Umkreisung« nannte C. G. Jung unsere Erfahrung vom Selbst, dem Archetypus des Sinns, der mehr ist, als das Ich begreifen kann. Ich glaube, das Selbst ist ein anderes Wort für Gott, Göttin, Tao, Höhere Macht, Geist oder Essenz. Wenn das Leben einen Sinn hat, dann, weil wir diese göttliche, unbeschreibliche Quelle »umkreisen« und durch sie gewärmt und erleuchtet werden. Göttlichkeit ist mehr, als wir mit dem Intellekt erfassen können. Es ist die Seele, die auf heilige Momente reagiert und erkennt, wenn wir uns in Gegenwart von Göttlichkeit, Liebe, Schönheit, Weisheit und Wahrheit befinden.

»Umkreisung« ist auch ein gutes Wort, mit dem wir beschreiben, wenn wir »uns im Kreis drehen«. Wir glauben, daß wir uns auf einer geraden Linie von der Geburt bis zum Tod bewegen, aber wenn wir erkennen, daß wir häufig Umständen begegnen, die für uns eine bestimmte Lektion darstellen, erlangen wir ein Bewußtsein davon, daß diese Reise überhaupt nicht linear verläuft. Wir trudeln vielmehr durch die Zeit.

Das »Umkreisen« hat auch einen rituellen Aspekt. Wenn buddhistische und Hindu-Pilger den Kailash umrunden, ihren heiligen Berg, dann ist das für sie ein spiritueller Akt. Ich umkreise bei meiner Pilgerfahrt die heiligen Stätten auf viele verschiedene Arten, von der Umrundung des Tors von Glastonbury bis zum kreisförmigen Weg meiner Gedanken.

Die Umkreisung Londons und Kalkuttas

In London stellte mich Mrs. Detiger vielen verschiedenen Leuten vor, die an den unterschiedlichsten medizinischen, religiösen und friedensfördernden Aktionen beteiligt waren. Ich hielt bei der Vereinigung für Englische Sprache einen Vortrag über die Göttin. Das Publikum war eine Gruppe von unterschiedlichen Frauen, für die Spiritualität auf die eine oder andere Weise ein essentielles Lebenselement darstellte. Sie waren in den verschiedensten Bereichen aktiv, und dieser Vortrag sollte dazu dienen, daß sie einander kennenlernten. Es stellte sich später heraus, daß dies der Beginn eines Netzwerks spirituell interessierter Frauen in England war.

Kaum zwei Stunden nach diesem Vortrag stand ich in der Bibliothek des Lambeth-Palastes, um den fünfzigsten Jahrestag des Weltkirchenrates mitzufeiern. Der Lambeth-Palast ist die Residenz des Erzbischofs von Canterbury, und die Bibliothek dort Heimstätte des Originalmanuskripts von Geoffrey von Monmouth (»Historia Regum Britanniae«, ca. 1136), mit dem das literarische Phänomen der Artusüberlieferung begann. Geoffrey berichtet, daß er eine Geschichte der Briten schreibe, in der Artus statt als ein legendärer König als eine historische Gestalt von mythischen Dimensionen dargestellt wird. Aufgrund dieses Manuskripts wurden die Gralsgeschichten in einen Zusammenhang mit Artus gebracht. Hätte ich mich auf einer literarischen Pilgerfahrt befunden, auf der Suche nach den Ursprüngen der Gralsgeschichte, wäre diese Bibliothek eine Hauptstation gewesen. So war der Besuch hier auf meiner synchronistischen Reise eher ein Zufall. Bei dieser Versammlung wurde Mrs. Detiger erkannt, und man dankte ihr für ihre Arbeit hinter den Kulissen. Es traf sie unvorbereitet, daß sie nun ein paar Worte sagen mußte, doch sie gaben mir einen kleinen Einblick in das, was sie tat.

Robert Runcie, der Erzbischof von Canterbury, weitete in seiner Rede das Konzept der Ökumene auf die östlichen Religionen aus. Verschiedene religiöse Führer, auch Runcie, sprachen davon, wie ein Aufenthalt in Indien sie verändert habe.

Jeder erzählte nun eine kleine Geschichte, die vermittelte, welchen Eindruck sie als junge Männer dort gewonnen hatten. Ich hatte das Gefühl, daß Religion für sie in Indien reichhaltiger, komplexer und geheimnisvoller geworden war, auch wenn sie im christlichen oder jüdischen Glauben verhaftet blieben. Ihre Erfahrung mit Mutter Indien hatte die Seelen dieser monotheistischen Kirchenmänner für etwas »anderes« geöffnet, für jenen prallen, vielfältigen Pantheismus, der die animalischen und erdverbundenen Eigenschaften des Weiblichen ehrt. Indien hat etwas an sich, das atmosphärisch gesehen dichter, schwerer und der männlich-rationalen europäischen Mentalität fremd ist. E. M. Forster veranschaulicht dies sehr gut in »Auf der Suche nach Indien«. Ein paar Jahre später sollte ich das bei meiner Reise in dieses Land selbst erleben.

Ich habe Bücher über die Gottheiten der griechischen Mythologie geschrieben. Ihre Abbilder sind weiße Marmorstatuen, die uns auffordern, über ihre olympische Perfektion und Gestalt nachzudenken. Ehe ich nach Indien fuhr, stellte ich mir Götter und Göttinnen anderer Kulturen ähnlich vor. Besonders von der Hindugöttin Kali hatte ich vor meiner Indienreise ein bestimmtes Bild: In meiner Vorstellung war sie ein fehlender Archetyp der westlichen Mythologie, denn sie ist böse, einschüchternd und beherrschend. Wenn Frauen in sich große Wut spüren und sie ihre Feinde am liebsten in Grund und Boden stampfen wollen, gibt es keine griechische Gottheit, mit der sie sich identifizieren können. Nur Kali hat diese Intensität und Macht.

Als ich jedoch in Kalkutta den Kalitempel aufsuchte, sah ich als erstes auf dem Boden das Blut der Ziege, die man ihr am Morgen geopfert hatte. Bei einem Rundgang um den Tempel (der für Touristen geschlossen war) wurde mir klar, daß Kali eine krasse, instinktive Realität hat, himmelweit von den kühlen, glatten Marmorstatuen der griechischen Götter im Museum enfernt. Vermutlich finden seit Tausenden von Jahren täglich Blutopfer für sie statt, und ich konnte mir inmitten der Hitze und des süßlichen Gestanks gut vorstellen, daß auch Menschenblut hier nichts Unbekanntes war. An den Zweigen der Bäume und Büsche rings um den Tempel hingen Gebetsgaben an Kali, mit denen die Frauen sie um Fruchtbarkeit anflehen – das Reich von Leben und Tod, Fruchtbarkeit und Verfall ist hier nichts Abstraktes. Kali als Präsenz hat etwas sehr Realistisches, besonders in Kalkutta, ihrer Stadt, wo alles viel bunter und intensiver ist. Die Menschen selbst wie auch die unzähligen Eindrücke – für Augen, Ohren, Nase und Hände – bedrängen hier die Sinne. Kali ist, wie die Stadt selbst, nicht so sehr ein Objekt der Kontemplation, als vielmehr eine Kraft, mit der man rechnen muß, ähnlich der Mutter Natur, und ebenso grausam, wie sie freundlich sein kann.

Indien als Initiation

Mir scheint, daß Männer, die nach Indien gehen, hier eine Gelegenheit bekommen, die Vorstellung loszuwerden, sie beherrschten die Natur. Hier können sie erkennen, daß der Verlust der patriarchalischen Illusion von Überlegenheit und Kontrolle der Beginn weiblicher Weisheit ist. Der Besuch Indiens kann eine demütigende Erfahrung sein, die Hingabe und Anpassung an das Unvermeidliche verlangt. Möglicherweise lernen einige Männer in Indien Verletzlichkeit, Unbehagen und Demut und akzeptieren, daß es noch eine Realität außerhalb ihrer Kontrolle gibt. Frauen wissen dies von der Menstruation, den Geburten und der Menopause her.

Während ich über die Offenheit für alle Glaubensrichtungen nachdenke, die diese Kirchenmänner im Lambeth-Palast demonstrierten, als sie von ihren Erlebnissen in Indien sprachen, frage ich mich, wie sehr der Pantheismus Indiens zur Akzeptanz weiblicher Göttlichkeit beiträgt und wie die Begegnung mit dem strotzenden Leben, mit Verfall und Tod als eine Initiation in den Lebenszyklus funktioniert, zur Großen Mutter, von der alles Leben herstammt und wohin alles zurückgeht.

Die Phantasie bedient sich des kollektiven Unbewußten und aktiviert Bilder und Gefühle, die wir vielleicht nicht aus dem eigenen Leben kennen. Auf gleiche Weise scheint eine eindringliche Begegnung mit einem fremden Land das zu wecken, was wir intuitiv aus der kollektiven menschlichen Erfahrung her wissen und nicht aus dem eigenen individuellen Leben. Diese Bewußtseinsebene verläuft mitten durch die Seele. Als der römische Dichter Terenz schrieb: »Nichts Menschliches ist mir fremd«, sprach er von Seelenerkenntnis, durch die wir die Erfahrung eines anderen Menschen zutiefst begreifen oder das als wahr erkennen können, was außer Reichweite unserer normalen Erkenntnismethoden liegt.

Ein Teil in mir zuckte vor dem Kali-Tempel zum Beispiel angeekelt zusammen, weil es zuviel für mich war, zu direkt, zu unangenehm, doch auf einer anderen, tieferen Ebene berührte es mich auch sehr tief. Meine Seele bemühte sich, diese Erfahrung zu integrieren, und so stellte ich fest, wie ich sie umkreiste und mich der psychoanalytischen Methode der Assoziation bediente. Dies rief die Erinnerung an Bilder hervor, die ich beim Lesen von C. S. Lewis' Roman über den Psyche-Mythos »Till We have Faces« erlebt hatte. Ich sah die Kultstätte einer uralten Göttin, eine Höhle in den Bergen, in die Frauen mit ihrem Kummer, ihrer Wut, ihren Schuldgefühlen und ihrer Scham, ihren Bitten und Gebeten gehen, um die ganze Nacht mit ihren dunklen Emotionen in der Dunkelheit der Höhle zu sitzen. Am Morgen verlassen sie sie getröstet und friedvoll wieder, nachdem sie ihre Gefühle und Blut von einem Opfertier über dem großen dunklen Stein der Göttin ausgeschüttet haben. Dieser Stein ist geduldig, akzeptiert und bezeugt. Nichts ist so überwältigend oder so schrecklich, daß man es nicht bei Kali abladen könnte. Die Höhle ist ein Grab und der Schoß der Großen Mutter, ein Ort des Todes und der Geburt, ein Kessel der Neuschöpfung und der Verwandlung. Hier haben wir eine weitere Version der Göttin und des Grals.

Der Gegensatz zwischen einem Museum mit Klimaanlage, das alabasterweiße Statuen von Göttern beherbergt, und dem Tempel der Kali war ungefähr so groß wie zwischen meinem intellektuellen Konzept und der inneren Realität von Kali. Um beide miteinander zu versöhnen, brauchte ich mehr als eine Reise nach Kalkutta und eine Erinnerung an einen Roman, aber beides half. Erst als ich in die weiblichen Mysterien eingeweiht wurde, konnte ich mir eine Gottheit als weiblich und heilige Offenbarungen als körperliche Erfahrung vorstellen, auch wenn ich unbewußt schon in meinem Landkrankenhaus als Priesterin der Göttin fungierte. Damals war ich noch in der ärztlichen Ausbildung, aber irgendwie erkannte ich, daß die Geburt von Babys etwas Besonderes war, ebenso wie das Unterschreiben von Totenscheinen mitten in der Nacht. Geburt und Tod bieten keinen schönen Anblick, aber wie im Tempel der Kali sind beide trotz aller Fleischlichkeit beeindruckende, offenbarende Ereignisse. Ein Baby wird oft zusammen mit Fäkalien, Fruchtwasser und Blut zwischen den Beinen seiner Mutter in die Welt hinaus gepreßt. Manchmal ist das Neugeborene mit grünbraunem Mekonium beschmiert, seiner ersten Darmausleerung nach der Geburt. Doch trotz allem ist es für den Zeugen ein Privileg und ein Moment ungeheurer Schönheit, wenn das neue Leben erscheint, einen ersten Atemzug tut und schreit. Die Erdverbundenheit von Geburt und Tod gehört ins Reich Kalis. Das ist heute ihr Name in Kalkutta. Aber die Göttin war früher unter vielen Namen bekannt, genauso, wie sie auch anonym war; sie wurde als göttliche Matrix erkannt und benannt – oder eben nicht.

Ein Besuch bei Dadi Janki

Mrs. Detiger hatte für mich noch ein weiteres Treffen in London arrangiert, ehe wir zu unserem nächsten Ziel aufbrachen. Es handelte sich um eine Begegnung mit der Inderin Dadi Janki, der spirituellen Führerin der Brahma Kumaris, einer ehrenvollen und einflußreichen, aber wenig bekannten weltweiten religiösen Organisation, die am Abu in Nordindien ihren Sitz hatte. Die BK-Leute waren die inspirierende und organisatorische Kraft hinter dem internationalen Mediationsversuch »Eine Million Minuten für den Frieden« und Empfänger der Friedensbotschaftsmedaille der Vereinten Nationen. Wir trafen Dadi Janki im Brahma-Kumaris-Zentrum, einem ganz gewöhnlichen Haus in einer Londoner Wohngegend. Ich hatte noch nie von ihr gehört und hatte keine bestimmten Erwartungen an unser Treffen.

Sie trug eine weiße Strickjacke über einem schlichten, weißen indischen Sari und war mehrere Zentimeter kleiner als ich, was mich ziemlich beeindruckte, denn mit wenig mehr als einem Meter fünfzig treffe ich außer Kindern nur selten andere Menschen, die kleiner sind als ich. Sie hatte ein rundes Gesicht und ein wunderbares Lächeln: eine Mischung aus Engel und alter Frau, wodurch sie alterslos erschien. Wir begegneten uns in einem Wohnzimmer im ersten Stock. Bei ihr war ihre Schwester Jayanti, die gelegentlich für mich übersetzte, aber ich verstand Dadi Janki ziemlich gut. Es schien, als seien Worte ohnehin nicht ihr Medium. Es war eher ihre Gegenwart, die wichtig war, nicht, wie sie aussah oder was sie zu sagen hatte. Sie empfing uns mit dem Gruß der Brahma Kumaris: »Om shanti«, das wie »Aloha« oder »Shalom« »hallo«, »auf Wiedersehen« und mehr bedeutet. »Om shanti« heißt wörtlich »Ich bin Frieden«, und genau das strahlte sie auch aus – dies und einen tiefen, frohen Geist.

Ich traf sie zwei Jahre später in Indien wieder und war wiederum stark beeindruckt von dem Gemisch aus Freude und Weisheit, das sie genau wie der Dalai Lama auszustrahlen schien. Beide verkörpern eine Mischung aus strahlendem, unbefangenem Kind und weisem, altem Menschen. Sie sind in der realen Welt verankert, aber einem Leben des Dienstes an anderen verpflichtet und abgestützt durch die Wirklichkeit ihrer spirituellen Welt. Sie kennen das Geheimnis der Freude. Die Archetypen, die sie personifizieren, sind universell, und wenn wir für diese Archetypen empfänglich sind, erfolgt in uns eine entsprechende Schwingung. Dann erleben wir ein Vibrieren unserer inneren Saiten – wie bei zwei Harfen in einem Raum. Wenn bei der einen Harfe eine Saite gezupft wird, wird genau die gleiche Saite bei der anderen Harfe ebenfalls in Schwingung versetzt. Freude wirkt zwischen zwei Seelen auf ähnliche Weise ansteckend, wenn wir uns auf genau diese Note einstimmen. Und dieser Teil in mir entwickelte sich auf meiner Pilgerfahrt immer stärker. Zwei Jahre später in Indien wurde ich mir bewußt, daß das Zusammensein mit Dadi Janki diese Wirkung auf mich hatte, das Gefühl, einfach so glücklich zu sein wie ein fröhliches Kind. Ich fragte sie nun, wie man den Gruß von »Om shanti« (»Ich bin Frieden«) zu »Ich bin Freude« abwandeln könne. Er lautete »Om kushi«.

Der Dalai Lama und Dadi Janki waren selbst »heilige Stätten« meiner Pilgerfahrt. Das Ziel einer Pilgerfahrt ist es, heilige Stätten zu besuchen, Orte, an denen Göttlichkeit vorherrscht, um göttliche Regungen im Pilger zu verstärken oder zu erzeugen. Diese beiden Menschen haben auf andere aber eine ähnliche Wirkung, weil sie den Archetyp des fröhlichen Kindes und spirituellen Lehrers in sich verkörpern. Der Aspekt des göttlichen Kindes in ihnen war auffallend, weil das genau der Teil in mir war, der wieder zum Leben erweckt werden mußte. Das Kind in mir fühlte sich von Mrs. Detiger, deren leitende Hand mich auf diese Pilgerfahrt gebracht hatte, gehätschelt und bemuttert. Infolgedessen war meine Seele empfänglich für das göttliche Kind in anderen geworden.

Ein Netz aus Lichtern

In London bekam ich immer mehr das Gefühl, Menschen kennenzulernen, die in allem, was sie taten, Teil eines größeren Ganzen waren: Ich sah sie als helle Lichter eines riesigen, zusammenhängenden Netzes. Dieses Bild ist ein Archetypus – es entsteht bei vielen Menschen, wie auch bei mir, aus dem Innern heraus, als eine »ursprüngliche Vorstellung«.

Ich selbst habe mich oft als Lichtpunkt betrachtet, der mit allen verbunden ist, die ich jemals geliebt habe oder die eine Rolle für mich spielten. Diese sind ebenfalls Lichtpunkte und wiederum mit jenen verbunden, die sie lieben. So sind wir alle Teil eines riesigen Netzes aus funkelnden Lichtern. Ich glaube, daß jedes individuelle Licht im Verlauf eines Lebens heller oder schwächer werden kann und daß es mich jedesmal betrifft, wenn ein Licht in diesem Netz verlöscht. Für mein Gefühl ist jeder, der sich mitfühlend verhält, der daran arbeitet, das Bewußtsein zu verstärken, den Planeten zu retten und auf irgendeine Weise etwas zu bewirken, mit allen verbunden, die ähnlich denken und handeln.

Dieses Bild eines Lichternetzes fiel mir vor vielen Jahren ein, als eine ehemalige Patientin, die weit fortgezogen war, mir schrieb, sie habe doch nicht Selbstmord begehen können. In einer Phase der Verzweiflung hatte sie sich entschieden, »diese Option« wahrzunehmen, über die sie schon so lange sprach, aber nur, um festzustellen, daß sie dazu nicht imstande war. Ich war damals sehr erleichtert, daß sie noch am Leben war. Und ich wußte genau, auch wenn ich nie mehr von ihr hörte oder sie nie wieder sah, daß wir beide miteinander verbunden waren. Bei dieser Erkenntnis kam mir die Vorstellung von dem Netz aus Lichtern in den Sinn. Wenn ich sie mir

tot vorstellte, sah und fühlte ich, daß ein Licht am Ende eines langen Fadens verlosch. Dort würde dann Dunkelheit herrschen. Es war daher sehr wichtig, daß sie noch am Leben war.
Mein Gefühl dafür, wie groß dieses Netz war, wuchs in Europa ungeheuer. Ich geriet in Kontakt mit jenen Menschen, deren Fäden um die ganze Welt reichten, und ich spürte, daß ich mein amerikanisches Netz aus Lichtern in ein riesigeres Netzwerk einwob.

Lichter in der Dunkelheit

Ich dachte an den Tag, den ich vor meinem Aufbruch nach Glastonbury als Touristin in Amsterdam verbracht hatte und erkannte, daß auch dies zu meiner Pilgerfahrt gehört hatte. Ich hatte das Anne-Frank-Haus besucht und war die Treppe zum Hinterhaus hinaufgestiegen, wo sie, ihre Eltern und andere sich während der Besetzung Hollands durch die Nazis versteckt gehalten hatten. Heute ist das Haus ein Museum. Ich las jede Inschrift, betrachtete jedes Foto und versuchte mir vorzustellen, was sie empfunden haben muß.

Ich empfand tiefe Dankbarkeit für die vielen ganz gewöhnlichen holländischen Bürger, die jüdische Menschen unter Einsatz des eigenen Lebens beherbergt hatten. Ich verspürte auch eine Art Verwandtschaft mit Anne: In jenen Kriegsjahren war auch ich Kind gewesen. Als japanischen Amerikanern in Kalifornien war es uns nur knapp gelungen, dem Konzentrationslager zu entgehen, und ich hatte nur einen Bruchteil der feindseligen Aufmerksamkeit gespürt, die Anne Frank und ihre Familie empfunden haben müssen. Wir brauchten uns nicht zu verstecken, aber wir wurden während dieser Phase wie alle Japaner evakuiert und umgesiedelt und standen anfänglich immer kurz davor, unter Kriegsrecht gestellt zu werden. Während des Krieges besuchte ich sieben Grundschulen in fünf Bundesstaaten; immer wieder stand ich vor einer neuen Situation. Da die Vereinigten Staaten gegen Japan Krieg führten und ich rein japanischer Abstammung war, bestand jedesmal die Gefahr, daß ich auf Feindseligkeit stoßen würde.

Meine beiden Großelternpaare waren aus Japan eingewandert, und obwohl meine Eltern in den USA geboren waren, wären wir alle im Konzentrationslager gelandet, wenn wir nicht Kalifornien verlassen hätten.

Der Aufenthalt im Anne-Frank-Haus hinterließ einen tiefen emotionalen Eindruck bei mir, der noch verstärkte, was sie geschrieben hatte. Als ich ihr Tagebuch las, das eine große Rolle in der Museumsausstellung spielt, und die Fotos betrachtete, rührten mich die Ungeheuerlichkeit ihrer Dunkelheit und die Helligkeit ihres Lichts und ihrer Unschuld zu Tränen.

Am 15. Juli 1944 schrieb sie: »...trotz allem glaube ich immer noch, daß die Menschen im Grunde ihres Herzens gut sind.« Da hatten sie und die anderen sich schon zwei Jahre lang vor den Nazis verborgen gehalten. Am 4. August 1944 wurden sie verhaftet. Im März 1945 starb Anne im Konzentrationslager Bergen-Belsen. Sie war fünfzehn Jahre alt.

Anne Frank lebte und starb in einer historischen Phase, in der in Europa buchstäblich und metaphorisch die Lichter ausgingen. Sie war ein helles Licht in einem immer dunkler werdenden Netz gewesen. Aber ihr Licht erlosch nicht, als sie starb – statt dessen brennt es immer weiter durch ihre Worte, die inspirierten und immer noch inspirieren.

Wenn meine Patientin in der Lage gewesen wäre, Selbstmord zu begehen, wäre das Licht, das mich mit ihr verband, erloschen, aber nicht nur wegen ihres Todes, sondern weil es bedeutet hätte, daß das Licht in ihr selbst ausgegangen war, denn ein Selbstmord wäre nur der äußere Ausdruck dessen gewesen, was in ihrer Seele bereits geschehen war.

Jeder Mensch, der seinem eigenen Licht folgt, ist ein Licht in dem Netz. Wenn das, was wir tun, aus einer inneren Überzeugung davon herrührt, daß das, was wir in einem bestimmten Augenblick oder unser ganzes Leben lang tun, sinnvoll ist, dann hat diese Entscheidung eine Seele. Unser inneres Selbst findet seinen authentischen Ausdruck darin, wie wir leben. Die Liebe, die wir für unser Tun empfinden, bringt uns Freude. Der Glaube an die Fähigkeit des menschlichen Herzens, trotz aller Verzweiflung und Haß ringsum zu lieben, läßt das Licht weiterbrennen. Das hat mit Glauben zu tun, dem Glauben, daß wir wichtig sind und etwas bewirken können, oder daß wir einfach so handeln, bis dies zu einer inneren Überzeugung wird. Das Kind und der Weise sind Fackelträger der Seele, die die Furcht davor besiegen müssen, naiv oder dumm zu erscheinen, wie sie einem der Verstand vielleicht propagiert. In uns selbst und in der Welt gibt es zynische Kräfte, die versuchen, die Lichter auszulöschen – die wollen, daß wir unseren Intuitionen mißtrauen (die die Quelle der uralten Weisheit entwerten, aus denen die Seele sonst natürlicherweise trinken würde) und daß wir aus Angst Macht statt Liebe wählen.

12.
Das Aufblühen des Ödlandes: Findhorn

Für den nächsten Teil der Pilgerfahrt nahmen wir den Nachtzug von London nach Inverness in Schottland. Nun waren wir zu viert: Elinore Detiger, Soozi Holbeche, Freya Reeves und ich. Bis jetzt hatte ich Elinore als die »leitende Hand« empfunden, weil sie meine Erfahrungen auf dieser Fahrt so vorzüglich organisiert hatte. Jetzt wurde sie zur Pilgerschwester.

Findhorn ist eine New-Age-Gemeinschaft an der schottischen Nordküste. In meiner Vorstellung war es ein Eden, ein mythologisches Ziel, wie der Garten der Hesperiden mit seinem Baum mit den goldenen Äpfeln. Findhorn hatte in den Siebzigern weltweite Aufmerksamkeit erregt, weil an diesem magischen Ort Menschen mit Pflanzen kommunizierten und auf dem wohl schlechtesten Boden und unter härtesten Bedingungen Obst und Gemüse von bemerkenswerter Qualität züchteten.

Wir bestiegen in Euston Station in London einen Schlafwagen. Der Name war passend, denn bei dem monotonen Geräusch der Räder stellte sich der Schlaf bald ein. Wir hatten jede ein gemütliches Abteil für uns, in dem das Ausziehbett fast den ganzen Raum einnahm.

Am nächsten Morgen begrüßten uns eine Tasse Tee und eine völlig andere Landschaft. Die Gegend vor den Zugfenstern war zum ersten Mal seit meiner Ankunft in Europa vertraut. Es war Schottland, aber es sah aus wie der Nordwesten Kaliforniens in den Wintermonaten. Über Nacht hatten sich die saftig grünen Hügel Englands in eine viel rauhere Landschaft verwandelt. Die Berge waren schroff und kahl und zugleich karg und erhaben. Es war kühl. Bei der Fahrt nach Norden hatten wir den Frühsommer hinter uns gelassen. Es war, als sei der Winter hier gerade erst abgezogen.

Am Bahnhof von Inverness erwartete uns ein Leihwagen. Es war jetzt geradezu kalt, und der Himmel war bedeckt. Elinore fuhr uns in Richtung Nordosten; es war nur eine kurze Strecke bis zum Ziel. Mit meiner Vorstellung von einem Garten Eden hatte ich nie erwartet, daß Findhorn wie ein Wohnwagencamp mitten in der Einöde aussah. Das war jedenfalls mein erster Eindruck, als wir von der Straße auf den Parkplatz fuhren, wo der Souvenirladen Findhorns neue Gäste begrüßt.

Findhorn war 1960 gegründet worden. Eileen und Peter Caddy, ihre drei Söhne und Dorothy Maclean ließen sich mit ihrem Wohnwagenanhänger auf einem Schuttplatz am Rand der Dünen nieder und begannen, im Sand, zwischen kargem Buschwerk, einen Garten anzulegen; Eileen Caddy war einer inneren Stimme gefolgt. Dorothy Maclean setzte sich mit der archetypischen Intelligenz, der *deva*, von jeder Pflanzenart in Verbindung, um zu erfahren, was diese brauchten. Die Devas (ein Wort, das aus dem Sanskrit stammt und »glänzend« bedeutet) wurden von ihr als »Engel« beschrieben, als große Wesen, die die Natur beeinflussen und gestalten. Peter brachte seine Intuition und Energie ein, um die Anweisungen der beiden Frauen in die Tat umzusetzen. Alle drei fühlten sich wie unter göttlicher Leitung. Die Ergebnisse waren ungewöhnlich.

Die Kunde davon verbreitete sich rasch, und andere wurden von diesem Ort angezogen. Es war der Beginn einer spirituellen Kommune, deren Mitglieder sich als Teilnehmer eines einzigartigen Experiments in bewußter Kommunikation und Kooperation zwischen Mensch und Natur betrachteten. Anfang der siebziger Jahre war die Gemeinschaft auf mehr als dreihundert Menschen angewachsen.

Als wir in Findhorn ankamen, war Peter Caddy schon lange nach Kalifornien gezogen. Eileen Caddy war jedoch zufällig zu einer kurzen Stippvisite da; wir tranken später in ihrem gemütlichen Wohnwagen einen Tee mit ihr. Eileen sah sehr vertrauenerweckend, respektabel und eher wie die Frauen aus, die an allen Orten der Welt die Säulen der Mittelklasse bilden. Auch in den kleinen Gemeinden im amerikanischen Mittelwesten wäre sie kaum aufgefallen. Sie war zwar das Medium, das die Gründung Findhorns angeregt hatte, aber sie strahlte in keiner Weise irgendeine Art von Exotik aus. Daß sie bei unserem Kurzbesuch dort war, hatte eine ähnliche Wirkung auf mich wie die Orgelmusik beim Betreten der Kathedrale von Chartres. Es verstärkte alles, was ich hier lernen wollte, und stellte für mich eine Synchronizität dar.

Der »Zauber« von Findhorn erschloß sich mir nicht sofort, auch nicht, als ich die Gärten besichtigte: In Kalifornien ist man an größeres und schöneres Obst und Gemüse gewöhnt.

Die Findhorn-Gemeinschaft hat ihr eigenes Äquivalent zu einer Kathedrale – es ist das eindrucksvollste Gebäude dort. In einer Gemeinschaft aus Wohnwagen und einstöckigen Holzgebäuden sticht es durch seine Größe und Höhe heraus. Es besteht aus Stein und ist reich verziert. Wie die alten Kathedralen, die ein Zentrum des Gemeinschaftslebens darstellten und nicht nur zu Gottesdiensten dienten, wird die Universalhalle für alle möglichen Veranstaltungen und Zwecke genutzt. Sie wurde von den Anwohnern als ein Ausdruck ihres Glaubens und ihrer Liebe errichtet, geleitet von Visionen und Intuition, die bei diesem Projekt zusammentrafen. Die fünfeckige Form ist symbolisch zu verstehen (die Zahl Fünf repräsentiert Perfektion, die Verschmelzung von Geist und

Form); heilige Geometrie bestimmte die Proportionen. Die Halle wurde durch Rituale geweiht, und man vergrub Kristalle in den Grundmauern an einer Stelle, an der tellurische Linien zusammentreffen. In dieser Halle und im Meditationsraum (dem Heiligtum) wurde bewußt versucht, heiligen Raum zu schaffen, der wie an Wallfahrtsorten, die »das Göttliche inspirieren«, die Seele der Gemeinschaftsmitglieder und Besucher beeinflussen sollte.

Das Ergrünen des Ödlandes

Die Gärten von Findhorn wichen so stark von meiner Erwartung ab, daß ich anfangs nicht sehr beeindruckt war. Doch ich begann, über das Erreichte zu staunen, als ich die üppigen Beete mit der sehr kargen Landschaft ringsum verglich, als ich den Kies und die sandige Erde genauer betrachtete und merkte, wie kühl es selbst Ende Mai hier noch war. Findhorn liegt zwar auf Meereshöhe, aber so weit nördlich, daß Land und Wetter dem Terrain und Klima oberhalb der Baumgrenze ähneln. Aus dieser Sicht stellen der Gemüsegarten, die Obstbäume und die wunderschönen Blumen eine Oase in der Wüste dar – nur daß sich die Gründer dieses Gartens einer spirituellen Quelle bedient und einen Brunnen der Informationen und der Weisheit gefunden hatten.

Frauen waren die Medien gewesen, durch die die Vision sich offenbarte und durch die die Devas kommunizierten. Besonders Dorothy Maclean hatte durch die Kommunikation mit den Pflanzendevas der Gemeinschaft die Weisheit der Natur nähergebracht. Wie auf Avalon kommunizierte Mutter Erde, die Göttin, die Große Mutter, durch Frauen und zu ihnen, und als die Medien, durch die sich die weibliche Gottheit als Mutter Natur zeigte, fungierten diese Frauen als Priesterinnen der Göttin. Die durch sie erlangte Weisheit brachte die Einöde zum Grünen.

Dorothy Maclean war in Findhorn zur Vermittlerin der Weisheit geworden, die verwüstetes Land zum Ergrünen brachte. In dieser Hinsicht war sie die Gralsjungfrau. Dieser

Gral heilte das Ödland buchstäblich und vermittelt uns, wie Intelligenz in allen lebendigen Dingen steckt. Dieser Gral ist noch nicht voll wieder in die Welt eingetreten; in Findhorn wurde er wahrgenommen und hat seine heilende Magie zur Wirkung gebracht, aber seine Bedeutung und sein Mysterium, seine Realität und sein Potential sind noch nicht ins allgemeine Bewußtsein gedrungen. Alles auf dieser Erde, auch der Mensch, bleibt ausnutzbar, weil der verwundete König – das patriarchalische Bewußtsein mit seiner Betonung von Macht – weiterhin herrscht.

Während ich über die bemerkenswerten Gärten in der Einöde von Findhorn schreibe, denke ich, wie erstaunlich es ist, wenn jemand mit einer tristen, öden Kindheit ohne Sicherheit und voll Mißbrauch nicht selbst zu einem mißbrauchenden, zynischen, prügelnden Erwachsenen wird, sondern statt dessen zu einem liebevollen Menschen, der anderen vertrauen kann. Es ist ein Wunder, wenn das Leben als ein öder Schuttplatz beginnt und als ein Garten endet. Wenn wir nur den Garten sehen, ohne seine Geschichte zu kennen, begreifen wir nicht die Bedeutung, das Wunder und die Inspiration, daß er überhaupt existiert. Aus diesem Grund habe ich Findhorn fast nicht erkannt.

Ich habe von Frauen gehört, die eine solche Kindheit mit einer intakten Seele überlebten. Sie beschrieben, wie die Natur ihnen stets Zuflucht bot. Ein bestimmter Baum, Berge, in denen man umherstreifen konnte, das Meer oder der Himmel, Tiere oder ein Garten sowie eine innere Welt, die unverletzlich blieb, retteten ihnen die Seele. In der Abgeschiedenheit und Ungestörtheit der eigenen Gedanken konnten sie staunen und sich Dinge ausmalen, Gedanken verfolgen und Bilder sehen, die die Saat späterer Kreativität bildeten. Diese Spiritualität, Weisheit und enge Verbindung zur Natur finden wir in den Schriften von Alice Walker und Mary Oliver. Sie haben auch viel mit der Weisheit der Devas gemeinsam, denen Dorothy Maclean eine Stimme verlieh. Solange die Fähigkeit des »Gesichts« nicht anerkannt wird, kann vielleicht die »überaktive Phantasie« mancher Kinder eine Kommunikation mit diesem unsichtbaren, spirituellen Reich herstellen. Kann diese Kommunikation die Quelle ihrer Weisheit und ihres spirituellen Verständnisses sein, des Rufes, sich in die Natur zu flüchten? Ich bin davon nicht nur überzeugt, sondern finde auch, daß Ungestörtheit notwendig ist, damit sich dieser innere, geheime Garten entwickeln kann. Wenn ein Kind seine Innenwelt für sich behält, wird diese nicht entweiht. Möglicherweise kann es sich im späteren Leben nicht mehr daran erinnern, wenn es nicht als Erwachsener danach sucht und eigene Worte dafür findet.

Die belebende Kraft des Grals

Ein Schuttplatz am Rand einer Düne ist der ideale Ort, um zu beweisen, wie eine Ödnis heilen kann. Der Gegensatz zwischen dem unwirtlichen Terrain, auf dem Findhorn seinen Anfang nahm, und den heutigen Gärten zeigt, was geschaffen werden kann, wenn wir Zugang zur *viriditas* oder grünenden Kraft haben. In Findhorn kam sie durch die Seele von Frauen, die durch die Nebel in die unsichtbare Welt der Göttin treten und ihre Weisheit in eine Gemeinschaft hineintragen konnten, die diese auch schätzte. Metaphorisch gesprochen ist diese grünende Kraft der Gral, der die Ödnis heilen kann.

Viriditas und »grünende Kraft« sind theologische Begriffe, die von Hildegard von Bingen stammen (1098–1179). Der Theologe Matthew Fox meint, daß Hildegard *viriditas* als Synonym für den Segen der Fruchtbarkeit und Kreativität benutzte. Für sie war das die Erlösung, die Heilwirkung, die »Rückkehr der grünenden Kraft und der Feuchtigkeit«. In »Illuminations of Hildegard of Bingen« schreibt Fox:

»Hildegard sieht einen Gegensatz zwischen grünender Kraft oder Feuchtigkeit und der Sünde des Austrocknens. Ein ausgetrockneter Mensch, eine ausgetrocknete Kultur, verlieren ihre schöpferische Kraft. Daher ist Austrocknung für Hildegard eine große Sünde – sie behindert unsere höhere Berufung, schöpferisch zu sein. ›Die Menschheit ist einzig und allein dazu aufgerufen, ebenfalls zu erschaffen‹, erklärt sie.

Viriditas (...) ist Gottes Frische, die die Menschen in ihren spirituellen und körperlichen Lebenskräften empfangen. Es ist die Kraft des Frühlings, die keimende Kraft, eine Fruchtbarkeit, die von Gott stammt und die Schöpfung durchzieht. Diese mächtige Lebenskraft findet sich im nichtmenschlichen wie im menschlichen Bereich. ›Die Erde schwitzt keimende Kraft aus allen Poren‹, erklärt sie.

Statt wie Augustinus den Körper und die Seele in einem heftigen Kampf zu sehen, meint Hildegard, ›die Seele ist die Frische des Fleisches, denn der Körper wächst und gedeiht durch sie, genau wie die Erde durch Feuchtigkeit allein fruchtbar wird‹. Maria, die Mutter Jesu, wird geehrt als die *viridissima virga*, der grünste aller grünen Zweige, die Fruchtbarste von allen. Sie ist ein Zweig ›voller grünender Kraft im Frühling‹, und in solchen Gedanken klingen die tiefen Untertöne der Göttinnentradition in der Religion nach.«

Die Farbe Grün und der Gral haben mit Heilung und Göttlichkeit zu tun. In alchemistischen Texten ist die *benedicta viriditas* (das gesegnete Grün) ein Zeichen der Wiederbelebung der Materie: Es zeigt an, daß Lebenskraft in einen Prozeß zurückkehrt. Emma Jung und Marie-Louise von Franz beschreiben in »Die Gralslegende in psychologischer Sicht« die Verbindung zwischen der Farbe Grün und dem Gral:

»Als die Farbe der Pflanzenwelt und im weiteren Sinne des Lebens steht die Farbe Grün offensichtlich in Einklang mit der Natur des Grals... in der kirchlichen Symbolik ist Grün die Farbe des Heiligen Geistes (des Trösters), der *anima mundi*, und in der Sprache der Mystiker die universelle Farbe von Göttlichkeit.«

Ich erinnere mich an die grünsilberne Kapuze an dem schwarzen Talar, den ich bei meiner Graduierung trug, und denke an die Verbindung zwischen Göttlichkeit und Heilung, die auf den Asklepius-Tempel zurückgeht, und, noch vor den Griechen, auf die Göttin.

Naß, feucht, grün, saftig

Der Gralslegende nach muß der König von seiner Wunde genesen, damit das Grün in sein dürres Land zurückkehrt. Er ist ein alter Mann mit einer Wunde am Schenkel, deren Plazierung darauf schließen läßt, daß er den Kontakt zu Sexualität, Fruchtbarkeit, Zeugungskraft und Kreativität verloren hat und an dem leidet, was Hildegard als die schwerste Sünde bezeichnete: an Austrocknung und Dürre. In ihrer Korrespondenz mit Erzbischöfen, Bischöfen, Äbten und Priestern – den Fischerkönigen ihrer Zeit – drängt sie diese, »naß und feucht, grün und saftig« zu bleiben und den »gnädigen Tau« in ihr Herz zu lassen, um die Trockenheit zu überwinden.

Naß, feucht, grün und saftig zu sein bedeutet, emotional lebendig zu sein. Wir drücken mit dem Körper authentische Gefühle durch Feuchtigkeit aus: Wir vergießen Tränen des Glücks oder des Kummers; wenn wir lachen, tränen uns die Augen; bei bestimmten Emotionen und Erinnerungen sind wir so gerührt, daß uns die Augen feucht werden. Im Gegensatz dazu sind sogenannte Fischerkönig-Depressionen emotional trocken, tränenlos und ohne Feuchtigkeit.

Denken wir an unseren eigenen Körper: Wenn wir sexuell erregt sind, reagieren wir mit Feuchtigkeit; die Säfte fließen vor Erwartung und Begierde; Ejakulationen und Sekretionen sind naß. Wenn keine natürliche Feuchtigkeit besteht, herrscht vermutlich auch emotionale Trockenheit.

Der Fötus wächst in amniotischer Flüssigkeit heran; die Wehen setzen ernsthaft mit dem Platzen der Fruchtblase ein, und das Neugeborene taucht in eine nasse Welt. Durch die Geburt angeregt, gerät der Milchstrom in den Brüsten der Mutter ins Fließen. Die Frau beginnt entweder zu stillen oder sie trocknet aus.

Bei körperlich anstrengender Arbeit gerät man ins Schwitzen. Aber auch aus intensiver Angst und Panik bricht uns der Schweiß aus. Wenn wir sagen, uns läuft das Wasser im Mund zusammen, beschreiben wir, was im Körper in Vorfreude auf ein Eßvergnügen geschieht.

All diese Reaktionen sind voll Saft. Sie haben mit Intensität, Anteilnahme und emotionaler Flexibilität zu tun. Es sind körperliche wie seelische Reaktionen. Feucht, naß und saftig zu sein heißt echt zu sein. So sind wir, wenn wir authentisch sind, wenn unser Körper und unsere Emotionen ausdrücken, was wir fühlen.

Hildegard von Bingen sagte, wir sollten auch »grün« sein. Wenn man in einer Sache »grün« ist, gilt man als jung und unerfahren, als »Greenhorn«. Männer müssen sich immer schämen, wenn sie unerfahren sind, und so versuchen sie, das so weit wie möglich zu überdecken. Doch nur, wenn man »grün« und unschuldig ist, wenn man einen Teil in sich findet, der noch unerfahren ist, können wir zum Parzival werden, zum unschuldigen Narren, der die Gralsburg betreten kann, der das Kind Gottes sein und Gottes Königreich finden kann, oder aber den Garten der Göttin. Findhorns Gärten gediehen in der Einöde, weil die Menschen dort mit den Naturgeistern kommunizierten, um mit ihnen gemeinsam etwas zu erschaffen. Diese Menschen mußten dem Kind in sich vertrauen, dessen Glaube stärker war als die Angst vor der eher männlichen, rationalen Vorstellung. Man kann an dem biblischen Rat »An ihren Früchten sollt ihr sie erkennen« ebenso die Vernunft wie auch die Göttlichkeit von Findhorn messen.

Das Versprechen von Frühling und die Rückkehr des Grüns in das kahle Land ist aber auch eine psychologische Möglichkeit, die die Jungfrauengöttin Persephone symbolisiert, die zu ihrer Mutter Demeter zurückkehrt. Hildegard sagt über Maria, daß sie diesen Persephone-Effekt auf die Seele ausübe: »Du strahlendster, grünster, lebendigster Sproß… wieder bringst du uns die Fülle« in die »welke, schrumplige« Welt. In Ägypten heißt diese Göttin Isis, und die Rückkehr ihres Gefährten Osiris aus dem Totenreich enthält ein ähnlich symbolisches Versprechen. Osiris ist die einzige ägyptische Gottheit mit einem grünen Gesicht. Die Depressionen der Lebensmitte und die Hemmungen in der Schaffenskraft sind vorbei, wenn wir wieder grün und saftig werden. Dann ist das Leben wieder voll Interesse und Vitalität. Wir sind fasziniert vom Spiel der Ideen, Bilder und Gefühle, die uns dazu verleiten, kreativ zu sein, erfinderisch und spontan. In diesem Geist und mit einem offenen Herzen können wir auch wieder lieben.

Pilgerschwestern

Meine Begleiterinnen – Elinore, Freya und Soozi – waren ein ebenso wichtiger Bestandteil dieser Reise wie die besuchten Stätten. Ich hatte keine von ihnen vor dieser Wallfahrt gekannt, aber wir reisten zusammen wie alte Freundinnen. Die Gegenwart des Kindarchetypus in uns allen war deutlich an den glücklichen Lauten abzulesen, die wir von uns gaben, an unserer Spontaneität. In einem Moment des Schweigens an einem heiligen Ort, in dem gemeinsamen Impuls, einen Moment zu meditieren, in der Natürlichkeit, mit der wir etwas Wichtiges sagten, fanden wir auch stets die weise Alte und die Priesterin in uns. Soozi initiierte ein kurzes Ritual, Freya sagte etwas direkt aus dem Herzen heraus, Elinore bemerkte wie nebenbei etwas, das aber von planetarischer Bedeutung war, und ich erkannte den symbolischen Gehalt einer Situation. Wir lachten mehr, als ich in vielen Jahren gelacht hatte, einmal so sehr, daß wir auf der Straße anhalten mußten, bis die Lachkrämpfe vorbei waren. Wir hatten genügend Mütterlichkeit in uns, daß jede von den anderen abbekam. Wir waren alle unabhängige Frauen, aber auch fürsorglich, und alles, was erledigt werden mußte, wurde auch erledigt.

Diese kleine Gruppe von Pilgerschwestern wurde zu einer Kernerfahrung, dem Muster, dem morphogenetischen Feld für Frauengruppen, Workshops und Pilgerfahrten, die zum Teil meiner späteren Arbeit wurden – dies und meine Beteiligung an einer Gebets-Meditations-Gruppe, die sich nun seit sechs Jahren regelmäßig trifft. Hier war die Pilgerschaft eine Metapher für unser Leben, und die heilige Stätte, an der wir uns begegneten, wurde durch unsere Anwesenheit in Gebet oder Meditation zum Leben erweckt. Es tut uns gut, an einer solchen Stätte zusammenzusein. Es ist, als produzierten wir ein unhörbares Summen, zu dem jede weibliche Psyche mit einem Ton beiträgt, der auf das Herz eingestimmt ist. Das tröstet wie die Anwesenheit einer Mutter, nicht unbedingt der eigenen, sondern eher des Mutterarchetyps. In der Theologie des Protestantismus, wie ich ihn erlebte, ist die Dreieinigkeit von Vater, Sohn und Heiligem Geist männlich. Meiner Erfahrung nach wurde sie aber, da der Heilige Geist unsichtbar ist, zur neutralen Dreifaltigkeit. Im Neuen Testament senkt sich der Heilige Geist in Gestalt einer Taube, als weibliches Symbol, herab und wird der Tröster genannt. Wenn wir Trost brauchen, wenn wir verletzt sind, Schmerz oder Kummer leiden, wenn wir krank sind und Angst haben, fühlen wir uns klein und wollen, daß eine Mutter uns in die Arme nimmt, die wehe Stelle küßt und den Schmerz fortstreichelt. Auch wenn wir die eigene Mutter nie so erlebt haben, sehnen wir uns nach dem, was wir als archetypisch kennen: Wir vermissen unsere Mutter.

Als ich einmal in meinem Vogelhaus wilde Tauben unter den frechen Hähern sah, die ihnen die Körner fortpickten, begriff ich intuitiv, warum die Taube ein Symbol für Frieden und Göttlichkeit ist. Ihre Aura strahlt etwas ganz anderes aus als die anderer Vögel, auch wenn sie die gleiche Gestalt haben mögen. Was immer das sein mag, die Häher respektierten es. Überrascht sah ich, wie sie schließlich ruhiger wurden und den Tauben Platz machten, als seien sie geladene Gäste, während die Ankunft irgendeines anderen Vogels ihr Kreischen nur noch lauter gemacht und ihre Streitlust noch verschärft hätte. Tauben haben eine weibliche Anmut und Haltung. Lange vor der Christianisierung war die Taube das Symbol der Aphrodite. In der Symbolik des männlichen Heiligen Geistes liegt die Göttin der Liebe und der Schönheit verborgen, die auch eine Muttergöttin war.

Eine Frauengruppe kann ein mütterliches, morphogenetisches Feld konstituieren, wenn sie sich in einem heiligen Kreis versammelt: Wir erschaffen ein *temenos* (griechisch für Heiligtum). In einem Frauenkreisritual ist jede Frau sie selbst, aber auch ein Teil aller anderen Frauen in dem Kreis. Es gibt keine vertikale Hierarchie, und wenn ein Kreis ein *temenos* ist, gilt er als sicherer Ort, um die Wahrheit zu sagen und die eigenen Gefühle, Wahrnehmungen und Erfahrungen preiszugeben. Die Heilgruppen bei den Anonymen Alkoholikern erschaffen bei jedem Treffen eine Art *temenos*.

Damit ein Frauenkreis als spiritueller und psychologischer Kessel für Veränderung und Wachstum dienen kann, muß jede Frau darin als eine Schwester betrachtet werden, die uns das eigene Spiegelbild vorhält. Das bedeutet, daß alles, was mit ihr geschehen ist, auch mit uns geschah, daß, was immer sie fühlte oder tat, auch für uns als Möglichkeit besteht, daß wir uns weder überlegen noch unterlegen noch gleichgültig ihr gegenüber fühlen dürfen. Das sind nicht nur theoretische Vorstellungen, sondern es ist die emotionale Wirklichkeit, die entsteht, wenn man zuhört, wenn Frauen ehrlich über ihr Leben berichten. Zusätzliche Tiefe ergibt sich aus dem psychologischen Bewußtsein, daß starke Reaktionen auf eine andere Frau vorkommen können, weil sie etwas in uns selbst darstellt, das psychologisch aufgeladen ist; unsere Reaktionen haben nicht nur mit ihr zu tun, sondern auch mit uns selbst. Vielleicht können wir sie nicht ausstehen, weil sie Erfahrungen darstellt, die wir verdrängt haben; vielleicht finden wir sie schwierig, weil wir auf sie reagieren wie auf die eigene Mutter oder eine andere wichtige Bezugsperson; vielleicht fühlen wir uns von ihr angezogen, weil sie ein Potential in uns verkörpert, und die positiven Eigenschaften, die wir an ihr so bewundern, wachsen auch in uns; vielleicht meiden wir sie, weil wir unsere eigenen Süchte, Abhängigkeiten oder Bedürfnisse fürchten. Auf diese Weise sind wir füreinander symbolische Figuren, die wir begreifen müssen wie die Symbole in einem Traum.

Ich hatte auch das Gefühl, daß wir Frauen durch das Zusammensein auf dieser Pilgerfahrt – mit dieser Durchlässigkeit von Egostrukturen, die die männliche Psychologie stets so hart kritisiert – die Essenz davon aufnahmen, wer wir miteinander waren. Natürlich unterhielten wir uns, aber wir konnten unsere kollektive Erfahrung, unsere Werte und unsere Weisheit nicht einfach zusammenwerfen. Doch genau das haben wir auf gewisse Weise getan.

Ich frage mich zum Beispiel, ob sich die Bedeutung von Findhorn für mich erschloß, weil ich mit Soozi und Elinore dort war, obwohl wir überraschend wenig darüber redeten. Soozi hatte einmal in Findhorn gelebt und seine Idee in die Welt getragen, indem sie in Afrika, Australien, den USA und in Europa Workshops darüber abhielt. Daher war ihre Bindung an den Ort sehr tief. Elinores Verhältnis dazu war mir nicht recht klar, aber auch sie schien eine wichtige Beziehung zu der Vision und der Arbeit Findhorns zu haben.

Ich fand auf dieser Reise – was Pilger schon immer gewußt haben –, daß der Besuch heiliger Stätten die Seele des Pilgers anrührt. Ich kam mit einem Gefühl zurück, daß meine Seele auf non-verbale, vertiefende Weise durch den Kontakt mit den Menschen, die ich kennenlernte, und meinen Pilgerschwestern beeinflußt wurde. Ich erinnerte mich an meine Freundin Brooke Medicine Eagle, die einen Kristall besitzt, der den großen Hopi-Kristall berührt hat und der wiederum einen meiner Kristalle als Ausdruck des Glaubens berührte, daß die kollektive spirituelle Weisheit der Hopi durch den Kontakt von einem Kristall auf einen anderen übertragen wird. Abgesehen davon, ob das wahr ist, frage ich mich auch, ob Menschen vielleicht Eindrücke genauso übertragen können, wie es Kristallen zugeschrieben wird.

Diese Spekulation entstammte dem Gefühl, daß so etwas mit meinen Pilgerschwestern geschah, aber auch durch die Begegnung mit dem Dalai Lama und Dadi Janki. Ich war durch ihre Gegenwart beeinflußt worden und erinnerte mich an eine Unterhaltung mit William Tiller viele Jahre zuvor. Bill war Professor in einer »seriösen« Naturwissenschaft in Stanford. Seine Frau Jean war medial veranlagt, was ihn dazu veranlaßte, sich nebenbei mit Parapsychologie zu beschäftigen. Wir sprachen damals über Jesus und Jungs Konzept des »Einigungs«-Effekts, den Menschen aufeinander haben. Arthur Koestler beschreibt in seinem Buch »The Robot and the Lotus«, wie sich auf einem Feld in Indien eine riesige Menschenmenge versammelte, um einen Guru zu hören, doch man konnte ihn nur als einen kleinen Fleck in der Ferne ausmachen. Ohne Lautsprecher konnte sich der Guru nur den Gläubigen in seiner unmittelbaren Umgebung verständlich machen, und dennoch hielten sich alle, die gekommen waren, für spirituell erleuchtet.

Der Guru hatte eine Wirkung auf ihre Seele. In Jungschen Begriffen hatte er »das Selbst in ihnen vereinigt«. Das könnte als Erklärung dafür dienen, welche Wirkung Jesus bei seinen Predigten erzielte, daß die Taufe durch den Heiligen Geist, die seine Predigertätigkeit inspirierte, ihn mit einer Göttlichkeit erfüllte, die die schlummernde Göttlichkeit in anderen wekken konnte. Einfließen, Vereinigen, Anregen, Inkarnieren sind für mich Worte, die das gleiche auszudrücken versuchen.

Der grüne Zauber von Findhorn und das Netz aus Lichtern

Findhorn regt die Phantasie an, weil an diesem Ort Parabeln und Metaphern Wirklichkeit geworden sind, die in der unsichtbaren Welt der kollektiven menschlichen Phantasie existieren. Wo einst buchstäblich nur Schutt gelegen hatte und der Boden zu sauer und sandig war, um irgend etwas hervorzubringen, gedieh nun ein Garten. So wurde die Vorstellung von dem ergrünenden Ödland an diesem abgelegenen Ort zur Wirklichkeit. Findhorn ist mehr als nur eine Leistung oder ein gelungenes Experiment; es regt die Phantasie an und dient als eine Quelle der Inspiration dessen, was alles möglich sein kann. Wir können die Erde heilen und Überfluß erzeugen.

Wir erschauern, wenn ein ganz persönlicher Mythos sich als ein gemeinsamer Nenner herausstellt, wenn man erkennt, daß etwas, das wir uns vorstellten, vielleicht tatsächlich geschehen wird. Für mich war es nicht der Garten in Findhorn, bei dem ich eine Gänsehaut bekam, sondern als ich von dem »Netz aus Lichtern« hörte. Peter Caddy berichtet in »Faces of Findhorn« von einem Treffen mit einer Frau auf den Philippinen, die er Naomi nennt und die ihm von dem »Netz aus Lichtern« erzählte. Sie war der Kern einer Gruppe, deren Aufgabe darin bestand, Lichtzentren in der ganzen Welt auszumachen und telepathisch miteinander zu verbinden. Sie kam später auch nach Findhorn und wurde Gründungsmitglied. Drei oder vier Jahre lang traf sich in Findhorn zweimal täglich eine Gruppe, die meditierte und telepathisch mit diesen Zentren kommunizierte. Das geschah in der Überzeugung, daß die unsichtbaren Verbindungen zu zahllosen Zentren innerhalb des Netzes dadurch gestärkt würden.

Ich konnte auf dieser Pilgerfahrt erkennen und nach meiner Rückkehr noch mehr schätzen, daß überall in der Welt heilige Stätten neu geweiht werden und die Menschen auch heilige Stätten in sich selbst finden. Jede heilige Stätte und jede heilige Person ist tatsächlich ein Lichtpunkt in einem riesigen Netz, dessen Ausläufer jedesmal heller erstrahlen, wenn ein Pilger von einem Ort, einem Menschen zum anderen reist. Das Licht wird jedesmal heller, wenn einer von uns erkennnt, daß etwas wahrhaft Göttliches und Göttinnenhaftes in ihm selbst ist, etwas, das von anderen und von der Natur untrennbar ist.

13.
Überlegungen: Iona und andere Orte

Von Findhorn aus besuchten wir mehrere heilige Stätten in der Umgegend: die Clava Cairns, die Abtei von Pluscarden und Cluny Hill. Von allen dreien hatte ich noch nie gehört und erwartete daher nichts Bestimmtes. Auf dem Weg dorthin fühlte ich mich eher wie eine Touristin als eine Pilgerin. Ich hätte mir nie träumen lassen, daß ich die Präsenz und Kraft einer Energiequelle so stark empfinden würde wie an den Clava Cairns und in Pluscarden, und daß Elinore von allen Stationen auf dieser Pilgerfahrt von Cluny Hill am stärksten beeindruckt sein würde, wo ich überhaupt nichts empfand.

Unser Führer zu den Clava Cairns war Michael Lindfield. Er lebte schon seit zehn Jahren in Findhorn und war in dieser Phase zum größeren »Licht« geworden. Doch nun bereiteten seine Familie und er sich vor, nach Seattle im Nordwesten der USA zu ziehen, wo sich David Spangler, Dorothy Maclean und andere aus Findhorn niedergelassen hatten. Michael war eine friedliche, starke, ruhige, große, sanfte Präsenz. Für mich war er einer jener heiligen Menschen, ein Kristall, auf den ich mich einstimmte, der wie die heiligen Stätten die Pilgerfahrt zu dem machte, was sie für mich bedeutete.

Die Clava Cairns

Die Clava Cairns liegen eine halbe Stunde von Findhorn entfernt an einer Nebenstraße. Hier, an einer Stätte, die von der Geschichte und Touristenströmen unberührt scheint, liegen seit vier- oder fünftausend Jahren drei Steinhaufen.

Wir näherten uns dem ersten der drei Steinhügel von hinten. Die Cairns liegen auf einer grünen, moosigen Lichtung, umgeben von hohen Bäumen. Von hinten wirkt der erste Hügel wie ein großer, runder Steinhaufen; er nimmt etwa ebensoviel Raum ein wie ein Haus und hat auch etwa die Höhe eines einstöckigen Gebäudes. Den äußeren Kreis bilden große Findlinge; die kleineren Steine darin sind glatt, als stammten sie aus einem Flußbett. Von der Vorderseite, ebenfalls von großen Steinbrocken gesäumt, führt ein Gang zu einer runden Fläche im Innern. Die Wände dieses Gangs und der Kreismitte sind lotrecht und bestehen aus vielen Lagen sorgfältig ausgewählter Steine. Wenn man von innen durch den Gang nach außen blickt, sieht man auf den großen Torsteinen spiralförmige Zeichnungen in kleinen, runden Vertiefungen.

Der Gang wirkt wie eine Vagina, die in eine Gebärmutter hineinführt. Als wir drinnen angelangt waren, spürten wir alle eine Konzentration der Energie und etwas Weibliches, so flüchtig ein solcher Eindruck auch sein mag. Wieder fühlte ich mich wie eine Stimmgabel, und mein Körper reagierte mit jeder Zelle auf starke Schwingungen oder Strahlungen. Ich hatte den Eindruck, in einem unsichtbaren, stark aufgeladenen Energiefeld zu stehen. Später, als die anderen schon weitergingen, kehrte ich nochmals in diesen Cairn zurück, um diese neue Wahrnehmungsform zu erleben, die ich zuerst in der Kathedrale von Chartres in der Brust empfunden hatte.

Ich dachte an das Labyrinth auf dem Boden der Kathedrale, das genau an der Stelle liegt, wo der Schoß sich befände, wenn man sich die Kirche als einen Körper vorstellte und die Arme die Querschiffe bildeten. Dann dachte ich an die Uterusform des Tors von Glastonbury – das vielleicht die dreidimensionale Entsprechung des zweidimensionalen Labyrinthes ist –, wo ich wie viele andere gespürt hatte, daß es in dem Hügel einen Raum und einen Zugang dazu geben müsse. Und nun befand ich mich unerwarteterweise bei den Clava Cairns in einer Struktur, die mir wie eine Darstellung des Schoßes der Göttin erschien.

Sie erinnerte mich an die *kivas* der amerikanischen Ureinwohner, die runden Strukturen, die teilweise unter der Erde liegen und als Reifungs- und Initiationskammern für junge Männer dienten. Man betrat sie als Junge und tauchte als Mann aus diesem Schoß-Raum wieder auf. So wurde man zweimal geboren, zuerst aus dem Körper der Mutter und dann aus dem Kiva. Der Archetypus einer Initiation ist eine Transformation: Der Initiierte stirbt in seinem vorigen Leben und wird zu seiner neuen Identität geboren.

Ich fragte mich, was in diesem Cairn einst stattgefunden hatte. War auch dies ein Ort der Wiedergeburt – zugleich ein Grab und ein Schoß? Ich konnte mir gut vorstellen, wie beeindruckend es wohl war, den Cairn im Dunkeln zu betreten. Er war zwar nun oben offen, hatte aber vielleicht einst ein Dach getragen.

Um diesen Cairn herum gab es einen Steinkreis. Nachdem ich eine Weile in der Mitte verweilt und die Energie gespürt hatte und davon beeinflußt worden war, fühlte ich mich angehalten, zu jedem einzelnen stehenden Stein zu treten und ihm meinen Respekt zu erweisen, denn jeder fühlte sich wie das steinerne Äquivalent einer »alten Seele« an.

Der zweite Cairn ist kleiner und hat die Form eines perfekten Ovals mit einem Innenraum; wir bezeichneten ihn als »das Ei«. Man gelangt nur hinein, indem man über die Steine klettert. Insgesamt ist er kleiner und niedriger als der erste Cairn. Ich verspürte den Wunsch, mich darin niederzulegen, was ich auch tat – Kinder verspüren oft Lust, sich ausgestreckt auf die nackte Erde zu legen. Ich weiß noch, wie ich als etwa Zehnjährige manchmal auf einen kleinen Berg nahe unserem Haus kletterte, an einer Stelle das hohe Unkraut platttrat und mich dort hinlegte, vor allen Blicken verborgen; dann war ich immer sehr zufrieden. Ich war mir auf dieser Pilgerfahrt der Erdenergien bewußt geworden. Wollen Kinder, die sich allein und in einem Schutzraum flach auf die Erde legen, vielleicht von der Großen Mutter umarmt werden? Alice Walker, die stets ihren Trost in der Natur fand, legt sich oft auf den Erdboden. Ich habe sie einmal sagen hören: »Die Erde ist die einzige Göttin, die ich brauche.«

Der dritte Cairn hat die gleiche Form wie der erste, mit einem Gang, wie ein Geburtskanal, in das hohle Zentrum, doch er ist höher, und es herrscht eine aktivere, anregendere Energie. Um ihn herum befindet sich ebenfalls ein Kreis aus Steinen, von denen einer besonders auffällt, ein hoher, rechteckiger, denkmalartiger Findling.

Voller Ehrfurcht erkannte ich, daß diese Steine, die seit vier- oder fünftausend Jahren hier liegen, nicht einmal durch Mörtel zusammengehalten werden. Beeindruckt spürte ich in der Mitte des ersten Cairns die gleiche Energie, die ich im Schiff der Kathedrale von Chartres empfunden hatte. Ich spürte die gleiche Wärme, einen Druck und eine gewisse Schwingung in meiner Brust, wo sich die Herzenergie konzentriert. Herz- und Schoßbilder als Ausdrucksformen der Göttin und des Grals kamen mir auf dieser Pilgerfahrt immer wieder in den Sinn. Sie entsprachen als gedankliche Form meinen Körpererfahrungen. Es war eine grundverschiedene Art der Wahrnehmung und der Erkenntnis, ein körperliches Bewußtsein, ganz anders als das geistige Begreifen, das ich seit meiner Schul- und Universitätsausbildung trainierte und nutzte.

Pluscarden

Unterwegs von den Clava Cairns zur Abtei von Pluscarden hielten wir an ein paar Aussichtspunkten an, unter anderem bei Randolphs Leap, um auf das dunkle, rauschende Flußwasser hinabzublicken, das vom Torf schwarz gefärbt ist. Der Farbe nach hätte es ein Nebenfluß des mythischen Unterweltstroms Styx sein können. Die Abtei von Pluscarden liegt nicht weit von Findhorn entfernt an einer abgelegenen, ungeheuer friedlich wirkenden Stelle, die man über baumgesäumte Nebenstraßen erreicht. Der imposante steinerne Kirchturm würde jedem Universitätscampus in den Vereinigten Staaten zur Ehre gereichen; die Kirche wirkt relativ jung und ist gut erhalten, weil sie viel genutzt wird.

Es gibt dort auch eine Marienkapelle, die aber ausschließlich für die dort lebenden Mönche reserviert und für Besucher geschlossen ist. Zwischen der Hauptkirche und der Kapelle gibt es ein Fenster, das einen Blick auf den Altar ermöglicht.

An diesem Fenster erlebte ich ein höchst bemerkenswertes Gefühl. Hier war die Energie viel intensiver als an allen anderen heiligen Stätten auf dieser Pilgerfahrt. Bislang hatte ich die Atmosphäre an den heiligen Stätten respektlos immer als »dick« bezeichnet, weil sie sich spürbar aufgeladen anfühlte. Jetzt stand ich in dem Energiestrom aus der Marienkapelle wie gebadet da. Es fühlte sich an, als bewegten sich die Luftmoleküle in einem Fluß, der mich umspülte und umwirbelte und segnete.

Die Jungfrau Maria ist mir mit meiner protestantischen Erziehung ebenso fremd wie die Anbetung einer Göttin. Aber dieses Erlebnis in Pluscarden und das auf dieser Pilgerfahrt gewonnene historische Bewußtsein, daß heilige Stätten der Göttin entweder zu einer Marienkirche umgeweiht wurden oder man ein St.-Michaels-Kloster dort errichtete, waren sicherlich der Anlaß, über die Verbindung zwischen der Göttin und der Jungfrau Maria nachzudenken.

Am Ende des Buches »Die Nebel von Avalon« setzt die alternde Morgaine, die letzte Priesterin der Göttin, von Avalon nach Glastonbury über und betritt eine Marienkapelle. Dort erkennt sie zum ersten Mal, daß die Göttin weiterhin in der Welt bleiben wird, auch wenn das Christentum triumphiert. Marion Zimmer Bradleys Romanbeschreibung entspricht meiner eigenen bemerkenswerten Erfahrung in Pluscarden:

»Morgaine folgte dem Mädchen in die kleine Seitenkapelle. Vor der Statue einer verschleierten Frau mit einem Heiligenschein und einem Kind in den Armen standen große Sträuße blühender Apfelzweige. Morgaine holte erschauernd tief Luft und beugte den Kopf vor der Göttin.

Die Novizin erklärte: ›Das ist die Mutter Christi, die reine Jungfrau. Gott ist so groß und schrecklich. Vor seinem Altar fürchte ich mich. Aber hier in der Marienkapelle dürfen wir zu ihr wie zu unserer Mutter kommen, denn wir haben gelobt, keusch zu bleiben. ... Hier ist eine sehr alte Statue, die der Bischof uns gegeben hat. Sie kommt aus seiner Heimat... es ist eine ihrer Heiligen. Sie heißt Brigid ...‹

Morgaine betrachtete die kleine Statue und spürte die Kraft, die von ihr ausging und mit starken Wellen die Kapelle erfüllte. Sie verneigte sich.

Brigid ist keine christliche Heilige, dachte sie, selbst wenn Patricius es glaubt. Sie ist die Göttin, wie sie in Irland verehrt wird. Ich weiß, diese Frauen kennen die Macht der Unsterblichen, selbst wenn sie es nicht wahrhaben wollen. Sie können sie ruhig verbannen, die Göttin wird herrschen. Sie wird sich nie von den Menschen abwenden.«

Cluny

Nach Pluscarden fuhren wir zum Cluny Hill. Die heilige Stätte ist eigentlich der Hügel, der hinter dem Gebäude namens Cluny Hill aufragt. Es ist Findhorns Gästehaus und Konferenzzentrum und liegt ein paar Kilometer vom eigentlichen Findhorn entfernt. Man hält Cluny Hill in der Gegend für ein größeres Energiezentrum, einen Ort, an dem mehrere Energielinien zusammentreffen. Man erzählt sich auch die Legende, daß Jesus als kleiner Junge mit seinem Onkel Joseph von Arimathia nach Großbritannien kam und außer Glastonbury auch Cluny Hill besuchte.

Über diesen niedrigen Hügel zieht sich ein schmaler Pfad durch Buschwerk und Bäume zu einer kleinen Lichtung auf der Kuppe und führt dann ebenso gewunden wieder hinab. Wir gingen zu viert diesen Pfad, ich voran und Elinore am Schluß. Sie und Freya hatten das Gefühl, einen uralten Ort zu betreten. Elinore hatte außerdem eine starke Vision: Sie sah, wie wir zu Gestalten in Kutten mit Kapuzen wurden, zu den Ahnen, die zuvor auf diesem Pfad gewandelt waren. Für sie war Cluny Hill der heiligste Moment der ganzen Pilgerfahrt. Sie wurde in eine andere Zeit versetzt und davon zutiefst beeindruckt. Dieser flüchtige, aber starke Eindruck, an der gleichen Stelle zu sein wie in einem früheren Leben, aber zu einer anderen Zeit, wurde verstärkt, weil sie in der Vision an einer heiligen Prozession teilnahm.

Ich hingegen blieb unbeeindruckt. Cluny Hill barg für mich nichts Bemerkenswertes. Eines Tages werde ich gern dorthin zurückgehen und dann vermutlich erleben, was ich verpaßt habe. Schließlich hängt die Erfahrung aller heiligen Stätten vollständig von der Interaktion zwischen dem Ort und der Seele des Besuchers ab. Als ich auf dem Waldpfad voranging, fühlte ich mich vermutlich eher wie eine Pfadfinderin als eine Pilgerin. Aber ich war noch erfüllt von den Erlebnissen in Pluscarden und bei den Clava Cairns.

Iona

Wir ließen Findhorn nun hinter uns und machten uns auf den Weg nach Iona. Es ging an Loch Ness vorbei, durch den Norden Schottlands, zur Westküste. In Oban nahmen wir eine Fähre zur Insel Mull, dann fuhren wir quer durch Mull zu einer kleinen Personenfähre, die uns nach Iona brachte. Um auf diese kleine Insel zu gelangen, muß man beträchtliche Mühe aufwenden und die Fähren genau aufeinander abstimmen. Doch trotz aller Schwierigkeiten, an diesen abgelegenen Ort zu gelangen, ist Iona seit Jahrhunderten ein vielbesuchtes Pilgerziel. In Schottland heißt es: »Als Edinburgh noch ein Felshügel war und Oxford ein Sumpf, war Iona schon berühmt.«

Iona ist eine der kleineren Inseln der Inneren Hebriden vor der Westküste Schottlands. Dieses schlichte, erhabene Eiland ist nur fünf Kilometer lang und wie Glastonbury ein Ort, an dem der Schleier zwischen der weltlichen und der göttlichen Sphäre dünner ist als anderswo. Die Insel besteht aus uraltem Gestein, das sich geologisch von den Nachbarinseln unterscheidet. Von dort stammt auch der Iona-Marmor, ein wunderschöner weißer Stein mit blaßgrünen Adern.

Iona wird oft die Wiege des Christentums genannt, denn von hier aus brachte der heilige Kolumban im sechsten Jahrhundert den christlichen Glauben – als keltisches Christentum – nach Schottland, in den Norden Englands und nach Nordeuropa. Das Kloster dort war ein berühmtes Zentrum der Gelehrsamkeit und der Künste; hier soll das reichverzierte »Book of Kells« entstanden sein. Im Laufe der Jahrhunderte geriet das keltische Christentum unter den Einfluß der christlichen Hauptströmung, und im dreizehnten Jahrhundert errichteten die Benediktiner ein prächtiges Kloster auf Iona. Dieses Kloster wurde im zwanzigsten Jahrhundert von der schottischen protestantischen Kirche restauriert und ist nun Heimstätte der Iona-Gemeinschaft, einer ökumenisch-christlichen Gemeinde. Wir gingen nach unserer Ankunft zuerst an den Strand. Meer und Himmel, die Steingebäude und die felsigen Hügel, die stämmigen Menschen und der karge Pflanzenbewuchs harmonieren hier in einem ständig wechselnden Klima, das von sehr mild zu sehr rauh reicht. Obwohl es Ende Mai war, mußten wir uns warm anziehen. Unser Rhythmus wurde von Mutter Natur und den Gottesdiensten des Klosters bestimmt. Wir mieteten uns in einem gemütlichen, einfachen Hotel ein; unsere Zimmer hätten, der Schlichtheit und Größe nach, ebensogut in einem Kloster liegen können.

Es war ein perfekter Ort für Zurückgezogenheit und Besinnung. Ich erlebte während unseres Aufenthalts dort sehr lebhafte Träume. Ich hatte am Hochaltar von Glastonbury an einem persönlichen Ritual teilgenommen, bei dem ich mit

Verstand und Herz fünf wichtige Menschen in meinem Leben um Verzeihung gebeten hatte. Meine Träume drehten sich immer noch um den Geist jenes Rituals. In einer Serie von Träumen erschien mein Mann und akzeptierte unsere Trennung. Ich empfand nur Trauer und Mitleid – langsam heilte es in mir.

Iona war für uns sowohl eine Wallfahrtsstätte als auch eine Ruhepause. Was in Glastonbury als eine *vesica-piscis*-Erfahrung begonnen hatte – bei der ich die gleichzeitige Präsenz von Vatergott und Muttergöttin spürte und mein Herz als einen Kelch empfand, in dem beide zusammenkamen –, bestätigte sich auf Iona. Hier fand ich ein Symbol, das Vater und Mutter einte. Es gibt auf dem Klostergelände ein großes keltisches Kreuz, das mindestens neunhundert Jahre alt ist. Teil dieses Kreuzes ist ein Ring, ein Symbol der Göttin; er kreist die Stelle ein, wo die beiden Kreuzbalken einander schneiden. Im Unterschied zum römischen und protestantischen Christentum behält das keltische Christentum den Glauben an die Heiligkeit der körperlichen Welt bei. Statt die Göttin zu vertreiben, wird sie hier einbezogen, und man bleibt den heidnischen und mystischen Wurzeln treu.

Die keltischen Kreuze, die wiederaufgebaute Abtei und die Steinkapelle, in der ich meinen Pilgerschwestern aus T. S. Eliots »Vier Quartetten« vorlas, sind die körperlichen Zeugen und Träger von Tradition und Geschichte, um die die Atmosphäre einer heiligen Stätte herrscht. Iona ist auch als ein Ursprungsort der Mystik bekannt, daher bezeichnet man die Insel auch als einen Ort, an dem der Schleier dünner ist, jene Barriere zwischen dieser Welt und der anderen; die Mystik durchdringt diesen Schleier.

Die Frau im Herzen der Frauen

Iona ist auch eng mit den mystischen Schriften Fiona MacLeods verbunden. Elinore führte uns in eine kleine Buchhandlung auf Iona und erzählte uns von Fiona MacLeod. Als sie vor Jahren das erste Mal nach Iona gekommen war, hatte sie dort unter den antiquarischen Büchern zahlreiche Titel von

Fiona MacLeod gefunden. MacLeod war die weibliche Gestalt, die in einem Mann namens William Sharp (1855–1905) lebte. Psychologisch gesehen können wir Fiona als William Sharps Anima bezeichnen, über seine multiple Persönlichkeit spekulieren, ihn als androgynen Schamanen oder als Medium betrachten. Fiona ist wie die Devas von Findhorn eine andersweltliche Quelle der Weisheit und der Informationen.

Monate später schrieb mir Mrs. Detiger einen langen Brief, in dem sie nach der Lektüre von einigen dieser Bücher ihre Gedanken über Fiona MacLeod schildert und längere Texte zitiert. Über die Wiederbelebung des Keltischen schrieb Elinore: »Ich glaube, die keltische Mythologie ist ein lebendiger Brunnen von Gedankenformen und Symbolen, die an der Wurzel dessen liegen, was man weibliche Spiritualität nennen könnte. Die Frau in ihren vielen Aspekten wurde in gälischen Zeiten allgemein angebetet. Es ist Zeit, die Frau wieder zurück auf ihr Podest zu stellen, und es gibt dazu keinen besseren Weg, als den keltischen der Dreifachgöttin Brigitta – Bridi – Brighida. Die gebrochene alte Frau, die müde ist, ihre Schönheit verloren hat und nicht mehr singen kann – sie ist Trauer, aber auch Erneuerung und Erlösung. Sie ist in allen Phasen Frau, in all ihrer Pracht und Weisheit.

Die keltischen Legenden haben eine Zärtlichkeit und Schönheit, die alle anrührt, die Musik, Dichtkunst und das Herz lieben... sie berühren die tiefsten und geheimnisvollsten Aspekte der menschlichen Seele, unsere weichsten und verletzlichsten Teile.

Das Auftreten weiblicher Spiritualität erzählt uns von der Mutter, der Mutter von Gesang und Schönheit. Es erzählt uns von der Herrin des Meeres, es erzählt uns von der Frau, die im Herzen aller Frauen ist.

Fiona MacLeod: ›Ich habe oft an die alte Mary MacArtus gedacht und ihren Traum von der heiligen Sankt Bridi, von der älteren Brigida des Westens, Mutter der Lieder und der Musik. Sie atmet im Schilf, auf dem Wind und im Herzen der Frauen, in den Seelen der Dichter. Denn auch ich habe meinen Traum, meine Erinnerung an eine, die ich als Kind die Sternäugige nannte, später Banmorair-na-Mara, die Herrin des Meeres, und die ich endlich als keine andere wiedererkenne als die Frau, die im Herzen aller Frauen ist.‹

Fiona MacLeods Vision: ›Ich glaube, daß wir kurz vor einer großen, tiefen spirituellen Veränderung stehen. Ich glaube, eine neue Erlösung wird gerade in diesem Augenblick vom göttlichen Geist im menschlichen Herzen empfangen, das selbst wie eine Frau ist, in Träumen gebrochen, aber im Glauben stark, geduldig, leidend, sich auf zu Hause freuend. Ich glaube, daß das Zeitalter des Friedens noch lange auf sich warten lassen wird, aber es kommt näher, und daß der, der uns erneut retten wird, in göttlicher Gestalt als eine Frau erscheint, aber ob als Sterbliche geboren oder als eine Unsterbliche, die unsere Seelen anhaucht, kann niemand wissen. Manchmal träume ich von einer alten Prophezeiung, daß Christus wieder in Iona erscheint, und von einer späteren Prophezeiung, die vom Kommen einer neuen Präsenz und einer Macht kündet, bald als Braut Christi, bald als Tochter Gottes, dann als der göttliche Geist, verkörpert durch eine sterbliche Geburt, und ich träume, daß dies auf Iona geschieht, so daß diese kleine gälische Insel zu einem Bethlehem wird. Klüger ist es jedoch, nicht von geheiligtem Boden zu träumen, sondern von den geheiligten Orten der Seele, in denen sie hell und strahlend erscheinen wird. Oder davon, daß die Schäferin uns heimruft von den Hügeln, auf denen wir wandern.‹«

In Fiona MacLeods Schriften berühren mich zwei Bilder der Göttin zutiefst: »die Frau, die im Herzen der Frauen ist« und die »Schäferin, die uns heimruft«. Beide erscheinen vertraut. Ich habe ihre Präsenz gespürt und erkenne sie auch als archetypische Sinnbilder des Weiblichen und der weiblichen Gottheit, die wieder in unser Bewußtsein hineintauchen, vorwiegend durch das Wirken von Frauen. Diese Göttin wartet darauf, daß wir uns an sie erinnern. Sie ist die Gottheit von Chartres, dort schon Tausende von Jahren daheim, bevor man die Kirche dort baute. Sie ist bei den Clava Cairns und am Tor von Glastonbury. Sie ist die Göttin, die, wie Morgaine erkannte, in den Marienkapellen weiterlebte, deren Energie ich in der Abtei von Pluscarden spürte. Sie ist die Gottheit im Herzen keltischer Legenden und der weibliche Aspekt von Gott, dem ich auf dieser Pilgerfahrt immer wieder begegnete.

Jedesmal, wenn ich die Heiligkeit eines Ortes mit meinem Körper wahrnahm, wie beim ersten Mal in der Kathedrale von Chartres, handelte es sich buchstäblich um eine herzempfundene Erfahrung. Was sich in mir regte, konnte ich »die Frau im Herzen der Frauen« nennen. Nun begriff ich die Kraft in den Zeilen von Ntozake Shanges »Stück für farbige Mädchen, die an Selbstmord dachten, wenn der Regenbogen nicht reichte«: »Ich fand Gott in mir selbst und liebte sie, liebte sie aufs innigste.«

Wir verließen Iona an einem wunderschönen Morgen, voll Dankbarkeit für die Erhabenheit und Zeitlosigkeit dieses Ortes, für die Einladung, einfach nur dort zu sein, weder irgendwohin zu müssen, noch irgend etwas tun zu müssen. Iona war eine Insel inmitten der Zeit und eine Ruhepause, ehe die Pilgerfahrt ihr Ende nahm. Mitten in einer ungelösten, traumatischen Übergangsphase meines Lebens wirkte diese Station der Pilgerfahrt zutiefst tröstlich.

Wir brauchen in unserem nach außen gewandten Leben jeden Tag eine Pause, nicht nur während der größeren Veränderungen im Leben, wenn es am wichtigsten ist, sondern auch regelmäßig. Ich denke metaphorisch, wie nötig es ist, eine »diastolische« Zeit zu haben, denn das Herz entspannt und füllt sich in der Diastole. In der Systole zieht sich das Herz zusammen und schickt einen starken Strom Lebensblut aus sich heraus. Damit das Herz aber weiterarbeiten und den ganzen Körper versorgen kann, muß es sich entspannen und neu füllen. Genau das müssen wir auch.

Der Gral als Lügendetektor

Wir brachten von Iona ein paar vom Meer glattgewaschene Steine mit. Sie sind aus Iona-Marmor und glatt wie Babyhaut, so weich und freundlich wie der Geist dieser Insel; sie fühlen sich weiblich an. Die einzigen anderen Erinnerungsstücke aus Iona stammen aus einem Souvenirladen in der Abtei und einem kleineren Laden neben der Fähranlegestelle. Freya hatte eine Kristallschale gekauft, sie vorsichtig in den Händen zum Boot getragen und an einer Stelle verstaut, die sie für sicher hielt. Doch sie zerbrach, als jemand unser Gepäck umstellte. Freya war davon sehr betroffen und fragte sich, welche Bedeutung das für sie haben mochte. Später, auf der wesentlich längeren Überfahrt von Mull nach Oban, vor der Küste von Northumberland nahe dem Schloß von Bamburgh – ein Ort, der symbolische Bedeutung für sie hatte – vertraute sie die Scherben dem Meer an. Freya hatte außerdem auf Iona für jede von uns einen Becher gekauft; sie hatten die Farbe von Iona-Marmor, weiß mit hellgrünem Geäder, und waren fast zu schön, um Becher genannt zu werden. Ihrer bekam später einen Sprung und zerbrach. Sie kannte die symbolische Verbindung zwischen einer Schale oder einem Becher und der Gebärmutter und überlegte, alarmiert bereits durch die zerbrochene Schale, welche Botschaft dies für sie bedeutete.

Sie sah diese beiden Vorfälle im Zusammenhang mit ihrer Gebärmutterentfernung und glaubte, eine wichtige Verbindung zwischen der Entwicklung des Krebses in ihrem Uterus und dem zu erkennen, was sie aus ihrem Leben gemacht hatte, und akzeptierte es, größere Veränderungen vornehmen zu müssen. Für sie wie für mich war die Pilgerfahrt eine Phase der inneren Arbeit oder Vorbereitung für das, was als nächstes in unserem Leben passieren würde. Einiges davon konnten wir voraussehen. Hätte sie zweimal von einem zerbrochenen Gefäß geträumt, wäre es keine Frage gewesen, daß dies symbolische Bedeutung hatte. Doch sie hatte nun ähnliche Bedenken wegen der tatsächlich zerbrochenen Schale und des Bechers.

Schon vor der Pilgerfahrt hatte sie den Schluß gezogen, sie müsse in stärkeren Kontakt zu ihren weiblichen Energien treten. Sie ist eine sehr feminin wirkende Person (viele meinten, sie sähe aus wie Ginevra) und Mutter, doch sie behauptete, zu stark aus dem Kopf und Intellekt heraus gelebt zu haben. Sie verbrachte die meiste Zeit mit Männern – mit Kollegen, besten Freunden, ihrem ehemaligen Partner und mit zwei Söhnen. Diese Pilgerfahrt machte ihr – wie auch uns anderen – die gegenseitige Unterstützung deutlich, die ein wichtiger Bestandteil von Frauenfreundschaften ist.

Freya ist eine intellektuelle und positive Person, und sie überlegte nun, ob ihr Verstand und ihre Fähigkeit, in allem etwas Positives zu sehen, vielleicht das überlagerten, was ihre Gefühle und ihr Körper ihr sagten. Wäre sie ehrlicher zu ihren Gefühlen gewesen und hätte sich entsprechend verhalten, so hätte sie möglicherweise keine Situationen ertragen, die negativ waren und vielleicht zu dem Krebs beitrugen. Solche Gedanken lassen sich nie beweisen, aber sie rütteln auf und können zu wichtigen Veränderungen führen, die uns weiterbringen. Sie können im Gegenteil aber auch zu destruktiver Selbstbeschuldigung und Selbstvorwürfen verleiten.

Für mich bestand kein Zweifel an Freyas aktiver Absicht, alles zu tun, was nötig war, um das Leben mehr zu genießen. Sie wußte genau, daß die Verleugnung ihrer Gefühle zu ihrer Krankheit beigetragen hatte, und daß sie erkennen mußte, was sie fühlte, um sich entsprechend zu verhalten. Sie und ich hatten gleichermaßen unsere Gefühle mißachtet. Ich erkannte, daß das, was ich bislang für einen altruistischen, edlen Instinkt in mir gehalten hatte, überhaupt nicht gut war; statt dessen war ich durch die Verleugnung meiner Gefühle und Wahrnehmungen abhängig geworden und belog mich selbst. Überraschenderweise gibt es eine Verbindung zwischen einem intakten Gral und Lügen. In der keltischen Mythologie war es eine der Eigenschaften des Grals, Lügen zu erkennen. Jung und von Franz schreiben hierzu in »Die Grallegende in psychologischer Sicht«:

»Es war eine Kristallschale oder eine Schüssel, die, wenn jemand drei gelogene Worte hintereinander sprach, in drei Teile zersprang... und wenn jemand drei wahre Worte sagte, fügten sich die Stücke wieder zusammen. Durch das Auseinanderbrechen zeigte die Schale an, daß eine Lüge ausgesprochen wurde, und durch das Heilwerden bezeugte sie die Wahrheit ... derjenige, der lügt, täuscht sich selbst und löst sich in dem Prozeß auf, während der, der die Wahrheit sagt, seine Seele heilt und sie wieder ganz macht.«

Ich halte Lügen auf der emotionalen oder körperlichen Ebene für eine Verleugnung oder Unterdrückung von wahren Gefühlen. Dies tun wir unbewußt, um die Harmonie mit wichtigen Menschen in unserem Leben aufrechtzuerhalten, oder weil wir glauben, die Wahrheit unserer Gefühle sei für uns oder andere nicht akzeptabel. Zu häufig erkennen wir nicht einmal, wann wir unaufrichtig gegenüber unserem authentischen Selbst sind. Wir wissen gar nicht, daß wir lügen.

Ich log beispielsweise in der Phase nach der Trennung von meinem Mann, wenn ich sagte, es gehe mir gut. Mir erschien dies als wahr. Doch mein Körper war verspannt und ängstlich geworden, und da er sich der Gefühle bewußt zu sein schien, die der Rest von mir nicht ahnte, machte ich eine Körpertherapie, um mir selbst darüber bewußt zu werden.

Als ich eines Nachmittags auf der Behandlungsliege lag, erlebte ich eine Einsicht in die Verbindung zwischen Gefühlen und Körper und wie daraus Krankheiten entstehen können. Mir wurde klar, daß ich meinen linken Arm so hielt, daß er mein Herz schützte. Meine linke Hand war zur Faust geballt, als hielte ich einen Schild. Ich hatte eine schwierige Woche hinter mir und wie immer alles einigermaßen bewältigt. Doch als ich dort lag, wurde mir nicht nur klar, wie ich meinen Arm hielt, sondern auch, daß mein Kummer aus mir herausbrechen würde, wenn ich den Arm ausstreckte wie einen Flügel. Ich wußte in dem Moment auch, daß ich Hilfe brauchte, um genau das zu tun. In mir war zuviel Widerstand, um mich zu öffnen. Ein Teil von mir war stark damit beschäftigt, alle Gefühle zu unterdrücken, indem ich meine Schulter und den Arm in der Schildposition hielt. Ich bat meine Körpertherapeutin, meinen Arm zu heben und von der Brust zu nehmen. Als sie dies tat, kamen mir die Tränen.

Während ich mich unter Mühen öffnete und meinem Kummer freien Lauf ließ, dachte die ärztliche Beobachterin in mir an ein verbreitetes Syndrom, das wir entweder als Schultersteife oder Schulter-Hand-Syndrom bezeichnen. Das ist ein schmerzhafter Zustand, unter dem viele Frauen in der Lebensmitte leiden. Oft dauert er bis zu einem Jahr, bis er auf ebenso unerklärliche Weise wieder verschwindet, wie er aufgetreten ist. Ohne Physiotherapie kann Muskelatrophie aufgrund mangelnder Bewegung die Sache komplizieren. Das bahnte sich vermutlich bei mir an: Dann hätte sich der emotionale Schmerz, den ich nicht zuließ, durch einen Körperschmerz geäußert.

Ich belog mich selbst, als ich mir einredete, nicht traumatisiert zu sein, denn ich verstand ja, warum die Menschen, die ich liebte, sich mir gegenüber so verhielten. Wenn ich weiterhin meine Gefühlen abgelehnt hätte, hätte diese Lüge bewirkt, daß das Gefäß auseinandergebrochen wäre.

Heilung und Reintegration der Seele haben mit Wahrheit zu tun. Aber diese Wahrheit kann man oft lange nicht entdecken. Dazu müssen wir in Kontakt zu dem treten, was wir tatsächlich fühlen, und akzeptieren, daß uns etwas Wichtiges quält. Der Parzival in uns muß fragen: »Was quält dich?« Wenn wir es erkennen, dann müssen wir Veränderungen vornehmen, um wahrhaftig zu sein und um geheilt zu werden.

Der Körper kann ein guter Lügendetektor sein. Aber warum das bei einigen Menschen funktioniert und bei anderen nicht, ist eine andere Frage. Wenn wir Gefühle, Erinnerungen und Wahrnehmungen unterdrücken, verlieren wir unsere Integrität als intakte, vollständige Personen und zerspringen wie der Gral in viele Teile. Auf der seelischen Ebene spalten wir uns oder dissoziieren; die Psyche zerfällt in einzelne Teile, und Informationen, die wir nicht beachten wollen oder können, werden aus dem Bewußtsein herausgehalten. Dann können sich Symptome, funktionelle Veränderungen und Krankheiten auf der körperlichen Ebene manifestieren. Kummer, den wir verleugnen, verletzt uns. Und wenn es unmöglich wird, so »zersplittert« zu leben, kann das Gefäß, das aus Verstand, Herz, Seele und Körper besteht, »zerbrechen«.

14.
Holy Island:
Mutter Erde

Das letzte Ziel auf unserer Pilgerreise war Lindisfarne, auch Holy Island, heilige Insel, genannt. Lindisfarne liegt vor der Ostküste Nordenglands, praktisch Iona gegenüber. Unterwegs machten wir einen kurzen Abstecher zur Rosslyn-Kapelle am Rand Edinburghs. Ich dachte, der Grund dafür sei, daß es ein Ort von historischem Interesse war, aber nicht bedeutend genug, um im Programm für die Pilgerfahrt erwähnt zu werden. Doch dann entdeckte ich beim Schmökern in »The Holy Grail« von Norma Lorre Goodrich, daß dort noch immer in einer Säule der Gral versteckt sein soll und daß Novizen des Templerordens dort in den uralten heiligen Gralsorden aufgenommen werden. Das erinnerte mich daran, daß der mysteriöse Gral – als Erfahrung der Göttin – an verschiedenen Stellen und in Personen verborgen ist, daß seine Präsenz von Initiierten erkannt und akzeptiert wird, aber alle anderen ihn nicht erkennen.

Wie Mont Saint-Michel, die berühmteste heilige Insel in Europa, kann man Lindisfarne nur bei Ebbe erreichen. An diesem letzten Tag unserer Pilgerfahrt überließen wir es der Synchronizität, ob wir die Insel erreichten oder nicht, weil wir keinen Gezeitenkalender hatten. Dank der Gnade, die uns die ganze Reise über begleitet hatte, kamen wir bei gerade einsetzender Flut an, als der Damm vom Festland noch passierbar war.

Wir kehrten zum Mittagessen in einem Gasthaus ein. Man hatte dort keine Fremdenzimmer, sagte uns aber, wir könnten Zimmer im »Manor House« direkt neben den Ruinen des Lindisfarne-Klosters bekommen. Wir waren sehr gut gelaunt, weil wir den Damm überquert hatten, als schon kleine Wellen unsere Reifen umspülten. Die Gruppe, die das Gasthaus nach uns betrat, hörte uns lachen, und jemand sagte: »So lacht nur Jean Bolen!« Dann stand plötzlich meine alte Freundin Barbara Cook vor mir. Barbara hatte eine Jung-Gruppe in Kansas City gegründet und arbeitete nun daran, aus diesem kleinen Grüppchen eine wichtige Informationsquelle für Menschen auf dem Weg zur Individuation zu machen. Bei ihrem Anblick dachte ich wieder einmal an das Netz aus Lichtern – wie klein die Welt doch ist! Da sie der Jungschen Szene entstammt, war sie für mich auch eine symbolische Brücke, die die Erfahrung der Pilgerfahrt mit dem Ziel der Individuation verband.

Auf dem Weg zur Individuation gibt es mehrere Stationen, die in Jungschen Begriffen den Sinn des Ganzen bezeichnen: die Umkreisung des Selbst, Ganzheitssuche durch die Integration des Schattens und die Ausbildung weniger bewußter oder unentwickelter psychologischer Funktionen (Denken, Fühlen, Intuition, Empfindung), Einstellungen (extrovertiert, introvertiert) oder Eigenschaften, maskuline und feminine (Anima und Animus); zu dem zu werden, der wir authentisch sind, damit sich innere Welt und äußerer Ausdruck im Einklang befinden. Eine Pilgerfahrt ist im Jungschen Sinne ein Ausdruck, eine Bemühung, das Selbst einzukreisen, die Göttlichkeit anzuregen und das Selbst in uns zu erwecken. Ob wir jenen Teil in uns, der die Pilgerschaft sucht, Seele nennen oder den Teil, der die Individuation sucht, die Psyche – der Sinn ist derselbe, und das Ziel heißt Heilung, Ganzheit und Transformation. Die unerwartete Begegnung mit Barbara auf Lindisfarne unterstrich das.

Lindisfarne

Lindisfarne wurde im Jahre 635 vom heiligen Aidan aus Iona gegründet, der kurz nach der Wiedervereinigung des kriegszerrissenen Northumbria herüberkam. Er wählte die Insel als Standort für seine Kirche und sein Kloster und schuf damit für fast 250 Jahre ein Zentrum des keltischen Christentums. Von Lindisfarne aus zogen Missionare durch ganz Großbritannien und sogar bis in die Niederlande. Das Lindisfarne-Evangelium, ein Manuskript, das ebenso kostbar bebildert ist wie das berühmtere »Book of Kells«, liegt heute im Britischen Museum als eines der schönsten Beispiele für keltische Kunst.

Dieses Zentrum der spirituellen Erleuchtung wurde im Jahre 793 von den Wikingern überfallen und ausgeplündert. Das Licht erlosch 875 für immer, als die letzten Mönche von dort flohen. Die nächsten beiden Jahrhunderte blieb die Insel unbewohnt. Im Jahre 1082 ließen sich Benediktiner dort nieder und benannten die Insel in Holy Island um.

Lindisfarne oder Holy Island ist eine der Stätten, die über zusammenfließenden Energielinien errichtet sind. Sie war die letzte Station auf unserer Pilgerfahrt.

Wir blieben über Nacht, weil wir ohnehin durch die Flut vom Festland abgeschnitten waren. Am Morgen verbrachten wir eine Weile in den Ruinen der Abtei, wo ich »East Corker« las, das zweite der vier Quartette T. S. Eliots, in dem die Beziehung zwischen der Zeit und Veränderung oder Beständigkeit erforscht wird. Seine Bilder sprechen vom unter einem nun offenen Feld vergrabenen Feld, dem Tanz, der das Leben ist, und von der Notwendigkeit, daß die Seele wartet:

»Ich sprach zu meiner Seele, sei still und warte, ohne zu hoffen,
denn Hoffen wäre auf Falsches gerichtet; warte, ohne zu lieben, (…)
Doch Glaube und Liebe und Hoffnung sind alle im Warten.«

Poetisch gesehen war dies unserer Situation angemessen – auf der heiligen Insel, vom Festland abgeschnitten, körperlich nicht in der Lage, uns fortzubewegen, bis die Gezeiten sich änderten. Bis dahin mußten wir warten. Ich wurde durch den Standort daran erinnert, daß die Geographie meiner Pilgerfahrt selbst eine heilige Insel der Zeit mitten in einer großen Phase der Veränderungen war. In dieser Lebensphase lernte ich, daß ich keine Kontrolle über das hatte, was als nächstes geschehen würde, und konnte es mir nicht einmal vorstellen – genau das war die Situation gewesen, als ich zu dem unerwarteten Geschenk dieser Pilgerfahrt gekommen war.

Göttin und Gnosis

Ich blickte am Ende der Pilgerfahrt auf die heiligen Stätten und Menschen zurück und wußte, daß diese Erfahrung ein großes Geschenk war, dessen volle Bedeutung sich mir erst im Laufe der Zeit erschließen würde. Der Tiger Trust und die leitende Hand von Elinore Detiger hatten mir diese Pilgerfahrt ermöglicht; Synchronizität und Mutter Natur hatten sie gesegnet. Als ich Elinore meinen Dank ausdrückte, ergab sich daraus ein Gespräch, über das ich seitdem viel nachgedacht habe. Sie meinte, ich solle nicht denken, sie habe mir diese Pilgerfahrt persönlich zum Geschenk gemacht, auch wenn sie mich hierbei geleitet und begleitet hatte und mich später zu weiteren Pilgerstätten in Griechenland, Indien und Irland bringen würde. Was sie für mich tat, tat sie nicht als Individuum oder um Anerkennung zu finden, sondern weil sie es einfach tun mußte. Sie erklärte mir, was sie als ihren Auftrag verstand.

Ich glaube, es gibt »Aufträge«, die uns gegeben werden und die wir entweder akzeptieren oder ablehnen. Die Akzeptierung eines solchen Auftrags erfolgt auf der seelischen Ebene. Einer meiner Aufträge war zum Beispiel, für die Frauen das Wort zu ergreifen, die in der Therapie bei einem prominenten Psychiater sexuell mißbraucht worden waren. Es war wohlbekannt, daß dieser Psychiater zu vielen seiner Patientinnen sexuelle Beziehungen unterhielt, und das wurde von mir und meinen Kollegen ignoriert, genau wie Inzest in gestörten Familien ignoriert wird. Dieser Mann trieb es schon jahrelang so, aber ich hatte nichts davon gewußt, bis innerhalb kurzer Zeit eine ganze Reihe von Enthüllungen an mich herangetragen wurden. Eine Frau in einem von mir geleiteten Seminar sprach über den Schaden, den dieser Mann bei ihr angerichtet hatte. Er hatte sich ihr in der Analyse sexuell genähert, nachdem sie im Geiste zurückgegangen und zum kleinen Mädchen geworden war, das seinem Vater vertraute. Einer meiner Analysepatienten erzählte mir von einer Frau, die er gerade kennengelernt hatte. Sie hatte mit genau diesem Psychiater eine sexuelle Beziehung begonnen, was schlimme Folgen für sie hatte. Eine Kollegin in dem gleichen Gebäude, in dem ich meine Praxis hatte, teilte mir ihre Sorgen um eine Patientin mit, die in den Therapiestunden Sex mit diesem Psychiater gehabt hatte und seitdem besessen und unfähig geworden war, ihr Leben normal weiterzuführen. Als ich mit einem anderen Kollegen darüber sprach, erzählte er mir, er würde niemals eine attraktive Frau an diesen Psychiater überweisen, weil das allgemein bekannt sei. So kam ich allmählich zu diesem Wissen, da eine Person nach der anderen mir ihre Geschichte über diesen Mann zugetragen hatte; es kam mir vor wie eine Serie von Synchronizitäten. Ich mußte nun eine Entscheidung treffen: entweder etwas unternehmen oder nicht.

Entscheidungen entspringen einer komplexen inneren Reaktion auf äußere Ereignisse. In uns sitzt ein Komitee, ein Kreis aus Persönlichkeiten, Archetypen und Aspekten, oft mit widersprüchlichen Zielen und Stimmen; das, worauf wir hören, bestimmt den Weg, den wir einschlagen. Ich reagierte auf »Schweigen bedeutet Zustimmung« und »Damit sich Unheil fortsetzen kann, braucht eine gute Frau einfach nur nichts zu tun« und übernahm den Auftrag. Ich glaube, wir wissen, was die Seele von uns verlangt, und wir können es jedesmal akzeptieren oder ablehnen. Seelenentscheidungen führen uns entweder ins Feuer oder in die Leere; sie stellen uns auf die Probe und zeigen uns, was für eine Art Frau wir sind. Das ist das, was man Psyche sagte, als sie die Vier Aufgaben übernahm.

Ein Auftrag kann darin bestehen, aufgrund von Informationen zu handeln, die von außen an uns herangetragen werden, wie in meinem Beispiel. Vielleicht heißt es auch, aufgrund einer inneren Eingebung zu handeln. Viele von Mrs. Detigers Aufträgen, von denen einer mich betraf, waren von dieser Art. Vielleicht handelt es sich auch um unvermeidliche, große Seelenprüfungen: Ob groß oder klein, Seelenaufträge prägen die Seele. Durch sie lernen wir, und sie sind vielleicht das, was wir ohnehin tun wollten.

Elinores Auftrag lautete, die Einladung an mich auszusprechen, mich auf diese Pilgerfahrt zu begeben. Synchronizitäten machten mir klar, daß es sich um eine sehr bedeutsame Reise handeln würde. Am Ende der Pilgerfahrt erkannte ich, daß die Anlässe, die zu meiner Midlife-Krise führten – bei denen ich mein Herz geöffnet und die Göttin in körperlicher, mystischer Weise gespürt hatte, mir gleichzeitig erlaubt hatten, jene Energie zu empfangen, die die Erde den Pilgern an heiligen Stätten schenkt. Ohne diese Erfahrungen wäre ich eine Touristin oder Forscherin geblieben, aber nicht zur Pilgerin geworden.

Ich habe das Gefühl, daß die Göttin – »die Frau im Herzen der Frauen« – sich wieder der Menschheit zuwendet. Sie taucht in unseren Träumen als numinose Gestalt auf, manchmal als überlebensgroße dunkle Frau, manchmal als Göttin, dann wieder als eine Führerin. »Die Frau im Herzen der Frauen« ist eine innere Gestalt. Sie stellt weibliche Weisheit dar, Erkenntnis durch das Herz, eine Methode, die mit dem Patriarchat abgewertet und verunglimpft wurde, welches dieses innere Wissen durch Gehorsam gegenüber der äußeren Autorität ersetzte. In der griechischen Mythologie war sie Metis, die Göttin der Weisheit, von Zeus klein gezaubert und dann verschluckt, als sie mit Athene schwanger war. Sie war Sophia, die von den Kirchenvätern zusammen mit den gnostischen Ketzern verbannt wurde, und sie war die Schechina, das vergessene weibliche Gesicht Gottes im Judaismus.

Eine gnostische Erkenntnisweise ist weibliche Weisheit. Elaine Pagels sagt in »Versuchung durch Erkenntnis – Die gnostischen Evangelien« hierzu folgendes:

»Diese Christen, die man nun Gnostiker nennt, beziehen sich auf das griechische Wort *gnosis,* das man allgemein mit ›Wissen‹ übersetzt. Aber gnosis ist nicht vornehmlich rationales Wissen. Die griechische Sprache unterscheidet zwischen wissenschaftlichem oder reflektivem Wissen und Wissen durch Beobachtung und Erfahrung; letzteres entspricht der *gnosis.* Da sie diesen Begriff wählten, können wir ihn auch als ›Einsicht‹ übersetzen, denn zu *gnosis* gehört ein intuitiver Prozeß, sich selbst zu erkennen. Und sich selbst erkennen, behaupten sie, heißt, das menschliche Wesen und das menschliche Schicksal zu kennen... sich selbst auf der tiefsten Ebene zu kennen bedeutet gleichzeitig, Gott zu kennen. Das ist das Geheimnis der *gnosis.*« Das gnostische Evangelium, auch als Nag-Hammadi-Bücher bekannt, wurde erst in den zwanziger Jahren dieses Jahrhunderts entdeckt und übersetzt. Das bedeutet, daß es erst ans Licht kam, als es auch die Wissenschaft und die Kenntnisse gab, es zu erhalten und zu übersetzen. Da es außerdem bereits die Frauenbewegung gab, als das Manuskript zum Studium zur Verfügung stand, bedeutete das, daß auch weibliche Gelehrte daran arbeiten konnten. Ein verändertes Bewußtsein erlaubte zumindest die partielle Empfänglichkeit dafür, daß Sophia oder weibliche Erkenntnisse nach ihrer Unterdrückung durch die frühen Kirchenväter wieder auftauchen konnten.

Die Erde ist unsere Mutter

Das aus dem Weltraum aufgenommene Foto von der Erde ist möglicherweise das bedeutsamste Bild in der Evolution des menschlichen Bewußtseins im zwanzigsten Jahrhundert; es war ein Geschenk von Apollo, dem Raumfahrtprogramm der NASA. Die Apollo-Astronauten sahen zum ersten Mal die Erde aus dem Weltraum. Durch sie konnten wir die Erde als heilige Insel vor einem Meer der Schwärze sehen, einen sonnenbeschienenen, meerblauen Globus mit Wolkenwirbeln und Umrissen von Kontinenten. Dieses Bild der Erde rührte ans Herz und brachte Menschlichkeit in ein planetarisches Zeitalter: das psychologische Bewußtsein, daß wir das Schicksal der Erde mit ihren begrenzten Ressourcen teilen.

Russell Schweickart und Edgar Mitchell waren zwei der Apollo-Astronauten, die öffentlich über die spirituellen Veränderungen sprachen, die in ihnen stattfanden, als sie aus dem Weltraum herab auf die Erde schauten. Schweickart verbrachte fünf unverplante Minuten im Raum, als eine Kamera ausfiel; während er darauf wartete, daß sie entweder repariert oder ersetzt würde, hielt er sich an der Leitersprosse fest und wandte sich der Erde zu. Er testete gerade das Rettungssystem und war somit der erste Astronaut ohne eine »Nabelschnur« außerhalb eines Raumschiffes.

Schweickart hat die Seele eines Dichters, denn er erkannte:
»Ich war buchstäblich in jenem Moment in der Position, alle anderen Menschen auf der Erde zu repräsentieren. Es war meine Pflicht, diese Erfahrung, die Erde aus dem Raum heraus zu betrachten, in mich aufzunehmen. Ich habe dabei nicht viel überlegt, ich versuchte einfach nur, mich völlig zu öffnen... Seitdem habe ich viel Zeit damit zugebracht, diese fünf Minuten in mein Leben zu integrieren und das wirklich zu erfassen, was es für uns alle bedeutet.«

Bis wir einigen Abstand zur Mutter gewinnen, können wir sie überhaupt nicht sehen. Für den Säugling ist die Mutter Nahrung, Wärme und Trost; sie ist die Umwelt. Das Kind und der Jugendliche sehen die eigene Mutter ein wenig deutlicher als der Säugling, aber sie ist immer noch ununterscheidbar von der mütterlichen Zuwendung, die sie bietet. Das gleiche gilt für Erwachsene, die weiterhin von einer Kindsposition ihrer Psyche aus auf die Mutter reagieren. Zu welchem Zeitpunkt sehen wir das Gesicht unserer Mutter und erkennen, daß sie eine einzigartige Person ist, die uns das Leben schenkte und uns liebt, daß sie in unseren Augen schön ist und verletzlich? Wann wissen wir, daß die Zeit und Arbeit ihr ihren Preis abverlangt haben und sie uns eines Tages wohl brauchen wird, damit wir uns um sie kümmern?

Erst als wir in den Weltraum aufbrachen und zurück auf die Erde blickten, konnte die Menschheit eine ähnliche Erfahrung mit Mutter Erde machen. Der wunderbare blauweiße Planet, unsere Erde, ist eine von Licht strahlende Kugel, die sich vor dem schwarzen Raum abzeichnet: Sie ist schön und verletzlich und die einzige Mutter Erde, die wir haben.

Die Erde hat auf Fotos ebenfalls die Form einer Mandorla, Symbol dessen, was Jung das Selbst nannte, ein Bild der Vollständigkeit und der Archetypus des Sinns. Dieses Selbst ist alles von uns Erlebte, das größer ist, als wir mit unserem kleinen Selbst es wahrnehmen können, und wir erkennen dadurch, daß unsere Existenz etwas Bedeutsames ist. Der Kreis ist ein weibliches Symbol, das schon die Große Mutter darstellte, noch ehe die Menschheit erkannte, daß die Erde rund ist. Die Erde ist die große Muttergottheit; sie schenkt uns das Leben, gibt uns Atem und hält unseren Körper mit ihrer Schwerkraft fest, und im Tode kehren wir zu ihr zurück.

Die Göttin macht den Körper und alles Leben heilig und verbindet uns mit der Göttlichkeit, die alle Materie durchdringt. Ihr symbolisches Organ ist die Gebärmutter. Wir können sie gnostisch durch ihre göttliche Tochter, die Gralsjungfrau erkennen, die die Wahrnehmung der weiblichen Gottheit verkörpert, »die Frau im Herzen der Frauen«. Ihr Organ der Erkenntnis ist das Herz; Herz und Schoß sind Werkzeuge, durch die das Leben belebt wird. Beide sind Gefäße für Blut, die sich füllen und leeren. Das eine enthält das Leben, das andere erzeugt es.

15.
Hinunter zur Erde: Die Rückkehr

Es kommt unweigerlich der Zeitpunkt, an dem der Pilger von seiner Wallfahrt heimkehrt, der Astronaut wieder in die Erdatmosphäre eintritt und auf dem Wasser aufschlägt, der mythologische Apollo von den Hyperboreern nach Delphi zurückkehrt und Parzivals Aventüre ein Ende findet.

Als ich nach Kalifornien zurückkehrte und auf dem Markt einkaufen ging, geschah etwas Seltsames. Ich betrachtete das vielfältige Fleischangebot an dem Stand, an dem ich sonst immer meine Steaks kaufte, und mein Körper sagte: »Nein, danke.« Vor der Pilgerfahrt hatte ich die Angewohnheit gehabt, jeden Morgen zum Frühstück ein kleines Steak zu essen. Champagner war eine weitere Eigenart meiner Diät. Als ich entdeckte, daß es einen Korken gibt, mit dem man die Flasche wieder so verschließen kann, daß die Perlung erhalten bleibt, stand in meinem Kühlschrank stets eine Flasche davon. Ein oder zwei Gläser am Abend waren eine der kleinen Freuden meines Alltags. Doch vom ersten Abend nach meiner Rückkehr an fand ich an Champagner auch nichts Verlockendes mehr.

Mein Verstand hatte mit diesen Entscheidungen nichts zu tun, Willenskraft spielte überhaupt keine Rolle dabei. Ich folgte bloß dem, was mein Körper wollte, und der denkende, beobachtende Teil in mir sah einfach nur zu. Ich erinnerte mich an etwas aus meinem Medizinstudium: Es ging um ein Experiment mit etwas älteren Säuglingen, die bisher lediglich mit Brustmilch ernährt worden waren. Sie konnten sich nun die feste Nahrung nach Belieben aussuchen, ganz egal, ob sie dabei vielleicht eine Woche lang ausschließlich rote Bete aßen. Aber diese Babys schienen instinktiv genau das auszuwählen, was ihr Körper brauchte. Ist es möglich, daß wir so etwas intuitiv erkennen können?

Ich staunte über meine instinktive Reaktion an der Fleischtheke und angesichts der Champagnerflasche. Hatte es etwas damit zu tun, daß mein Körper genau wußte, was er brauchte, um gesund zu bleiben? Oder traf mein Körper eine instinktive Entscheidung, da mir verstandesmäßig klar war, daß viele Menschen ein praktisch-spirituelles Leben praktizieren und dabei weder Fleisch essen noch Alkohol trinken? Ich wußte es nicht, außer, daß ich darauf achten konnte, was mein Körper wollte. Das an sich war schon eine neue Erfahrung für mich.

Zuerst die »Stimmgabelerfahrung« als eine körperliche Reaktion auf heilige Stätten, und nun dies! Nach meiner Rückkehr empfand ich nicht nur eine tiefe Verbundenheit mit der Erde als Mutter, sondern stellte auch fest, daß ich eine andere Beziehung zu meiner eigenen »Erde«, meinem Körper gefunden hatte. Indem ich darauf achtete, wie mein Körper auf Orte reagierte, und darauf vertraute, daß er erkannte, was mein Verstand nicht wahrnehmen konnte, hatte ich eine Methode gefunden, zu erkennen, was wirklich wichtig war. Genau wie die Worte »Mutter« und »Materie« der gleichen Wurzel entstammen, gehören die Erde und der Körper ebenfalls ins Reich der Mutter.

Instinktive Entscheidungen

Vermutlich erscheint diese Erdverbundenheit und Fokussierung dessen, was ich esse, bei meiner mystischen Neigung und Verbundenheit zur archetypischen Welt ziemlich weltlich – aber wenn ich darüber nachdenke, finde ich es auch wunderbar. Ich lernte zu erkennen, was für mich wirklich nahrhaft und gut war und was nicht. Indem ich auf die Erde lauschte und auf mein Körperwissen achtete, entdeckte ich eine verborgene Erdmutter in meinem Unbewußten.

Dieses leise »Nein, danke« auf Fleisch und Alkohol hielt drei Jahre an, und dann öffnete ich eines Tages die Flasche Champagner, die die ganze Zeit in meinem Kühlschrank gestanden hatte, und schenkte mir ein Glas ein. Ein andermal fand ich ein Fleischgericht verlockend und sagte mit der gleichen Gelassenheit: »Ja, bitte.«

Was ich mir in den Mund stecke und mit dem Körper aufnehme oder nicht, ist berührbar und sichtbar. Ich besuchte auf der Pilgerfahrt heilige Stätten und nahm die unsichtbare Nahrung in mich auf, die dort angeboten wurde; es war Seelennahrung. Muttermilch, um die Göttlichkeit im Pilger zu nähren. Ich übertrug die Methode, mit dem Körper wahrzunehmen, von den heiligen Stätten in mein normales Leben und wandte sie sogar bei der Auswahl meiner Nahrung an.

Läuterung:
Entfernung dessen, was der Klarheit im Wege steht

Es ist nicht leicht, gute Nahrung jeglicher Art zu erkennen, wenn der spontane, instinktiv erkennende Teil in uns taub und vernachlässigt ist. Wenn ich an das Ritual in Glastonbury denke, das mit der Läuterung im Gralsbrunnen begann, so betrachte ich es sowohl als machtvolles Ritual an sich, aber auch als eine Benennung dessen, worin ich unwissentlich bereits involviert war. »Läuterung« heißt unter anderem, die Hindernisse auf dem Weg zur Klarheit auszuräumen, sein wahres Selbst wiederzufinden.

Einige Menschen müssen sich dazu in eine Entziehungsklinik begeben, um clean zu werden und sich von dem zu befreien, was sie süchtig macht und betäubt. Für viele kommt Klarheit aus der Verpflichtung zu einem psychotherapeutischen Prozeß. Für mich war das wichtigste Hilfsmittel dazu die Abgeschiedenheit und der Schutz, den ich unerwartet in meiner eigenen Wohnung fand, wo der Raum, in dem ich einschlief und erwachte, klar und ordentlich war und mir geschmacklich und symbolisch alles gefiel, wo meine Energie und mein Seelenfeld sich nicht mit einem anderen vermischten oder auf eines reagieren mußte, wo ich in meiner eigenen Aura sein konnte. Ich glaube, diese Phase des Alleinseins war eine wichtige Vorbereitung für die Pilgerfahrt, die mir erlaubte, offen und dem Augenblick hingegeben, aufnahmebereit und ungeschützt sein zu können. Dazu kam die Gesellschaft von Frauen, die nichts von mir erwarteten und bei denen ich ich selbst sein konnte. Keine von uns mußte Mutter sein, Mädchen oder weise Alte; alle drei Aspekte waren aber willkommen. Wir waren Pilgerinnen, die die Gesellschaft der anderen schätzten, aber auch deren Bedürfnis nach Alleinsein respektierten.

Ich weiß, wie ungeheuer wichtig es ist, zuweilen ganz allein zu sein, Zeit und Raum für sich zu haben, wie auf Iona vom Festland getrennt zu sein, fort vom festgelegten, aktiven Leben, von den Energien, Bedürfnissen und Projektionen anderer Menschen. Ich habe festgestellt, daß ich mich im Alleinsein selbst als Gefährtin entdecke, besonders am frühen Morgen. Es ist, als läge ich in einem tiefen, stillen Teich, der alles an die Oberfläche treiben läßt, was sich in meinem Bewußtsein befinden mag.

Nur wenn wir die Aufmerksamkeit nach innen richten, können wir erkennen lernen, was wir in uns aufnehmen sollen, mit wem wir uns sicher fühlen, wo wir sein wollen, was für uns wahr ist. Gleichgültig, was wir tun müssen, um die Wahrheit in uns selbst zu erkennen, es bedeutet für uns eine »Läuterung«. Läuterung hat mit Absicht und Vorbereitung zu tun, der Entfernung von Hindernissen und Giftstoffen, bis wir authentisch auf alles reagieren können, was uns begegnet.

So haben wir als Kinder reagiert, ehe wir für das, was wir taten, bestraft wurden oder uns schämten. Authentisch auf das reagieren, was uns begegnet – wie schwer ist es für Erwachsene, etwas zu tun, was sich so einfach anhört. Denn dazu müssen wir nur die Aufmerksamkeit nach innen richten, wir müssen nur erkennen, was wir fühlen, wir müssen nur fähig sein, mit unschuldiger, spontaner, instinktiver Aufnahmebereitschaft, einem fein abgestimmten, scharfen Bewußtsein, einer Körper-Seele-Reaktion auf unsere Umwelt zu reagieren. Doch dieses Bewußtsein können wir uns nur leisten, wenn wir das Wahrgenommene auch in die Tat umsetzen können. Authentische Reaktionen auf das, was uns begegnet, haben mit freier Entscheidung zu tun, mit der Kraft, das auszuleben, was wir wissen. Es ist ebenso leicht, wie die Nahrung aufzunehmen oder zu verweigern, die man uns anbietet, und genauso komplex wie unsere Reaktionen auf die komplexen Elemente, aus denen unser Leben besteht.

Das wissende Kind

Das Kind, das instinktiv die Wahrheit darüber erkennt, wer es liebt und wen es liebt, reagiert auch auf Geschichten, die im zutiefst mythischen Sinne wahr sind. Um so zu reagieren, brauchen wir sowohl das Kind in uns, das für Wunder und Zauberei offen ist, das unkritisch zuhört und sich richtig in die Geschichte hineinfallen läßt, als auch eine weise Alte, die weiß, daß die Geschichte metaphorisch gesehen wahr ist.

Madeleine L'Engle schreibt in dem Kinderbuch »A Ring of Endless Light«: »Großvater mahnte: ›Du mußt der Dunkelheit die Erlaubnis geben. Sonst kann sie nicht heraufziehen.‹

Aber ich hatte ihr keine Erlaubnis gegeben. Sie war ebenso plötzlich und unerwartet gekommen wie der Tod, der das Kind aus meinen Armen genommen hatte.

›Vicki, schaff nicht noch mehr Dunkelheit.‹

Ich hörte ihn, aber hörte nicht hin.

›Vicki, das ist mein Auftrag. Du bist eine Lichtträgerin. Du mußt das Licht aussuchen.‹

›Das kann ich nicht...‹, flüsterte ich.
›Das hast du aber bereits getan. Ich weiß das aus deinen Gedichten. Aber du mußt diese Entscheidung jetzt erneuern.‹«

Ich weiß noch, wie ich in einem verdunkelten Zuschauerraum einmal »Peter Pan« sah und Tinkerbells Licht zu flackern begann und verlöschte. Nur wenn wir alle fest daran glaubten, daß sie wieder ins Leben zurückkehrte, nur wenn wir alle die magische Formel laut schrien, würde der Zauber klappen. Es war so, als würden alle Kinder im Publikum, die: »Ich glaube es!« wie aus einem Mund brüllten, das Licht in ihr wieder anzünden und heller brennen lassen.

Wenn in uns das Licht flackert und sich eine ungeheure, hoffnungslose Dunkelheit auf uns zu senken droht, ist die Seele wie Tinkerbell, nicht der Körper. In einer solchen Lage können Liebe und der Glaube an jemanden tatsächlich helfen, dann kann eine Geschichte etwas bewirken.

Walt Disneys »Dumbo«, der kleine Elefant mit den Riesenohren, konnte erst fliegen, als eine Krähe, die von seiner Fähigkeit zu fliegen überzeugt war, ihm eine Feder gab. Diese mußte er mit dem Rüssel umklammern und an deren Zauberkraft glauben. In der festen Überzeugung, daß er mit dieser einzelnen Feder fliegen konnte, schlug Dumbo mit den Ohren und hob ab. Nur das war nötig, denn die Fähigkeit zum Fliegen hatte er ohnehin. Was ihn zu etwas Besonderem machte, machte ihn auch anders.

Ohne die Feder hätte Dumbo niemals das Fliegen gelernt; er hätte niemals den damit verbundenen Spaß erlebt. Er brauchte etwas, an dem er sich festhalten konnte, um zu glauben, daß er so einzigartig war, wie er es war. Die Feder kann ein Mythos oder ein Märchen sein, ein Bild aus einem Film oder ein Thema aus einem Roman, die von der Seele Besitz ergriffen haben. Unzählige Menschen wissen auch vom Hören der Geschichten anderer, daß eine Geschichte von einem Menschen, der etwas durchgestanden hat, einem bei der eigenen Reise weiterhelfen kann. In Frauen- und Männergruppen, in Heilgruppen in aller Welt, die sich am Vorbild der Anonymen Alkoholiker orientieren, erzählen Menschen einander ihre Geschichten.

Ich habe in meiner analytischen Praxis festgestellt, daß Kinder, die zurückgewiesen oder mißbraucht wurden, mit einer intakten Seele diese Kindheit überlebten, wenn sie eine bestimmte Geschichte erzählten. Mißbrauchte Kinder halten sich gewöhnlich für schlechte Menschen und finden, daß sie ihre schlechte Behandlung verdienen. Sie akzeptieren verbalen Mißbrauch als Bestätigung dafür, wie wertlos sie sind. Mit einem mißbrauchenden Erwachsenen als Rollenvorbild wachsen sie vermutlich selbst zu einem mißbrauchenden Erwachsenen heran. Doch es gibt Ausnahmen: Mißbrauch hinterläßt zwar immer seelische Narben, aber ein Kind, das sich eine Geschichte erzählen kann – wie etwa: »Das ist gar nicht meine richtige Familie. Wenn ich groß werde, finde ich meine wirklichen Eltern« –, wird diese Geschichte vielleicht eines Tages wahr werden lassen. Das Kind malt sich in der Phantasie liebevolle Eltern aus und identfiziert sich mit diesen statt mit den eigenen, mißbrauchenden Eltern. Wie bei Kriegsgefangenen, deren Moral nicht bricht, weil sie glauben, mit der Familie wiedervereint zu werden, wenn sie nur durchhalten oder fliehen, verhindert die Geschichte beim Kind, daß es die Realität seiner mißbrauchenden Familie als die eigene akzeptiert.

Das Überleben einer kindlichen Seele und seiner Unschuld unter Umständen, die es ansonsten zynisch und verzweifelt machen würden, hängt vom Festhalten an einem persönlichen Mythos ab, der mit einem unverletzten Innenleben zu tun hat. Die innere Welt der Phantasie wird zu einem Schutzraum für Hoffnung und Versprechen, einem Zufluchtsort für Gefühle und Gedanken, wo die Samenkörner der Individualität und der Kreativität überwintern können.

Jede Frau, ganz gleich wie privilegiert, ist spirituell unterdrückt, weil sie seit mindestens fünftausend Jahren in Kulturen lebt, in denen es keine Göttin gibt, keine Ehrfurcht vor dem Gebären und der Kinderaufzucht existiert, wo die Herrschaft über die Erde und die Frau theologisch sanktioniert ist und Männer ihre Männlichkeit durch Kriege und andere Übergangsriten demonstrieren. Unter dem Patriarchat werden Frauen anderen Frauen und ihrem eigenen Körper entfremdet. Was uns von Männern unterscheidet, erzeugt in uns ein Gefühl von Unterlegenheit und Scham; das, was wir tun, wird von ihnen nicht akzeptiert.

Ich glaube, daß der Fantasy-Roman »Ayla und der Clan des Bären« von Jean Auel aus dem gleichen Grund ein Bestseller wurde wie »Die Nebel von Avalon«. Weibliche Leser fanden diese metaphorisch wahre Geschichte persönlich relevant, und wir reagierten auf dieses Buch. Es spielt in einer Phase des Übergangs, eines Übergangs in der menschlichen Evolution. Die Protagonistin Ayla wird abgelehnt und bestraft, weil sie sich nicht so verhält, wie Frauen sich zu verhalten haben: Sie ist »anders«. Aylas Geschichte ist eine Geschichte, wie kindliche Überlebende sie sich erzählen. Sie wurde als Kind Waise und lebt mit Menschen, die nicht ihre richtige Familie sind. Trotz des Mißbrauchs verliert sie weder ihren Mut noch ihre Fähigkeit zu lieben. Am Ende des Romans macht sie sich auf die Suche nach anderen Menschen wie sie selbst. Ayla unterscheidet sich von den anderen in genau der Weise, wie sich im Patriarchat Frauen von Männern unterscheiden: Sie wird für ihre Ausdrucksfähigkeit und Emotionalität verspottet, für ihr Lachen und ihre Tränen, für ihre Fähigkeit und ihr Bedürfnis, Gefühle auszudrücken, für ihre Neugier. Sie beobachtet und argumentiert, statt die Gesetze der Autorität einfach so hinzunehmen, entwickelt Fähigkeiten, die man für ausschließlich männlich hält, findet kreative Lösungen und fürchtet, bestraft oder ausgestoßen zu werden, wenn die anderen erfahren, was sie tut.

Ich las Clarissa Pinkola Estés' stark metaphorische Beschreibung der wilden Frau in »Die Wolfsfrau – die Kraft der weiblichen Urinstinkte« und erkannte, daß sie die Göttin in einer ihrer unzähligen Manifestationen und Namensformen ist. Estés sagt zum Beispiel über die Wilde Frau: »Sie ist die Quelle der Weiblichkeit. Sie ist ganz Instinkt, in der sichtbaren wie der unsichtbaren Welt – sie ist die Grundlage.« – »Sie fordert die Menschen auf, mehrere Sprachen zu sprechen, die der Träume, der Leidenschaften, der Poesie.« – »Sie ist Ideen, Gefühle, Triebe und Erinnerung. Sie ist vor langer, langer Zeit verlorengegangen und halb schon vergessen.«

Die Wilde Frau, über die Estés schreibt, ist ein Aspekt der Frau, die die Wahrheit kennt, die Zugang zu ihrer instinktiven, weiblichen Natur und dem Archtetypenreich hat; sie findet Weisheit in ihrem Körper und in ihrer Seele. Diese Wilde Frau ist aus der Perspektive von Avalon auch der Teil in einer Frau, der die Göttin erkennt und der in körperlich heiligen Augenblicken selbst zur Göttin wird.

Eine Geschichte, die uns wirklich auf einem von der Seele eingeschlagenen Weg unterstützt, klingt für uns zutiefst glaubhaft und ist eine Quelle von Inspiration, Hoffnung und Sinn. In »Passage About Earth« von William Thompson fand ich Sätze aus seiner Besprechung eines Buches von Doris Lessing, die mir ins Auge sprangen, weil sie zu den Bildern und Eingebungen passen, die ich auf dieser Pilgerfahrt erlebte. Ich nehme mir hier die poetische Freiheit, zusammenzufassen und kursiv hervorzuheben, was mir besonders auffiel:

»Es war einmal eine Zeit, in der die Götter sich versammelten und eine Neue Gesandtschaft auf den Planeten Erde schickten. Man hielt eine Konferenz ab, um sie für den Abstieg dorthin vorzubereiten. Die Beteiligten würden zu Menschen werden und jegliche Erinnerung an ihre Göttlichkeit verlieren. *Ihre Aufgabe wäre es, einander auf der Erde zu entdecken, ihre Erinnerung durch Intuition wiederzugewinnen und die einzelnen Teilnehmer bei diesem Abstieg zu sammeln.*

Und in der Dunkelheit, die die Erde überzog, waren diese Individuen und heiligen Stätten verstreute Lichtpunkte in einem Netz, das die Dunkelheit zähmte. Verstreute Menschen, ein über den gesamten Globus gespanntes Lichternetz.«

Die eigene Geschichte erzählen

Die Pilgerfahrt, die ich in diesem Buch beschrieben habe, fand im Mai 1986 statt. Die erste Fassung schrieb ich zwischen Dezember 1986 und April 1987 nieder. Anschließend legte ich das Manuskript bis Anfang 1990 beiseite, bis ich glaubte, dafür wieder bereit zu sein. Doch das Leben trat dazwischen. Mein Sohn hatte im Frühling eine größere Operation und brauchte mich damals wie auch in der anschließenden Genesungsphase und für den Schulabschluß. Herz, Kopf und Energie der Mutter wie auch der Ärztin waren vornehmlich damit beschäftigt, ihn auf dieser Teilstrecke seines Weges zu begleiten. Dann kam der Sommer und damit wieder die Zeit zu schreiben. Aber im Juni wurde ich von Richard Wagners Opernzyklus »Der Ring des Nibelungen« gefesselt, den ich als einen Kommentar zum Patriarchat wie auch zu gestörten Beziehungen empfand. Das hatte wie eine ungeplante Schwangerschaft Vorrang vor meinem anderen kreativen Prozeß, und ich schrieb statt dessen »Ring der Macht – Entschlüsselung eines Mythos«, das 1993 auf deutsch veröffentlicht wurde.

Im Januar 1993 öffnete ich die Schachtel, in der meine erste Fassung des vorliegenden Buches sowie meine Notizen und Gedanken beim letzten Durchgehen ruhten. Ich las die Niederschrift durch und erkannte, daß nur noch ein paar kleinere Ergänzungen und Streichungen nötig waren. Über die Erde als Gaia, über feministische Theologie, Göttinnenarchäologie, weibliche Spiritualität, planetarisches Bewußtsein, Tiefenökologie, Paradigmenwechsel und andere Gedanken sind viele Bücher veröffentlicht worden, die die These eines wiederauftauchenden »Göttinnenbewußtseins« stützen. Meine Geschichte beschreibt, wie das bei mir geschah.

Das Manuskript brauchte keine sechs Jahre, um abgeschlossen zu werden – ich selbst brauchte die Zeit, um mich durch die »Waldphase« meines Leben zu bewegen, um dafür zu sorgen, daß aus meinen beiden Kindern stabile Erwachsene wurden, und um mein Zögern zu überwinden, den »Auftrag« zu übernehmen, meine eigene Geschichte zu erzählen – was meiner Psychiatrieausbildung und der Familientradition der Diskretion gegen den Strich ging.

In den Jahren seit der Pilgerfahrt habe ich mich ausgezeichneter Gesundheit erfreut. Das Potential einer schwerwiegenden Krankheit, die die Hellseherin in den Niederlanden prophezeit hatte, erfüllte sich nicht. Ich habe vermutlich an den vielen Wegkreuzungen, an denen ich stand, immer den Pfad eingeschlagen, der mich von jener Möglichkeit fortführte. Ich habe meine Lebensweise verändert, mache eine erträgliche Menopause durch und erfreue mich an der Gesellschaft eines fröhlichen inneren Kindes. Freya, deren fünfzigprozentige Überlebensprognose sie an eine Kreuzung zwischen Leben und Tod gebracht hatte, schlug den Lebensweg ein und hat vor einigen Jahren die magische Fünfjahresfrist nach dem Krebs überschritten.

Wir beide sind nun im Reich des Archetypus Hekate angekommen, der alten, weisen Frau, griechischen Göttin der Wegkreuzungen, die auch die Postmenopausenphase symbolisiert. Ich hatte in Glastonbury meine letzte Periode, und Freyas Hysterektomie leitete eine vorzeitige, künstliche Menopause ein.

Hekate war die mächtige präolympische Gottheit, die an einer Weggabelung stand und sehen konnte, woher die Reisenden kamen und wohin die beiden Straßen, von denen sie eine zu wählen hatten, sie bringen würden. Hekate konnte alle drei Straßen, auf lateinisch *trivium*, überblicken; wie alle präpatriarchalischen Göttinnen wurde sie *trivialisiert*. Als Archetypus existiert sie an jenem Schwellenort zwischen Tag- und Nachtbewußtsein, im Halblicht der Phantasie, der Intuition und der Vision. Als Göttin wurde sie mit Höhlen assoziiert, die als Symbol für den Schoß und das Grab der Großen Mutter stehen, Schaltstellen zwischen Unterwelt und Oberwelt. In einer Kultur, die alte Frauen fürchtet und ablehnt, wurde die Göttin Hekate als eine häßliche Vettel karikiert, die in ihrem Kessel rührt – eine Verschmelzung von griechischer und keltischer Mythologie, von Hekate und Cerridwen, der keltischen Großen Mutter, deren Kessel des Überflusses, der Regeneration und der Wiedergeburt, der Inspiration und der Weisheit den vorchristlichen Gral darstellte.

In den Phasen von Dunkelheit, im Wald und in der Unterwelt befinden wir uns auch in diesem Kessel, an einem Ort der Selbstaufgabe und der Entscheidung, und sind uns der Notwendigkeit und Möglichkeit zu Regenerierung und Heilung bewußter als in normalen Zeiten.

Unser Hiersein besteht daraus, verletzlich und fehlbar zu sein, einen Schatten und eine Seele zu haben und unseren Weg durchs Leben zu gehen, indem wir bestimmen, zu welcher Person wir werden, indem wir Entscheidungen treffen. Mir scheint, daß das Leben immer wieder daherkommt und von einem verlangt: »Entscheide dich!« Die kleinen und die großen Momente der Wahrheit, die prägen, was in ein Buch hineinkommt und was gestrichen wird, finden Parallelen in den kleinen und großen Momenten der Wahrheit, die in die Entscheidungen einfließen, die wir im Leben darüber treffen, was wir hinzufügen oder auslassen. Diese Entscheidungen prägen unser Leben, das letztendlich eine Reise der Seele ist.

Wenn die Göttin als der Gral, der das Patriarchat heilt, wieder in die Welt zurückkehren soll, wenn die Göttin in ihren zahllosen Ausdrucksformen als heilige Weiblichkeit im menschlichen Bewußtsein erscheinen soll, und wenn sie rechtzeitig erscheinen soll, müssen Frauen und Männer berichten, was sie wissen. Die Göttin kommt auf eine sehr private Weise der eigenen Erfahrung zu uns. *Um einen Paradigmenwechsel in unserer Kultur herbeizuführen, der Annahmen und Einstellungen verändert, muß eine kritische Schar von uns die Geschichten der persönlichen Offenbarungen und Transformationen erzählen.*

Dieses Buch liegt mir sehr am Herzen, denn es ist ein heiliger Teil meiner persönlichen Geschichte, die bislang nur mir gehörte. Ich hoffe, daß es überall freundlich aufgenommen wird, aber noch mehr hoffe ich, daß meine Geschichte Sie an Ihre eigene Seelenreise erinnert oder dazu auffordert, an die Augenblicke der Offenbarung und tiefen Wahrheiten zu denken, die Ihre bestimmte Sicht des Grals oder Göttinnenerfahrung ausmachen.

In Barry Lopez' Fabel »Krähe und Wiesel« kehren zwei Freunde nach einer langen Reise nach Hause zurück und treffen Badger, den Dachs; sie erzählen ihm, was ihnen zustieß. Er weiß, daß nicht nur die Reise wichtig war, sondern auch die Geschichte, und sagt ihnen den Grund:

»Die Geschichten, die die Leute erzählen, haben es an sich, sich zu verselbständigen. Wenn euch Geschichten über den Weg laufen, achtet auf sie und lernt, sie weiterzugeben, wenn sie gebraucht werden. Manchmal braucht jemand eine Geschichte dringender als Nahrung, um am Leben zu bleiben.«

Viel Glück auf *Ihrer* Reise.

Danksagung

Ein großer Dank ergeht an Elinore Detiger, deren leitende Hand, kluges Herz und Großzügigkeit es mir ermöglichten, eine weitere Vision von der Welt und meinem Platz darin zu gewinnen.

Ebenso danke ich Marion Zimmer Bradley für ihr Buch »Die Nebel von Avalon«, das mich dazu anregte, die Grallegende aus der Göttinnenperspektive zu betrachten.

Ich bedanke mich bei Freya Reeves, Soozi Holbeche und Elinore Detiger, meinen Pilgerschwestern, deren Lebendigkeit, Ehrlichkeit, Humor, Weisheit und Abenteuergeist unsere Reise zu der gemeinsamen, spontanen, heiligen Erfahrung machten, die sie war.

Dank auch an meine Freunde, die mich durch verschiedene Kapitel meines Lebens leiteten oder die Kapitel in diesem Buch durchlasen und dabei halfen: Patricia Ellerd, Sherry Anderson, Pauline Tesler, Toni Triest, Pat Hopkins, China Galland, Helen Stolfus, Isabel Allende, Clarissa Pinkola Estés, Cornelia Schulz, Kay Hensley, Valerie Andrews, Alice Walker, Arisika Razak, Elaine Viseltear, Jan Lovett-Keen.

Dank meiner Mutter Dr. Megumi Y. Shinoda für ihre lebenslange Unterstützung, auch als es ganz schwierig wurde und für eine Weile über jegliches Verständnis hinausging. Dafür, daß sie zwei frühere Fassungen durchlas, ihre Meinung dazu beitrug und mich seelisch unbelastet ließ, alles zu schreiben, was ich für wichtig hielt.

Ich danke meiner Tochter Melody und meinem Sohn Andre für ihre bedingungslose Liebe und Loyalität, durch die ich zur Mutter geworden bin – mit allem was dazugehört.

Ich danke allen bei HarperSan Francisco, die meine Schriften in Bücher verwandeln und hinaus in die Welt schicken, vor allem meiner Lektorin Caroline Pinkus, deren sorgfältige Arbeit am Text, ihre Bereitschaft, über Differenzen zu sprechen, ihre Verfügbarkeit und Ermutigung sie zu einer wertvollen und wichtigen Hebamme für dieses Buch machten. Lorraine Anderson danke ich für ihr gutes Gespür für Details bei der Redaktion. Clayton E. Carlson, dem Verleger meiner bisherigen Bücher, danke ich, weil er mich vorübergehend von »Götter in jedem Mann« befreite, damit dieses Buch fertig wurde. Seinen Worten zufolge werden »die besten Bücher geschrieben, wenn der Autor im Bann des Schaffensprozesses steht«. Clayton las die erste Fassung, glaubte daran und ließ es reifen. Tom Grady, eine Stufe höher bei HarperCollins, war früher mein Lektor und ist heute mein Verleger, und ich bin mir seiner fortwährenden Unterstützung bewußt.

Ich danke Ani Chamichian, Robin Seaman und allen anderen für ihre Bemühungen in Vergangenheit und Gegenwart.

Betty Karr, meiner Sekretärin, gilt mein Dank für ihre Hilfe bei der Übertragung der ersten Version auf Diskette und weil sie die Logistik meines Berufslebens für mich steuert, was mir mehr Zeit für kreative Arbeit und für mich selbst läßt.

Dank den Menschen, deren Geschenke zu diesem Buch beigetragen haben. Meiner Tochter Melody für Madeleine L'Engles Buch »A Ring of Endless Light«, Gerry Olivas Gabe war Mary Olivers »The Journey«. Corey Fischers Inszenierung von »Sometimes a Person needs a Story more Than Food« am Travelling Jewish Theatre brachten mich auf Barry Lopez' »Krähe und Wiesel«. Andere, die zum Inhalt beitrugen, waren Jo Norris, Clare Heriza, Don Mechling, Anthea Francine und Trish Honea-Fleming.

Dank den Menschen, die mir geschrieben haben, aber keine Antwort erhielten. Hier ist meine Erklärung: Ich scheine nicht in der Lage zu sein, gleichzeitig an einem Buch zu arbeiten und Korrespondenz zu beantworten (ich lese allerdings gewöhnlich alle Post). Gelegentlich schreibe ich zurück, weil etwas am Zeitpunkt, dem Brief und in meiner Seele dafür spricht. Dann hoffe ich, daß die Synchronizität mit unsichtbarer Hand in diese eher armselige Vorstellung eingreift.

Mehr über Synchronizität findet sich in meinem Buch »Tao der Psychologie – Sinnvolle Zufälle«. Es bietet eine intellektuelle, spirituelle und psychologische Perspektive zu diesem Thema, das bei den äußeren Umständen des vorliegenden Buches eine so wichtige Rolle spielte.

Wenn Pilger oder Bergsteiger einander im Himalaya begegnen, verbeugen sie sich voreinander und sagen »Namaste«, was bedeutet: »Die Göttlichkeit in mir erkennt die Göttlichkeit in dir« oder »Der Gott in mir grüßt den Gott in dir«. Wenn Sie sich die Worte in diesem Buch zu Herzen genommen und gefühlt haben, was ich beschrieb, dann sollten wir einander so begrüßen, wenn wir uns begegnen: »Die Göttin in mir grüßt die Göttin in dir« – »Namaste«.

Literatur

Adams, Henry: *Mont Saint-Michel and Chartres*, New York 1985
Andrews, Lynn V.: *Jaguar-Frau*, München 1993
Ashe, Geoffrey: *König Arthur. Die Entdeckung Avalons*, Düsseldorf [6]1996
Auel, Jean: *Ayla und der Clan des Bären*, München 1986
Auel, Jean: *Das Tal der Pferde*, München 1986
Blum, Ralph: *Runen. Anleitung für den Gebrauch und die Interpretation der gemeingermanischen Runenreihe*, München [5]1991
Bly, Robert: *Eisenhans. Ein Buch über Männer*, München 1993
Bly, Robert: *Sleepers Holding Hands*, New York 1985
Bolen, Jean Shinoda: *Götter in jedem Mann*, Basel [2]1994
Bolen, Jean Shinoda: *Göttinnen in jeder Frau*, München [7]1996
Bolen, Jean Shinoda: »Synchronicity and the Tao. Mysticism, Metaphor, Morphic Fields and the Quest for Meaning«, in: ReVision 16/1 (Sommer 1993)
Bolen, Jean Shinoda: *Tao der Psychologie*, Basel 1989
Bond, Frederick Bligh: *The Gate of Remembrance. The Story of the Psychological Experiment which Resulted in the Discovery of the Edgar Chapel at Glastonbury*, Wellingborough [5]1978
Bradley, Marion Zimmer: *Die Nebel von Avalon*, Frankfurt/Main 1983
Campbell, Joseph: *Der Heros in tausend Gestalten*, Frankfurt/Main 1978
Campbell, Joseph: *Transformations of Myth Through Time*, New York 1990
Charpentier, Louis: *Die Geheimnisse der Kathedrale von Chartres*, Basel [13]1993
Chrétien de Troyes: *Der Percevalroman oder Die Erzählung vom Gral/Le Roman de Perceval ou Le Conte du Graal*, Stuttgart 1991
Daumal, René: *Mount Analogue. A Novel of Symbolically Authentic Non-Euclidean Adventures in Mountain Climbing*, New York 1983
Demetrakopoulos, Stephanie: *Listening to Our Bodies. The Rebirth of Feminine Wisdom*, Boston 1983
Eliot, T. S.: »The Dry Salvages«, aus den »Four Quartets«, in: *Gesammelte Gedichte*, Frankfurt/Main 1988
Eliot, T. S.: »East Corker«, aus den »Four Quartets«, in: *Gesammelte Gedichte*, Frankfurt/Main 1988
Estés, Clarissa Pinkola: *Die Wolfsfrau. Die Kraft der weiblichen Urinstinkte*, München 1983
The Family of Man. The greatest photographic exhibition of all time – 503 pictures from 68 countries – created by Edward Steichen for the Museum of Modern Art, New York 1955
Findhorn Community: *Faces of Findhorn. Images of a Planetary Family*, New York 1980

Fortune, Dion: *Glastonbury – das englische Jerusalem – Avalon und der heilige Gral*, München 1991

Fox, Matthew: »Viriditas: Greening Power« und »Sin-Drying Up«, in: *Illuminations of Hildegard of Bingen*, kommentiert von Matthew Fox, Santa Fe 1985

Frank, Anne: *Das Tagebuch der Anne Frank*, Frankfurt/Main 1991

Gimbutas, Marija: *The Language of the Goddess*, San Francisco 1989

Goodrich, Norma Lorre: *The Holy Grail*, New York 1992

Guthrie, W. K. C.: *The Greeks and Their Gods*, Boston 1950

Harding, M. Esther: *Woman's Mysteries. Ancient and Modern*, New York 1971

Hicks, Roger, Chögyam Ngakpa: *Weiter Ozean. Der Dalai Lama*, Essen 1985

Homer: »Hymn to Demeter (I)«, in: *The Homeric Hymns*, übersetzt von Charles Boer, Irving/Texas [2]1979

I Ging, übersetzt von Richard Wilhelm, München [22]1995

Jung, Emma, Marie Louise von Franz, *Die Gralslegende in psychologischer Sicht*, Düsseldorf 1991

Kerenyi, C.: *Eleusis. Archetypal Image of Mother and Daughter*, New York 1977

Kern, Hermann: *Labyrinthe*, München 1983

Koestler, Arthur: *The Robot and the Lotus*, New York 1960

L'Engle, Madeleine: *A Ring of Endless Light*, New York 1981

Lewis, C. S.: *Till We Have Faces. A Myth Retold*, San Diego 1957

Lopez, Barry: *Krähe und Wiesel*, Buxtehude 1993

Male, Emile: *Chartres*, New York 1983

Matthews, John: *Der Gral*, Braunschweig 1992

Michell, John: *New Light on the Ancient Mystery of Glastonbury*, o.O. 1990

Michell, John: »Lindisfarne«, in: *The Traveler's Key to Sacred England*, New York 1988

Neumann, Erich: *Amor und Psyche*, Solothurn [8]1993

Oliver, Mary: »The Journey«, in: *Dream Work*, New York 1986

Pagels, Elaine: *Versuchung durch Erkenntnis. Die gnostischen Evangelien*, Frankfurt/Main 1987

Schweickart, Russell: »No Frames, No Boundaries«, in: *Earth's Answer. Explorations of Planetary Culture at the Lindisfarne Conference*, New York 1977

Shange, Ntozake: *for colored girls who have considered suicide when the rainbow is enuf*, New York 1976

Sheldrake, Rupert: *A New Sciene of Life. The Hypothesis of Formative Causation*, Los Angeles 1981

Sheldrake, Rupert: »Mind, Memory, and Archetype«, in: *Psychological Perspectives* 18/1 (Frühling 1987)

Sheldrake, Rupert: »Society, Spirit, and Ritual«, in: *Psychological Perspectives* 18/2 (Herbst 1987)
Stein, Murray: *In Midlife. A Jungian Perspective*, Dallas 1983
Thompson, William Irwin: *Passages About Earth*, New York 1973
Walker, Alice: Interview in: *Common Boundary* (März–April 1990)
Walker, Barbara G.: *Das geheime Wissen der Frauen*, München 1995
Webster's Tenth New Collegiate Dictionary, Springfield 1993

Register

Adams, Henry 30
Andrews, Lynne 155
Anima 94, 95, 158, 162, 167, 206
anima mundi 187
Annwn 87, 114
Aphrodite 15, 29, 30, 74, 119, 120, 125, 191
Apollinarius 31
Apollo 21
Aristoteles 90
Artemis 30
Artus 40, 81, 82, 108, 115, 117, 120, 171
Ashe, Geoffrey 81, 85, 86, 88
Asklepius 187
Athene 35, 123, 219
Auel, Jean 15, 230
Augustinus 187
Avalon 12, 16, 40, 41, 58, 80, 83, 88, 102, 103, 104, 107, 113, 114, 115, 116, 117, 120, 121, 122, 124, 184, 201, 231

Blutmysterien 66, 67, 68, 74, 75, 119
Blutopfer 172
Bly, Robert 139, 155
Bodhisattva 20
Bond, F. B. 104
Bors 43
Bowlby, John 156
Brahma Kumaris 175
Brigitt(a) 206

Camelot 25, 40, 41, 43, 86
Campbell, Joseph 15, 24, 115
Cerridwen 40, 233
Charpentier, Louis 27, 31, 34

Chartres 11, 28, 31, 33, 34, 38, 53, 72, 79, 80, 85, 86, 88, 144, 200, 207
Chaucer 95
Chenrezi 20
Chrétien de Troyes 14, 40
Clava Cairns 197, 198, 199, 201, 203, 207
Cluny Hill 197, 202, 203

Dalai Lama 11, 19, 20, 21, 24, 79, 176, 193
Daumal, René 13
Delphi, Orakel von 21, 22, 69
Demeter 30, 34, 51, 52, 58, 64, 74, 85, 119, 155, 160, 161, 162, 189
Demetrakopoulos, Stephanie 64, 65
Depressionen 43, 154, 159, 161, 162
Deva 182, 206
Dolmen 34
Drachen 84
Dreieinigkeit 37
Druiden 34, 161

Eisler, Riane 116
Eleusis 51
Eliot, T. S. 17, 45, 107, 205, 215
Energiefeld, -linien, -ströme 35, 72, 74, 84, 109, 202, 215
Entpersönlichung 150, 152
Ereshkigal 72
Estés, Clarissa Pinkola 136, 139, 230

Findhorn 181, 184, 186, 189, 193, 194, 198, 202
Fischerkönig 42, 44, 123, 149, 157, 159, 162, 163, 164, 166, 188

Forster, E. M. 172
Fortune, Diane 104
Fox, Matthew 186
Frank, Anne 178
Franz, Marie-Louise von 127, 187, 210
Freya 94

Gaia 56, 65
Galahad 40, 43
Geburt 54, 55, 57, 58, 59, 61, 63, 64, 69, 76
Geoffrey von Monmouth 171
Gimbutas, Marija 56, 91, 116
Ginevra 108
Glastonbury 11, 12, 16, 42, 79, 80, 81, 82, 83, 85, 86, 87, 88, 93, 97, 102, 104, 107, 108, 110, 113, 114, 121, 169, 170, 199, 202, 203, 204, 205, 207, 225
gnosis 219
Goodrich, Norma Lorre 213
Gralsbrunnen 102, 106, 225
Gralsburg 113, 122, 123, 126, 127, 129, 189
Gralslegende 114, 122, 159
Gralsprozession 127, 160

Hades 160
Hebammen 76, 117
Hekate 74, 233
Hera 119
Hildegard von Bingen 186, 188, 189
Holy Island *siehe* Lindisfarne
Horus 32
Hyperboreer 21
I Ging 144
Inanna 59
Indien 171, 172, 173
Individuation 38, 132, 214
Initiation 13, 52, 54, 55, 61, 62, 66, 67, 72, 74, 75, 173, 199
Inquisition 76

Introversion 55
Iona 197, 203, 204, 205, 207, 208
Iphigenie 94
Isis 30, 32, 85, 189

Joseph von Arimathia 42, 81, 202, 203
Jung, C. G. 17, 38, 98, 193, 221
Jung, Emma 127, 187, 210

Kailash 170
kairos 121
Kali 106, 172, 174
kivas 199
Koestler, Arthur 193
kollektives Unbewußtes 54, 90, 173
Kolumban, hl. 204
Kommunion 65
Kore 160, 161
Körperwissen 225
krisis 164
Kristalle 193
kronos 121
Kuan-Yin 85

L'Engle, Madeleine 227
Labyrinth 29, 31, 32, 38, 63, 79, 86, 88, 132, 140, 144, 199
Lesbiertum 119
Lessing, Doris 231
Lewis, C. S. 174
Lindisfarne 213, 214, 215
Lopez, Barry 234
Lovelock, James 56
lung-mei 84

MacLaine, Shirley 154
Maclean, Dorothy 182, 184, 185, 197
MacLeod, Fiona 205
Male, Émile 30
Mandorla 105, 221
Maria, Jungfrau 12, 30, 32, 58, 62, 84, 85, 187, 189, 201

Matthews, John 43
Menarche 119
Menopause 66, 67, 68, 72, 97, 119
Menstruation 66, 67, 68, 119
Meridiane 35
Metis 124, 218
Morgaine 40, 41, 115, 117, 120, 201, 207
morphogenetische Felder 89, 191
Mysterium 51, 52, 53, 54, 56, 67, 75, 120
Mystik 205

Offenbarung 51, 52, 61, 70
Oliver, Mary 147
Osiris 85, 189

Pagels, Elaine 219
Pantheismus 171, 173
Parzival 14, 15, 19, 20, 22, 43, 83, 122, 123, 126, 127, 128, 129, 130, 131, 137, 146, 189, 212
Patriarchat 56, 57, 66, 67, 75, 92, 116, 122, 158, 159, 218, 232, 234
Persephone 34, 51, 52, 72, 74, 85, 94, 119, 160, 161, 164, 167, 189
Platon 90
Pluscarden 197, 201, 202, 203, 208
Porter, K. A. 95
Psyche und Eros 15, 96, 132, 136, 218
Pubertät 55, 66

Ritual 102, 107, 110, 225
Robert de Barron 40

Sakrament 75
Schechina 219
Schreiben, automatisches 104
Schwangerschaft 54, 55, 56, 57, 58, 61, 62, 63, 66, 67, 69
Shambala 113

Sharp, William 206
Sheila-na-gig 106
Sheldrake, Rupert 89
Sophia 219
St. Michael 84
Stein, Murray 16
Sterbehilfe 118
Sterben 55
Stone, Merlin 116
Stonehenge 104
Synchronizität 17, 94, 97, 142, 152, 214

Tara 30, 85
temenos 191
Templerorden 213
Tenzin Gyatso 20
Terenz 173
Thompson, William 231
Tibet 21, 22
Träume 39, 53, 69, 90, 97, 110, 119, 130, 166

Übergangsritual 61, 62
Uranus 99
Ureinwohner, amerikanische 161, 199

Venusstatuen 56
vesica piscis 12, 104, 105, 106, 107, 111, 205
viriditas 186

Wagner, Richard 94, 103, 232
Walker, Alice 7, 185, 200
Walker, Barbara G. 29, 31, 105
Wiedergeburt 87, 146, 233
Wolfram von Eschenbach 40
Wotan 94
wouivre 34

Zeus 57, 94, 124, 219

Jean Shinoda Bolen
Göttinnen in jeder Frau
Psychologie einer neuen Weiblichkeit
440 Seiten, Festeinband

In jeder Frau manifestieren sich im Laufe des Lebens verschiedene mythologische Göttinnengestalten, die archetypische Verhaltens- und Rollenmuster verkörpern und die Persönlichkeit der Frau bestimmen.
Hera, Aphrodite, Athene, Hestia, Demeter, Persephone und Artemis sind die Archetypen einer neuen Psychologie der Weiblichkeit, mit der Jean Shinoda Bolen eine Brücke schlägt zwischen der feministischen Bewegung und der Lehre C. G. Jungs und das Wesen der Frauen – auch für Männer – verstehbarer macht.

204